# 比较

COMPARATIVE STUDIES

总第116辑

2021年第5辑

吴敬琏 主编

中信出版集团 | 北京

**比较**

COMPARATIVE STUDIES

**主管** 中信集团

**主办** 中信出版集团股份有限公司

**出版** 中信出版集团股份有限公司

**主编** 吴敬琏

**副主编** 肖梦 吴素萍

**编辑部主任** 孟凡玲

**编辑** 马媛媛 王艺璇

**封面设计** 李晓军／**美编** 杨爱华

**发行总监** 周广宇

**独家代理：**财新传媒有限公司

**电话：**（8610）85905000 **传真：**（8610）85905288

**广告热线：**（8610）85905088 85905099 **传真：**（8610）85905101

**电邮：**ad@ caixin. com

**订阅及客服热线：**400-696-0110（8610）56592288 **传真：**（8610）85905190

**订阅电邮：**circ@ caixin. com **客服电邮：**service@ caixin. com

**地址：**北京市朝阳区工体北路 8 号院三里屯 SOHO 6 号楼 5 层（**邮编：**100027）

# 目　录

Contents

## 第116辑

## 新书架 New Books

# 应对未来的三大经济挑战

**奥利维尔·布兰查德　让·梯若尔**

**编者按**：2020年初，法国总统马克龙邀请两位著名经济学家奥利维尔·布兰查德和让·梯若尔牵头组建一个由26位国际一流经济学家组成的顾问委员会。顾问委员会在多次共同研讨的基础上，历时一年半之久，完成了一份长达444页的报告《未来的主要经济挑战》（俗称“马克龙报告”）。报告围绕气候变化、不平等与老龄化三大经济挑战，剖析如何在充分考虑分配效应、民众感受和信任程度的基础上，推出切实可行的整体解决方案。报告对三大挑战和政策建议的分析，不仅适用于法国，而且能给其他国家带来极为有益的启发，我们特此选取了由布兰查德和梯若尔在背景报告的基础上提炼而成的总概要，翻译成中文，以飨读者。

## 前　言

### 研究范围

对今后一年左右，主要挑战是应对新冠疫情及其影响。解除流行疫情、高失业率与潜在破产、经济复苏、处理公共和私人债务……此类议题将占据头

---

* Olivier Blanchard，麻省理工学院经济学荣休教授，彼得森国际经济研究所高级研究员；Jean Tirole，让－雅克·拉丰基金会名誉理事长，图卢兹经济学院和图卢兹高等研究院名誉院长，2014年诺贝尔经济学奖得主。顾问委员会不负责译稿的准确性，翻译中存在的问题由编译方负责。感谢李一南博士帮助取得法国总统办公室的授权，以及翻译过程中提供的大力帮助。对报告全文感兴趣者可向《比较》编辑部索取：bijiao@ citicpub. com。——编者注

条，成为主要的政治关注点。

短期挑战固然重要，但新冠疫情暴发前业已出现的结构性问题仍将存在，并因为疫情而变得更加严重。因此，当马克龙总统于 2020 年 1 月邀请我们组织并领导一个委员会，以应对这些结构性调整，并可以自主选择委员会成员、完全独立地陈述研究结论时，我们满怀热情地接受了任务。

根据同总统的协定，我们选择聚焦于三大长期结构性挑战：气候变化、经济不平等与人口变化。技术变革是这三个议题中的一个核心内容，既是问题的组成部分，也是解决方案的组成部分。①

团队组成

我们组成了包含 24 位经济学家的委员会（见文后附录），并以我们二位担任报告负责人。② 其中一位委员，哈佛大学的伊曼纽尔·法希（Emmanuel Farhi）教授于 2020 年 7 月 23 日参加完我们的一次全会几个小时后，不幸去世。本报告也是对他的杰出研究工作与人格的纪念。

我们对委员的首要选择标准是经济学专业素养。各位委员在学术和政治倾向上非常多元化，并自由表达其观点。我们决定选择一个经济学家团队，而非包含社会科学家与实务工作者的更大团队。对新冠疫情之后的世界的经济学研究是报告整体思路的关键基石。尽管我们关注了其他领域的专家观点与民间社会的看法，但对政策制定者而言，本报告显然只是所需的参考材料之一，必须有来自更多领域的专家、实务工作者、公民、利益团体和独立社团的其他观点作为补充。

我们还有意识地构建了委员会的国际化背景：三分之一是法国人，三分之一是美洲人，三分之一是法国之外的欧洲人。这种构成有利有弊。有利方面是，地理多元化能避免地方色彩，限于法国人内部的讨论往往会遮蔽更丰富的公共政策选择；多元化有助于我们借鉴国际经验，作为法国现状和政策建议的参考标杆；另外许多挑战还牵涉欧洲层面，甚至全球层面。不利方面是，对法国的制度和约束可能更缺乏精细了解，应该坦率承认，这使我们的改革建议有

① 在三大议题中，我们都试图超越新冠疫情危机，专注于更长远的问题。如果疫情延续更长时间，显然会对我们报告中的三大挑战都产生影响，涉及抗击全球变暖的预算投入，强化疫情前的不平等程度，并可能改变人口趋势，触及养老金制度。尽管可以在序章中对此增加些论述，但我们认为做这些推测毕竟还为时过早。

② 委员会的名单在报告开头介绍，详细背景在报告结尾处提供。

时未必能立刻付诸实施。

本报告包含一个序章与三个主要章节，分别对应三个主题中的一个。三个主要章节的7位牵头作者为项目投入了数个月的时间，并根据通行研究合约的做法获得报酬。委员会的其余17位成员以及两位负责人则属于无偿参与本项目。

## 本委员会的工作方法

有三个小组负责起草与三大挑战对应的各章节的报告，分三个阶段在2020年的7月、9月、11月和12月介绍其观点。我们总计召开了12次视频会议，由其他成员向作者们提出建议和评论。在全体讨论与集体研究之外，还有大量自发的双边讨论和邮件往来。牵头作者们也得到了法国战略局（France Stratégie）的研究支持。这些月度讨论决定了三个主要章节的内容框架，但主要责任仍由各位作者承担。

序章是我们两位报告负责人总结的三个主题章节的主要结论。包含24人的委员会与两位负责人必然持有各不相同的观点，但对于问题诊断、相关论证和主要建议，我们达成了广泛共识。当然在问题较为复杂、证据较为缺乏的领域，关于具体建议乃至某些问题的认识依然存在可以理解的分歧。许多政策需要权衡利弊，人们有理由倾向某一边或另一边。我们指出了委员会内部在哪些要点或议题上存在明显分歧；更一般地说，序章中的陈述未必代表委员会成员的意见。与基础报告的三个章节一样，尽管我们同各章的作者和全体委员会成员深入讨论了序章的内容，但文责由我们两位报告负责人承担。

相应地，我们鼓励读者全文阅读三个基础报告章节，而不仅是序章。这首先是因为序章不可避免地带有我们自身的看法，另外也是由于序章无法再现三个章节及其附录中丰富的事实与论证。①

## 本委员会的建议

我们的政策建议可分为两大类：具体建议与更具试验性的主张。具体建议包括某些曾被反复讨论却尚未付诸实施的措施。未能付诸实施的原因可能包括设计欠佳、对分配效应考虑不足，或造成误解等。我们的结论之一是，某些不

---

① 附录收集在报告第2卷中，也可在线获取。

太受欢迎的改革建议，如实行足够高的碳价格或提高退休年龄等，要想获得成功必须成为整体解决方案（更综合的措施组合）的一部分，能够充分考虑分配效应、民众感受和信任程度。

某些主张更具试验性质，因为较为新颖，效应尚未被充分了解，或有较大的实施风险。其中某些主张还较为粗糙，应该由研究者跟进。其他一些更接近于实施，可以继续探讨并开展试点。

关于气候变化与不平等的两章虽然涉及某些政策设计和实施细节，但主要聚焦于基本原则。关于人口变化的一章则更多触及细节。原因很简单：法国目前已推出了退休改革方案，政策制定者、社会合作伙伴与众多国民都在考察现有建议。我们必须更加细致地介绍，我们的研究结论与正在讨论的改革方案有哪些异同。

致谢

我们首先感谢报告各章的牵头作者与委员会全体成员。感谢他们做出的高质量贡献，与他们开展合作并从中学习是我们的荣幸。感谢他们的投入，把参与本委员会置于优先位置（在我们联系的学者中，仅有两位因为现有任务过多而婉拒）。感谢他们的尽责精神、建设性的心态，以及在疫情极为严重时期的乐观情绪。诸位顶级经济学家有着太多的工作任务和时间投入选项，却欣然接受这一耗时费力的公共服务任务，非常了不起。他们中有三分之二是外国人，这更加了不起。对这样的暖心之举，当致以最诚挚的感谢！

法国战略局为本项目提供了卓越的研究支持，我们特别感谢该机构的总干事吉尔·德马尔热里（Gilles de Margerie）与副总干事塞德里克·伍德尼（Cédric Audenis）。他们不仅动员了战略局的团队给予支持，自身也持续为法国面临的经济挑战提出明智的建议和洞见。对于给本项目带来帮助的法国战略局和经合组织（OECD）的研究人员，我们将在报告各个部分中分别致谢。

## 总纲

### 1. 综述

#### 共同议题

- 本委员会决定聚焦于三大挑战：全球变暖、不平等、老龄化。

- 三大挑战都涉及世代内部和世代之间的基本分配问题。
- 三大挑战都是延时炸弹，其即期影响远逊于长远效应，会导致公共决策者拖延对问题的解决。
- 三大挑战都非常复杂，决策必须考虑到巨大的不确定性。

**对于每个挑战，都有相应的解决方案。那为什么截至目前进展甚微?**

- 改革设计不周？为设计改革，我们需要理解挑战的性质和不同政策的潜在效应，这要求来自各个领域的众多专家的贡献。
- 改革宣传不力、不受欢迎？如果没有民众支持，改革很可能失败，如法国近期的教训所示。因此，我们必须特别关注受益者和受损者，采取整体性的改革策略，结合多项改革措施，同时实施。
- 改革实施不力？魔鬼在细节中。如果实施没有妥善策划，明智的改革也可能以失败告终。

这些思考促使本委员会把自己的任务定义如下：针对三大挑战的特性和潜在解决方案组合，提供我们最好的经济学建议；尽量考虑如何让这些政策建议受到欢迎，或者至少能被接受；提出把建议付诸实践的设想。

## 2. 关于气候变化

**简述**

- 气候问题的紧迫性要求开展迅速的大规模行动。
- 成功将取决于技术突破。
- 斗争将付出昂贵代价。
- 需要整体性的解决办法。
- 碳价格是必要条件但远非充分条件。

**陈述与现实**

- 一方面是对全球变暖正在发生并源于人为因素的普遍认识，另一方面是不愿意接受变革以及为抗击变暖付出的成本，两者之间存在脱节。
- 不同措施所需的成本缺乏透明度，导致人们过于关注显性成本（如碳税），忽略代价可能大得多却更难看到和评估的成本（如缺乏效率的禁令和补贴等）。

**我们的建议**

- 完全支持“把碳价格搞对”

☆ 虽然碳价格不受欢迎，却是任何整体解决方案的关键环节。它能推动居民和企业选择更生态友好型的行为；为研究者开发绿色技术提供激励，为企业采纳绿色技术提供激励；有利于做出更好的政策选择。

☆ 虽然碳价格业已实施，效果却大打折扣，原因包括定价过低、豁免漏洞太多，以及对化石燃料的巨额补贴。碳价格必须根据我们的气候目标来设定，限制豁免，并取消化石燃料补贴。

☆ 另外两个条件也是关键：必须考虑和处理好分配效应；为防止生产外迁避税，碳税的实施必须辅以边境税调节机制。

- 研发补贴、标准与禁令

☆ 绿色研发正在增长，但融资支持必须加强。

☆ 还需要更多措施，有理由采用定向研发补贴、标准、禁令和技术应用激励等措施，尤其是在碳价格未能发挥作用时。然而这些干预比碳价格有更大的自由裁量权，容易受制于游说、监管俘获与官僚程序。

☆ 为保证良好的治理，我们建议创立两家独立机构，最好是在欧洲层面：一家负责给高风险高收益的研发项目提供资金（欧洲高等能源研究局，EU-ARPA-E）；另一家负责面向社会公众和政府官员，宣传介绍实现相同环境效应的不同方案的成本。

- 法国与欧洲应发挥的作用

☆ 在缓和气候变化方面，法国自身能产生的直接影响非常小。

☆ 但如果能在欧洲层面精心设计，则可望发挥巨大的间接作用：充当带头榜样，展示“事情可以做成”，通过边境税调节机制给搭便车的国家施加压力，促进对穷国有利的技术和政策创新，在达成有效的国际协定方面发挥思想引领作用。

## 3. 关于不平等

### 简述

- 不平等有许多维度，其中一个主要维度是获得优质工作岗位和职业生涯的机遇。
- 更加平等的机遇要求有更加平等的教育和财务资源。
- 传统办法是让员工适应岗位，以及更换工作岗位。职业培训的确是关键所在，也有巨大的改进空间。

- 但没有理由把工作岗位的分布变化视为给定，而不尝试改变。这意味着促进企业内部的组织改善和劳动力市场改革，例如给雇主提供实在的财务激励，以增加优质工作岗位，影响技术变革的方向，并制定防止社会倾销的贸易规则。

**感受与事实**

- 从收入、财富和地区不平等的统计数据看，法国在国际比较中并不太糟糕。而且与许多国家相反，法国的不平等状况在近期以来也没有恶化。法国的再分配力度很大，尤其是对极低收入群体倾斜。
- 但绝大多数法国人认为不平等是一个严重或者非常严重的问题。
- 标准的统计指标忽略了某些关键的不平等维度，例如获得良好教育或保留好工作的能力。
- 民众并不相信法国有平等的教育和就业机遇，对社会流动性也心存怀疑，这与事实相符。
- 民众担心优质工作岗位消失，将之更多归罪于贸易而非技术进步，但事实上后者发挥着主要作用。
- 这促使本委员会重点关注"优质岗位"的问题。

**我们的建议**

为减轻不平等程度，我们必须从三个方面开展工作，考虑三类测算指标：在生产前起作用的因素（更平等的机遇、教育和财务资源），在生产后起作用的因素（再分配、社会保障），以及影响生产性质的因素（创造更多优质岗位和更多得到这类岗位的机会）。传统的政策重心主要是再分配，需要更多地转向另外两方面。

- 机遇公平。法国有严重的机遇公平问题，我们对减轻教育不平等提出了几项建议，大多数并非原创，但仍关系重大。遗产税也没有在促进机遇公平上发挥应有的作用。除税率以外，遗产税还存在设计上的缺陷和漏洞。为了使目标更清晰并争取更多支持，遗产税产生的财政收入可以明确规定用于财政再分配，以促进机遇平等。
- 税收公平。法国的税负已经很高，再分配也有局限性。但我们仍举出了几个例子，说明税收可以变得更公平，例如利用人工智能、改善信息交换（第三方报告、国际合作等）和达成国际协定等。
- 增强劳动者的岗位适应性。法国应该在继续教育领域借鉴各种国际先进经验，包括明确的资质认证，与私人部门的雇主合作设计培训项目等。

- 促进优质岗位的创造，影响技术研发方向，重新定义贸易规则。企业的组织、技术进步的性质、贸易规则等都不应视为给定条件。这些内容是该章最容易引起争议的部分，其中许多是有待探索的领域，报告就政府可以干预的若干途径提出了建议。

### 4. 关于人口问题

**简述**

- 人口老龄化和健康的老龄化是好消息，是重大社会成就的表现，但也要求生活组织方式做出相应调整，主要是维持工作与退休的恰当平衡。
- 为使养老金制度保持财务平衡，预期寿命的延长要么要求降低养老金，要么要求增加缴费，要么要求提高退休年龄。
- 法国的公共养老金支出已经很高，因为与其他国家相比，55—64 岁人群的劳动参与率太低，且实际退休年龄太早。
- 养老金制度应该统一，更加透明和公平。应该允许个人在退休年龄与养老金水平之间灵活选择，承认不同劳动者在生活履历与预期寿命上的巨大差异。
- 养老金制度应该足够灵活，以维持当前和未来的财务平衡，同时尊重社会的总体偏好。
- 养老金制度应该结合医疗和其他措施，以增加年长劳动者的劳动供给与需求。

**感受与事实**

- 雇主和雇员经常以为生产率下滑会促使提前退休，但除罹患慢性疾病的情况外，没有这方面的切实证据。
- 在许多劳动者看来，目前的改革有太多的技术官僚色彩，缺乏透明度。

**我们的建议**

- 透明的制度设计。劳动者将在整个职业生涯中为自己的个人账户积累积分，直至在最早领取年龄或更晚时候开始领取养老金为止。每个积分将对应获得相同养老金收入的权利。
- 有再分配的制度。低收入劳动者和职业履历较曲折的劳动者将在退休时获得额外积分，以确保领取体面的养老金收入。与当前制度不同，即使在较低积分区间，养老金也会随积分增加，以保留激励。

- 有个人灵活性的制度。在最早养老金领取年龄后继续工作并推迟领取养老金的劳动者，将因为增加的工作年份和减少的预期养老金领取年份而获得更多积分。
- 考虑到艰苦工作条件的制度。从事艰苦工作的劳动者可以在最早领取年龄之前退休。不过，为利用分散化的信息，鼓励企业积极防治员工的慢性疾病，并避免不同企业或产业之间的交叉补贴，将由产业或企业层面的社会合作伙伴决定艰苦工作条件的定义，并由雇主承担在最早领取年龄之前退休造成的额外成本。
- 以可持续和透明的方式决定养老金福利的计算。所有退休人员的每个积分都对应相同欧元数额的养老金，这个数字（分值）的设定要维持养老金制度的财务平衡。假设养老金缴费率保持不变（目前为27.5%的极高水平），积分的分值增长速度将等于工资通胀率减去养老金制度内的抚养率（退休人员同在职人员的比率）。
- 养老金制度的抚养率将反映社会偏好。如果采用工作年限与退休年限之比保持2∶1的规则（即预期寿命每增加3年，将使工作年限增加2年，退休年限增加1年），养老金制度将大致保持财务平衡。但社会可能偏好退休年龄上调幅度更小的规则，这意味着替代率相应降低。
- 建立独立的治理架构。为处理退休年龄调整与替代率调整之间的权衡选择，我们建议创立一个独立理事会，根据社会偏好做出决策，同时创立一家储备基金，以应对暂时性的人口或经济冲击，并作为反映养老金制度财务状况的指示器。
- 需要考虑养老金制度改革之外的议题。整体改革的一个关键部分是，让年长员工继续工作变得更有吸引力，包括更积极地预防慢性疾病，改进继续培训的质量，增强年长员工的工作灵活性（允许兼职工作，雇主采取措施帮助有健康问题的年长员工继续工作）等。国外经验表明，这些配套改革能带来显著不同的效果。

本委员会关注的另一个人口问题是，促进移民的劳动力市场融合。移民群体的低劳动力参与率本身就是挑战，也与养老金制度的财务平衡有关。本报告提出了可以改进现状的几项具体措施。

## 法国面临的三大挑战

### 本报告的背景

#### 挑战

我们决定着重讨论如今面临的三大挑战：全球变暖、不平等与人口老龄化。我们知道，法国面临的挑战原本还有很多。若干重要议题我们并未触及，包括新冠疫情对健康和经济的长期影响、应对其他大流行病的需要、在极低利率时代重新界定财政政策和货币政策、数字时代的竞争政策与隐私问题、金融监管、社交媒体对政治活动与经济政策的影响等。还有一些议题会在三个主要章节中零散地出现，如教育、政府改革、劳动法、医疗健康等。即使对三个选定的议题，我们的分析也远非完善。例如，我们关注气候变化，却没有涉及生物多样性和空气污染。对人口老龄化，我们着重探讨养老金改革，对它在其他方面的影响则着墨不多。

这三大挑战都关系根本的世代内与世代间的议题：我们应该给子孙们留下怎样的生活？怎样的地球？怎样的职业？年轻的劳动者同年迈的退休人员之间，利益该如何平衡？我们能否解决现有的不平等以及由新冠疫情导致的新的不平等问题？后者对更年轻的世代、教育程度更低的群体打击尤为严重。

这三大挑战以各自不同的机制源于经济增长的复杂特性以及作为主要增长动力的技术进步。技术进步让法国和其他国家的一般生活水平获得了巨大提升，但也成为如今面临的诸多挑战的根源。工业革命启动了全球变暖进程，碳基发电与运输技术的创新增加了碳排放。包括人工智能应用在内的技术革新加剧了不平等，以及年迈劳动者的技能淘汰。医疗技术进步延长了人们的预期寿命，这固然是好事，却也给养老金制度带来了压力。

与此同时，我们又必须把技术进步作为解决方案的必要组成部分。全球变暖不可能依靠在现有技术下减少碳排放来解决，而是需要巨大的研发努力，在新技术应用中取得关键的进步，即人们熟知的边干边学过程。抗击不平等的斗争也可以借助技术，例如教学方法的创新，并通过在线课程提供普及性的高质量教育；开发与人类技能形成互补而非替代的新技术；找到对流动资本征税的更好办法等。对慢性疾病的预防和治疗以及改善继续教育，则能够帮助年迈的劳动者克服身体障碍，更好地工作，从而增强养老金制度的可持续性。要解决的问题在于如何设计出促进和引导这些进程的政策，以实现更加平衡、更可持续的增长。

三大挑战都在缓慢积蓄。解决成本随时间缓慢递增，却更容易让政策制定者贻误战机。加上政治偏差（只有当前世代的人参与投票，包括对未来世代有深远影响的事务）与行为偏差（过分自负地认为问题到时候自有解决办法），决策会更加倾向于避免在当前付出成本，甚至忽略这对未来的显著好处，从而对未来世代的人们严重不利。例如，气候变化会产生致命影响的预警几乎在30年前就已发出，可各国政府对此除纳入政治讨论外，很少付诸实际行动。不平等、糟糕的教育和职业培训、对疫情或人工智能缺乏准备、养老金制度的可持续性和社会接受度等，则是另外几个潜伏的“定时炸弹”的例子。即便在已经付出巨大努力的地方，有关措施也往往缺乏全局观，或不足以解决根本问题。

三大挑战都涉及复杂的技术和经济议题。我们很难预测人们对不同气候政策的社会接受度，哪种类型的绿色技术研发该得到补贴，技术进步的速度会如何？储能技术是否会变得足够便宜，让我们可以仅仅依靠风能和光能，还是需要核能作为备用？我们能够在多大程度上依靠教育实现公平竞争，让更多人有机会获得优质的工作岗位？我们能够在多大程度上改变技术发展方向，使之与劳动者形成互补而非替代？

这些不确定性构成了巨大的政策挑战，既要保持灵活性，又能给未来政策走向发出明确信号。例如，国民、企业、绿色能源创新企业以及市政管理机构在做长期决策时都需要预估未来的气候政策，包括住房、发电、研发、交通方式等领域的政策。类似的是，某些国民有理由担心“绿色支票”不会长期有效，碳税却可能被永远征收。与气候、就业和养老金有关的决策具有长期性，涉及人们对未来公共政策的预期。在不确定性面前，经济行为人需要未来指引，要求对今后10—20年内会给自身造成重大影响的政策决定有一定预见性。

这一完美平衡不容易实现。政策预见性要求清晰的指导规则：未来的环境监管和碳价格如何决定？养老金水平如何计算？我需要工作多长时间？同时，应对变化中的世界又要求有灵活性，如考虑寿命延长和影响养老金缴费的宏观冲击等。还有，环境退化速度、公共政策对气候变化的响应以及技术发明的速度等都存在不确定性，要求适时做出政策调整。

提供明确指导与保持未来灵活性的目标显然存在冲突，解决这一矛盾要求我们构思出能实现良好平衡的制度。例如，我们必须让决策调整摆脱政治压力。调整必须反映真知灼见，而不是政治上的权宜之计。这是有可能做到的，比如各国中央银行的独立性就使它们能成功兑现控制通货膨胀的承诺，同时针对金融危机或疫情危机的特殊情况采取必要的灵活操作。受此启发，我们在报告第1章探讨了设立“碳中央银行”的措施，把碳排放许可证管理的预见性和灵活性最好地结合起来。我们还建议，采取透明的调整规则管理养老金制度，同时由一家独立机构负责针对未曾预见的变化进行调整，并可以采用储备基金作为稳定器。

**委员会对自身角色的认识**

我们讨论的问题只能靠专家回答，不只是经济学家，还包括更广泛的社会科学家与其他专家。他们可以总结整理知识成果，哪些已知，哪些未知，哪些政策在其他地方发挥过作用，哪些政策还有待深入探讨。

但专家们不能止步于此。大多数专家相信需要采取的改革措施经常在社会上遇到强烈反对，并由此被放弃或篡改。例如，几乎所有经济学家都认为对抗全球变暖的整体策略中必须包含碳价格，但法国政府于2018年引入碳税的尝试成为“黄马甲”运动爆发的诱因。到2020年，法国的公民气候会议（Convention citoyenne pour le climat）又决定将碳税剔除出建议清单。又如，几乎所有经济学家都认为应对预期寿命延长的一个必要措施是提高退休年龄，但法国政府于2020年推出这方面的退休制度改革同样遭遇了强大阻力。

某些反对或许来自对专家缺乏信任，或者对事实或政策利弊的误解。因此专家的任务应该是以一定的谦逊态度（可惜并非始终如此）陈述结论，并尽可能纠正有关的误解（同样很不轻松）。透明度可以提高信任水平。本报告另一个贯穿始终的主题正是创造这样的透明度。近期的养老金改革就旨在为制度引入更大的透明度，结果未能做到，它的一些特色有可能改进，以提高国民对制度的信任。碳税的缺陷不仅是给人们带来的不公平感，也受困于缺乏公平的信息机制来介绍、比较对抗全球变暖的不同方案，许多方案的后果不为人们所知，碳税造成的代价却非常明显。当然，反对者更有可能来自某些特定群体，他们感觉即使改革确有必要，自己也是受害者。“黄马甲”运动显然就属于此类。专家们对这种担忧不能置之不理，而是有责任将之纳入通盘考虑。

所以，如果想让改革获得通过和接受，支持者就必须理解和处理类似担忧，必须让改革带给人们公平的感受。至少从原则上讲，限制豁免和漏洞是理所当然的。公平的感受还可以通过补偿来增强，没有哪项政策能给所有受损者提供补偿，因为判断谁会受损的信息永远不够完备；① 也不应该总是给受损者提供补偿，正如维持现状本身作为一项政策选择并非不可改变一样。如果实施碳价格，煤炭生产商就会受损，煤炭工人应该获得一定补偿，有数十年时间调整的煤炭企业则没有资格。为特定支出安排特定财政收入的专项资金可以发挥作用。经济学家对此通常不太赞成，理由是政府预算具有统一性，而且很重要的一点是，预算的最佳用途不应该受制于让特定产业或特定民众支配部分公共资金。这是正当的规则，违反它经常会导致浪费，例如在高速公路已经饱和时，依旧把高速公路收费专门用于建设新的道路。本委员会非常清楚偏离该规则的危害，但决定采取不过分正统的思路，理由是在特定情况下，与某项政策有关的新财政收入可以转移给该政策或与之直接相关的其他行动的受损者。专项资金可以把财政收入与公共政策直接挂钩，让补偿变得更加明确，从而增强受损者对补偿政策能够延续的信心。类似地，如果民众知道税收收入将用于他们拥护的项目，他们对这一税收的接受度也会提高。关于气候变化与不平等的章节将采用上述理念，关于人口问题的章节当然同样如此，因为养老金的社会保障缴费本就同养老金支出形成了专项匹配。

最后，成功的改革不仅需要专业知识和民众支持，也离不开妥善的实施。实施与政策理念同样重要，如果实施不力，好的理念也会失去价值。它们好比药物和抗生素，如果没有诊断和服用说明，也可能造成严重不良后果。初心良好的政策，除了可能没有充分落实，还可能被滥用，导致事与愿违的结果。无论政策制定者的愿望如何，他们或许并没有时间充分考虑实际执行问题。他们要把改革或政策的实施委托给他人，也未必能监督实际结果，此时就尤其需要有详细的政策诊断测试和指导手册。

法国政府的效率与公共服务的质量作为“房间里的大象”，不在本委员会的受托研究任务之内，但作用至关重要。对于公共政策，我们只有测算它们的实际效果而非花费的资金，才能真正看出它们的效力。这里的一个例子是法国

---

① 参见 Conseil des prélèvements obligatoires（2019）。法国的应对气候紧急情况环境税建议（La fiscalité environnementale au défi de l'urgence climatique）探讨了识别受损者并提供补偿的困难，建议：（1）把碳税作为现有能源税的一个独立可见的部分，或将它完全分离出来；（2）建立对受影响最严重的家庭（特别是低收入家庭）的补偿机制，以增强对碳税的接受度；（3）确保碳税收入使用的透明度。

的教育制度，关于不平等的一章将对此做重点讨论，尽管教师地位在过去 10 年有大幅提升，法国小学生在国际学生评估项目（PISA）和其他评估项目中的排名却持续下滑。该章将强调：需要做系统性的影响测算并采用“落日条款”；有必要给私人部门提供恰当激励；需要精简合并政策，增强机构的灵活性和相互间的一致性，设立一站式办事窗口，避免浪费个人和企业耗费在行政程序上的精力（仅举其中一个案例，在法国申请研发补贴目前有超过 60 个办事窗口），提高某些政策的低采用率；必须抵制法国人对政策豁免和漏洞的偏爱；在地方当局能对其政策负责的情况下，发挥分权化与试点的优势。除公共财政的支出一侧外，对收入一侧也可适用类似的要求：法国的税收应该得到改进，而不是再增加。法国的强制性税收目前达到 GDP 的 46%，① 公共支出达到 GDP 的 56%，处于发达国家中最高的行列。遗产税是个例子，税率很高，但漏洞较多，税收收入较少，不平等的章节将对此展开讨论。尽管政府的规模大小最终是全社会的选择，但我们不难得出如下共识：税收应该体现智慧，法国在这方面并不总是模范。

总之，我们的委员会这样看待自己的任务：提供专业见解，总结评估三大挑战各自的已知领域和未知领域；提出整体性的改革建议，把潜在的受益方和受损方都纳入考虑；对如何最好地实施改革提出指导。我们的报告持乐观态度：相信三大挑战都有其解决方案，并希望本委员会能对方案设计有所帮助。

## 第 1 节　气候变化②

气候变化带来了生死攸关的威胁。它会造成巨大的经济成本，导致生态系统和生物多样性被破坏，引发社会动荡，推动大规模移民，并制造贫困国家和中等收入国家的仇恨情绪，甚至因此诱发战争及其他形式的冲突。

我们已没有时间等待。尽管有上述紧迫感，官员的志愿主义政治言论和长期承诺同他们的实际行动之间仍存在强烈反差。在里约峰会举办近 30 年后，排放量仍在持续增加；对绿色技术的公共和私人研发投入仅占全球研发总投入的 4%，完全谈不上受到重视。为实现《巴黎协定》（巴黎气候大会或第 21 届

---

① 经合组织的数据显示，法国在 2017 年为 46.2%，经合组织平均值为 34.1%。但由于各国政府提供的服务不同，这方面的比较存在困难。

② 第 1 章报告的作者为：克里斯蒂安·戈利耶（Christian Gollier）、马尔·勒光（Mar Reguant）。

缔约方会议）或部分主要排放国更近期提出的“到2050年或2060年实现零净排放”的目标，要求各国经济有代价不菲的大规模转型，而这尚待发生。① 等待的时间越久，转型的成本将越高，组织将越混乱。法国用以对抗气候变化的路线图“国家低碳战略”（National Low-Carbon Strategy，SNBC）规定了削减温室气体排放的进度，并细化到2033年之前的分部门碳预算。这些预算不具强制性，而是属于指导性质，并会根据实际超额状况做重新评估。

所幸也有好消息，尽管研发支出较少，某些技术的进展速度仍然快于预期，如太阳能、风能、电力储备②、LED照明、电动汽车、替代蛋白质等。此外，许多公司认识到它们以化石能源为基础的资产最终可能报废，私人部门的创新力由此被激发出来。如果有更多资金用于绿色技术，并通过全球碳价格信号等方式强化私人部门转向绿色技术的激励，则某些关键技术可能会涌现。

另一个好消息是，环境意识在政治上有所增强。90%以上的法国公众相信全球变暖是人为造成的，而且我们能够对此有所作为。因此，本委员会与其他类似行动面临的挑战是找到合适的办法，结束言论与行动脱离的状态，争取行动代价在政治上可接受，并确保这些行动的成本尽可能降低。

我们相信，尽管形势严峻，依然能找到结合多种方法的解决方案。如果能够迅速实施，这些方案能够让我们以相对于其他选择更小的经济和社会成本来解决气候变化问题。但本报告要传递的另一个信息是，我们必须认真挑选。在绿色政策的建议方面，我们面临极为丰富的选项。本报告展示的是我们认为有充分效力的建议，突出了好的建议，而筛掉了糟糕的内容。

概而言之，我们主张：

- 碳价格是很好的经济机制。我们介绍了法国和欧盟目前的相应做法，以及如何大幅度改进，包含相当多的细节与分析。
- 研发扶持是很好的经济机制。较低的碳价格不仅纵容当前的排放，也不利于促进研发。但是，即使碳价格被统一并提高，绿色技术研发依

① 包括改变我们的农业和消费模式，在交通（汽车、火车与飞机）、工业和住所中逐步淘汰化石燃料，对低隔热效能建筑物做节能改造，利用时段变动价格的智能电表节约能源消费，在城市规划和土地利用中加入绿色目标，支持经济的电气化，大量增加对绿色研发的投入等。

② 电能储备对这些间歇性电力生产来说是极为重要的配套补充，包括电池技术，以及抽水蓄能、空气压缩、电解产生的绿色氢气，以及天然气加工结合碳捕获与碳储存产生的蓝色氢气等。

然可能低于合意的水平。投入绿色技术研发的资金必须比当前的实际水平高出很多。如果希望绿色技术产生重大影响，这些资金还必须用到位，我们会解释如何操作。

- 其他一些政策如果能妥善实施，也可以是很好的经济机制，包括制定标准、采取禁止措施和定向补贴等。这些政策在过去往往缺乏一致性，实施力度较弱。对它们同样有改进办法，我们将展开讨论。
- 国内补贴和国际补贴是让有效政策获得接受的关键。
- 单独看法国的排放量不会显著改变气候变化进程。但法国和欧盟可以发挥榜样作用，在达成全球协议、给发展中国家的气候政策提供资金支持方面起到带头作用，形成齐头并进的趋势。之所以要在法国和欧盟的政策思考中把世界其他国家纳入视野，是因为中国、印度、俄罗斯、巴基斯坦、美国乃至其他地方减少的每一吨二氧化碳排放，都会带来跟法国自身减排相同的好处。

## 1. 事实与感受

虽然抗击全球变暖的政策获得了普遍支持，却有若干感受在妨碍我们设计出对社会来说最具成本效益的政策。这些感受来自实际政策经验，对预算约束不够重视，以及在公共政策设计时对利用市场机制缺乏信心。

### 1.1 不受欢迎的碳税

第一个观察结论是碳税不受欢迎，例如“黄马甲”运动反对碳税，法国公民气候会议的最终建议里也没有提到碳税。民众感到：(1) 碳税具有“惩罚”性质（下文将指出，其他许多政策选项也同样如此）；(2) 碳税具有累退性质（确实如此，低收入家庭缴税的收入占比更高）；(3) 即使法国人凭借碳税收据获得无条件的一次性退款（lump-sum refund），情况也不会改变（这个感受不对）。最后一个感受或许源于人们对补贴的长期可靠性缺乏信任：曾经做出的补贴承诺可能会逐渐减少或取消。因此，制度设计时必须尽量减小此类风险。

### 1.2 不透明的政策相对更受欢迎

反过来，人们更加喜欢或者至少在表面上不太反对那些看不见直接成本的政策。然而，这些政策从本质上同碳税一样有“惩罚”性，甚至更糟糕。

我们先来看第二种办法，也是给碳排放设定价格，使经济行为人对自己造成的污染负责。自 2005 年起，欧盟就实施了一种碳税，把占欧盟温室气体排放量约 40% 的电力、铝业、水泥和其他产业的公司纳入欧盟排放交易系统（EU-ETS），又称“限额交易”系统。该系统中的限额（或称许可）数量是固定的，设置的数字越低，环保的要求越高。排放机构必须在限额之内排放。限额交易市场则通过供给（限额数量）与需求（减排成本超过限额价格的排放）的匹配，决定限额的价格。

从美国加利福尼亚州到中国，再到欧洲，五大洲目前共有 46 个二氧化碳排放限额交易系统。当然，其中许多不思进取，接受了比公开设定的环境目标高出太多的限额。由于这些系统要求排放机构必须拥有一定的排放限额，形式上就相当于对污染生产（而非最终消费）的一种税收。不过，由于生产商或多或少会把限额价格传递给消费者,① 生产成本的提升依然要靠后者来支付。欧盟排放交易系统的价格——2020 年为每吨二氧化碳排放 25 欧元，2021 年 5 月为 50 欧元——确实低于导致“黄马甲”运动爆发的 55 欧元碳税，而且更重要的是消费者负担的这一费用是在生产环节征收，使之在很大程度上没有引起公众的注意。

与之类似的另一个例子更有说服力。给绿色技术（风能、太阳能等）提供补贴很常见。在现实操作中，监管机构要求我们的电力供应商以某个预先设定的价格（上网电价）购买可再生能源，并把这个成本包含在我们的电价里。法国客户的电价清单中有一项“公共电力服务费”，其中就包括科西嘉岛和海外领地的额外发电成本，以及对可再生能源的公共补贴。但这一费用同样在形式上是对生产商征收，再传递给对此并不关心的消费者。②

先不论这样的政策是否合理，从它们造成的感受而言，如果人们了解如下两个事实，它们或许就没有那么受欢迎。

第一，某人获得的补贴总是来自其他人缴纳的税收，例如上网电价（供电公司必须按此价格对外采购可再生能源）就是电力消费者支付的税收。还有，补贴并不需要有良性的分配效应，例如在美国，对屋顶光伏电站的补贴

---

① 成本提高能在多大程度上传递给消费者，取决于产业竞争力度（如果是竞争性产业，则会完全传递）。

② 2021 年，法国对可再生能源的上网电价补贴成本将达到 64 亿欧元，碳税收入也几乎是这个水平。

（包括净计量电价政策）是由较低收入群体承担的。① 在法国，可再生能源政策的累退性质等同于碳税，却不可能利用碳红利来补偿穷人。

第二，这些政策的环境效果本可以做得更好。对 10 年前的早期可再生能源，减少 1 吨二氧化碳排放给电力用户带来的成本达到 1000 欧元以上，是 2019 年引发“黄马甲”运动的每吨二氧化碳定价 55 欧元的近 20 倍，或同期欧盟排放交易系统价格的 50—100 倍。换句话说，当时法国、德国和其他国家本可以选择用相同的成本减少约 50 吨二氧化碳排放，实际上却只购买了 1 吨气候减排。当然，这个逻辑忽略了强制性可再生能源购买促进了风能和太阳能的成本下降：税收激励和各种环保要求帮助私人部门推动了风能和太阳能的创新与学习曲线下降。② 再换个角度看，如果是在西班牙南部而非德国建立太阳能产能，也可以取得相同的学习成果，并让投资产生更好的环境影响。

与之类似，对法国的隔热和锅炉建设的高补贴很少引来反对意见。该政策的出发点虽好，却吸引了各种追求短期利润的投机取巧恶行，导致浪费性的商业活动（例如所谓 1 欧元隔热电话），而且对全球变暖几无帮助，因为过分慷慨地给供应商发放了节能认证（白色证书），许多与实际节能无关，只是用于让能源公用事业机构达到有关的节能要求。③

另外两个例子是绿色标准与禁止在某个日期后继续采用某些技术的法律，例如逐步淘汰燃油汽车。这两类措施都需要支付额外的成本，要么直接由消费者负担，要么先由制造商负担，再转移给消费者；④ 它们可能设计欠佳，难以

---

① 更一般地说，有研究发现（Borenstein and Davis，2016），因为住房保温、太阳能板架设、购买混合动力汽车和电动车和其他清洁能源投资而获得的所得税减免中，60% 归属顶层五分之一群体。参见 Borenstein S. and Davis L. W.（2016），“The distributional effects of US clean energy tax credits”，*Tax Policy and the Economy*，Vol. 30（1），NBER。

② 下文将指出，有一个关于反事实情形的复杂讨论：电力购买对可再生能源成本的下降有多大贡献？有些人认为，即使没有补贴，微处理器进步也服从摩尔定律。另有人则认为，启动刺激是必要的，因为技术外溢效应会使早期亏损无法用后来的竞争优势弥补。我们之后会再探讨边干边学的议题。

③ 参见 Glachant，M.，Kahn，V.，and F. Lévêque（2020），“Quand les économies d’énergiede viennent-fictives”，*Les Échos*，December 21；也可参见 Crampes，C. and T. O. Léautier（2021），“White Certificates and Competition”，*Concurrences*，No. 2021 -01，February。

④ 有时禁令的成本直接由消费者承担（而非通过生产商间接承担）。在有火车旅行的替代方案时，航空旅行禁令的成本就包括乘客多花费的时间的价值。住房供暖中禁止使用化石燃料的成本中，包含架设其他设备（如热泵）的费用等。

实现目标;① 最后还可能具有累退性质，即能源效率标准让低收入家庭付出更大比例的收入。② 然而，很少有人对有延迟效应的禁令或标准发起抗议行动。

需要指出的是，我们这里并不是说这些透明度不高的政策必然缺乏效率，而是强调人们的感受经常来自表面现象而非深层的事实：例如付费者（消费者或纳税人）缴纳费用的显见度对民众态度的影响，远远超出为实现每吨二氧化碳减排对他们实际收取的金额。民主制度要想有效运转，就必须给国民的权衡选择提供相关充分信息。与公众舆论作对要付出惨痛的政治代价，但如果容忍此类代价对政策产生不利影响，则会给法国及世界其他国家造成不必要的巨大气候灾难，或者把私人和公共部门的资金不必要地用于低效领域。

### 1.3 动机信念

社会科学家已发现，人们秉持特定信念的部分原因是他们加入了价值观，导致在求真与期许之间形成了权衡替换。相应地，这些信念对各种类型的科学证明呈现出抗拒性。我们容易理解，动机信念（motivated beliefs）可能对生活有好处，例如，提前想象假期的美好，而不考虑漫长的封锁以及亲人染病或死亡的可能性等。对本文而言，我们所有人都期盼未来的繁荣。

在今后 30 年里把大量资金用于抗击气候变化，这不是个令人兴奋的愿景。在气候政治中，类似“流血、流汗、流泪”的承诺是不可能获得支持的，这或许是因为国民依然低估了转型所需的巨大规模和普遍范围。因此在巴黎气候大会结束后，没有任何国家的领导人在归国时宣布同胞们需要采取积极行动，也就是意料之中的事。偶尔还会有绿色增长之类的安慰性概念出现，给我们描述能够既拥有蛋糕又吃掉蛋糕的好事。但假如这可以实现，我们在过去 30 年又为何没有做到呢?

同样的情况适用于“绿色职业”的观点，这也是用来安抚公众舆论的。

---

① 在美国，汽车和卡车的燃料效率在 2020 年有所下跌，因为对小汽车和轻型卡车及越野车的监管有差异，对后者变得更有利。2020 年，卡车及越野车占保有量的 76%，而 2012 年时只有 49%。这一监管缺陷可能被固化，参见 Greenstone, M., Sunstein, C. and S. Ori (2020), “Fuel Economy 2.0”, *Harvard Environmental Law Review* 44, No. 1, May, pp. 1-42。法国的汽车奖惩制度也可能有类似情况，无车人拿不到奖励，于是为了拿到奖励，他们购买因奖励而变得更便宜的小型车。这些事例说明了恰当的政策设计的重要性，而不是说任何燃料效率标准都没有用。

② 这还造成了不良后果：由于人们把小汽车换成越野车，推行燃料经济标准并未如愿实现减排目标。

政府官员与企业界往往夸耀绿色政策对创造工作岗位的贡献。但这一主张缺乏深入分析，并不能真正经受住考验。该主张的有效性取决于对如下若干问题的回答：相比同样要争取稀缺公共资源的其他领域（如医疗或教育），投入绿色行动的资金是否能创造更多的岗位?① 被替代的员工能否在地理分布和教育层次上与新创造的岗位相匹配，例如煤矿工人能否轻松转行为风力发电机械师?我们有没有考虑到补贴对相关劳动力市场的均衡效应，例如，如果在职业培训和认证方面没有预先准备，迅速地大幅增加建筑改造补贴可能导致改造费用上升，而非工作岗位增加，从而造成公共资金的浪费？有没有考虑到政策筹资带来的均衡效应，例如为支持补贴款项而征收的税费可能使其他产业竞争力下降，从而摧毁工作岗位?

不愿意承认拯救地球值得付出成本，这会造成严重后果。此类政治言论的问题在于，它用可能找到无痛苦解决方案的观点安慰国民。本报告第1章将指出，近90%的法国人认为中产阶级不应该为抗击气候变化付出任何代价。对此可能有两种诠释。第一种是“应该由富人出钱”，这一看法与本报告其他各章的内容也有关。富人的确可以付出更多，但他们的潜在贡献其实远远不够抗击全球变暖或缩小不平等所需的资源。② 第二种诠释是，人们感觉其实不需要

---

① 某些研究试图做出回答。国际货币基金组织的《2020年世界经济展望》（IMF World Economic Outlook）与国际能源署的《可持续复苏特别报告》（Special Report on Sustainable Recovery, June 2020）分析了绿色经济对就业的影响，结论是或许对就业数量有小幅的积极效应。

② 可以做简单概算。顶层10%群体占收入份额的30%，如果法国提高税率（包括社保缴费、特别社保税等的广义税率），加征其10%的收入，也就是GDP的3%。对于顶层的1%群体，占有10%的收入份额，也可以做类似测算。这些估计会过于乐观，因为顶层收入群体（企业家、工程师、医生、学者、金融和法律经营者、巨额财富持有人等）有很高的国际流动性。即使他们留下，也会采用避税手段。另一方面是对筹资的需求，本报告中估计气候措施本身的花费为GDP的1%—2%。有人认为更高，可能达4.5%，参见Germain, J. M. and T. Lellouch（2020），“The social cost of global warming and sustainability indicators: Lessons from an application to France”, *Economics and Statistics* 517－518－519, pp. 81－102。这些数字有很大不确定性，但显然投入是巨大的。以养老金制度为例，法国养老金支付已达到GDP的13.6%。目前的人口抚养率为33%，预计会提高至45%，增幅达到36%。假设我们不改变退休年龄，则养老金制度内的抚养率也会提高同样幅度，养老金与工资之比也维持不变，这将导致养老金付款提高至GDP的18.5%，即提高4.9个百分点，也远远超出“富人能支付”的程度。还有显著缩小不平等程度，如更慷慨地发放补助金，也需要巨额资金。我们这里还只聚焦于三个主要挑战。如把教育和医疗等重大政策考虑进来，将需要更多的资金支持，很难只从富人群体那里得到满足。

任何人付出代价。这两种说法或许都有理由，但也同样成问题。

## 2. 整体解决方案

针对气候变化的生死存亡威胁的紧迫性，以及有效而迅速地制定相关政策面临的政治挑战，本报告第 1 章将提出包含五个支柱的一套整体解决办法：（1）碳价格；（2）加强研发投入；（3）其他行动；（4）补偿；（5）国际合作。本委员会的成员对这五个支柱有共识，但有些人认为应重点关注第 3 和第 5 支柱，有些人则更多持怀疑态度。我们会指出分歧之所在。

### 2.1 支柱 1：碳价格

本委员会及大多数外部专家（见第 1 章）的结论是，一定水平的碳价格尽管不受欢迎，却是绝对必要的。碳价格符合法国宪法的环境补充条款中包含的污染者付费原则。实践表明，碳价格已显著改变了碳排放和其他污染物排放的相关行为。例如英国实施了较为温和的碳税，使煤炭生产被逐步淘汰，几乎在一夜之间大幅减少了电力部门的二氧化碳排放量：发电消耗的煤炭占比从 2013 年的 40% 下降至 2018 年的 5%，2020 年上半年更是降至 2%。导致这一剧烈变化的主要原因是：英国于 2013 年在欧盟排放交易系统价格（在 2013—2018 年均不足 10 欧元）之上实施了一个最低碳价格（约为每吨二氧化碳 21 欧元）。① 据估计每吨 35—40 欧元的碳价格就足以推动“煤改气”的转型，排放污染会下降近一半。瑞典实施的碳价格也产生了同样的效果，在 1991 年引入，2021 年达到约每吨 114 欧元。②

我们可以梦想有那样的理想社会，各种解决方案会自发地出现，不需要物质激励（这是动机信念的又一个例子）。然而历史给出的教训并非如此：我们一次次看到经济决策者们惨遭打击，掏空他们的预算，迫使其改变行为，然后才释放出可以解决挑战的创新。

碳价格至少有如下四个优点：

---

① 碳价格并非唯一工具。英国还利用政府扶持的拍卖来支持风能发展，带来了额外的产能和更低的价格，使煤炭不再有经济意义。

② 瑞典的碳价格对消费者和企业都实施。在 1991 年引入时，消费者的定价为 24 欧元，企业为 6 欧元。由于担心生产外迁或不公平进口竞争，企业实施了较低的碳价格（针对欧盟排放交易系统之外的产业，为避免双重征税，对该系统已覆盖的产业不再征收碳税）。但从 2018 年后，对欧盟排放交易系统之外的产业实施与消费者相同的碳价格，目前为每吨 114 欧元。

- 鼓励人们以较低的成本消除污染。
- 促进绿色创新。让绿色研发产生的知识产权能赚取利润，推动初创企业获得私人投资，达到必要的规模。
- 要求对排放进行测量（这并不总能直接获得），而无须其他信息。相比其他减排措施，这有利于减少行政程序和任意裁量权。
- 最后，这种方式简单易行，让消费者能为气候问题开展行动，因为他们支付的产品价格中包括价值链上产生的所有排放的成本。若非如此，他们在打算做知情选择的时候就需要获得更详细的各种信息。

第1章会详细介绍设定碳价格的具体方法：各国科学家与政府已经设定了一个“碳预算”，即我们为实现《巴黎协定》的目标还可以排放的数量限额。政府间气候变化专门委员会（IPCC）的估计是，为把全球变暖幅度控制在1.5摄氏度之内，未来排放的二氧化碳总量不能超过7000亿吨（上浮一个不确定区间）。若不考虑不确定性，这一碳预算可以较为轻松地实现，办法是借鉴欧洲通过欧盟排放交易系统实现的碳预算限额。① 由此，碳价格将通过市场出清来产生：认为削减污染成本太高的行为人可以从限额没有用完的人那里购买。② 这种“总量设定”方法将确保目标的实现：污染排放不会多于达成《巴黎协定》目标计划的数额。

但现实中存在巨大的不确定性，包括全球变暖的速度、绿色技术的发展状况和成本，以及同样关键的控制气候变化的政治意愿。这些不确定性意味着，碳预算需要根据新情况逐渐修订，以影响碳价格。糟糕的是，这会给企业、家庭和发明家带来不确定性，他们将更难理解当前的碳预算会如何转化为未来的碳价格，并据此做出投资规划。电力企业修建的工厂有30—50年运营寿命，

① 欧洲没有正式的碳预算，而是选择了特定的减排计划，到2030年减少55%，2050年实现零净排放。我们在本报告中坚持这一政治决策。但需要注意，这一减排计划或许不符合欧洲碳预算目标下的跨期最优化方案，因为可能导致短期的减排努力不足，即今后10年的影子价格设定过低。参见 Gollier, C. et al.（2020），“The cost-efficiency carbon pricing puzzle,” TSE Working Paper, n°18 - 952, Toulouse School of Economics。

② 在现实中有若干原因导致某些行为人的限额未用完：企业是在实际排放的数年前投资于排放限额，以对冲价格风险（排放限额提前很早发放，美国的二氧化硫排放可提前30年，并能被银行作为担保接受）；企业可能因为溯往计划（grandfathering scheme）获得免费排放限额（高污染的企业或国家得到某些免费限额，作为部分补偿）。如果这些企业的环保进步比预期更快，它们就可以出售可交易的配额。类似的，做市商（本身不需要排放限额的金融机构）也可能临时持有限额。

消费者购买的电动汽车可以使用15年，发明家的创新会在今后10年产品化，城市规划师与建筑师的决策甚至会有更长远的影响。上述这些决策的财务考虑不只与今天的碳价格有关，还更多地取决于未来碳价格的一般趋势。

第1章将呼吁提出“未来指导意见”。

- 把未来碳价格加入私人投资决策的一种方法是，为碳排放价格设立下限和上限，实现某种程度的价格稳定。当配额的供给相对需求较为宽裕，价格达到下限时，市场上提供的配额数量将被削减（政府以下限价格购买配额），从而使二氧化碳排放加速减少。① 当价格达到上限时，将有额外的配额按照上限价格出售，提供的配额数量将增加，导致二氧化碳排放降幅放缓。具体而言，第1章建议从2021年起设立大约每吨二氧化碳60欧元的下限价格，之后以每年4%或5%的速率提高，到2050年达到每吨190—250欧元。
- 第1章讨论的另一种办法是，创立一家独立的碳理事会（可名为“碳中央银行”），以负责价格调整，使调价摆脱政治游说与选举进程的干扰，从而给政策赋予可信度，类似于独立的中央银行对通货膨胀的控制。
- 还有种既确保坚决采取环境措施的承诺又保留某些灵活性的办法，是给各国政府制造某些风险承担机制，以促使其遵守承诺。例如可以由政府发行某种证券，如果未来的碳价格下跌到之前宣布的轨迹之下，则会给排放配额持有者提供补偿。② 这样会提高各国政府在未来增加配额数量的成本；理论上只有技术领域出现令人意外的进步时，它们才会这么做，此时增加配额并不一定表明解决气候问题的决心有所消退。

为充分发挥效力，碳价格必须是普遍性的。与法国目前的碳税不同，出于公平和效率两方面的考虑，我们建议的碳税必须对所有排污者适用，没有例外。这种普遍性要求意味着要避免漏洞，即把经济活动迁往海外，在实施环境倾销的国家追求更低的成本。后文将介绍为防止此类漏洞而实施的边境碳税调整。

---

① 英国的制度有所不同，是在市场决定的价格之上再附加一个税收。

② 用金融学术语来讲，这种证券名为“看跌期权”。可参阅 Laffont, J. J. and J. Tirole (1996), “Pollution permits and compliance strategies,” *Journal of Public Economics*, 62, No. 1 - 2, October, pp. 85 - 125。

即使能做到碳价格透明、可信与普遍，它也不是万能药。要实现《巴黎协定》确立的目标，碳价格是必要但非充分条件。此外，虽然碳价格的应用可以扩大到比现在更广的范围，某些环境友好型项目仍不容易通过该方法完成。我们将在第3支柱的讨论中再对此加以解释。

## 2.2 支柱2：强化研发努力

如果没有解决研发挑战的显著进步，生态灾难也将难以避免。目前对绿色研发的投资太少，原因并不在于可利用的资金短缺，在当前的低利率时代，有太多资金在寻找投资机遇。真正的原因在于绿色研发的盈利性不足，限制了现有投资。创新是关键所在，因为它将改变气候损失与经济损失之间的权衡关系。目前的两难处境尤其表现在撒哈拉以南非洲、巴基斯坦、印度，乃至中国。如果这些国家看到选择低碳技术更具吸引力，就能帮助减少全球碳排放总量，由此给法国带来的好处将远甚于法国自身采取的行动。

一般性的研发补贴是面向所有产业的投资人，以补偿别人部分分享他们的研发成果（也就是给其他企业带来的技术外溢效应）。但仅有此类补贴是不够的，原因如下：

首先，即使普遍实施碳价格并加大力度，政治上的约束依然可能使其低于理想水平。由于碳价格较低，技术使用者制造污染的成本太小，就不愿意为获得绿色技术支付较高的专利费。过去的碳价格太低，加上若干官方文件中没有提到碳价格，已经造成了未来碳价格最多只是温和水平的预期，打击了绿色研发的努力。

其次，与过低的碳价格无关，某些最重要的绿色研发项目涉及突破性技术，将使我们在长远实现零排放或负排放。尽管制药业的例子表明，私人部门在研发决策方面可以有长远眼光，但公共部门在提供社会需要的基础研究上仍发挥着根本性作用。①

我们可以设想，能够以两种方式促进研发。第一种是为私人部门设定可实现的技术目标。经验表明（例如近期的新冠疫苗研发），私人部门在受到推动后可以做出惊人成就：多种疫苗以前所未见的速度开发出来，某些还采用了此

① 我们可以进一步指出，由于技术总是要依靠前人的成果，绿色技术比化石燃料技术有着更长远的未来，即使后者能通过碳捕获和储存等创新变得更加清洁，清洁能源研究的整体溢出效应也更大，所以有理由提供更多的补贴。

前没有尝试的方法。[1] 第二种是设立欧盟的高级能源研究计划署（EU-ARPA-E），模仿美国的绿色技术拨款机构。该机构将为欧洲私人和公共部门的高风险、高回报研究项目提供资金，以解决绿色技术领域的关键挑战。该机构的治理必须成为楷模，后文将做更多讨论。

另外，近期法国 RTE 公司与国际能源署（IEA）发布了关于完全可再生电力生产的必要条件的报告，它提示我们：即使碳中和的若干场景确有可能实现，研发努力的效果从本质上说仍是不确定的。这种不确定性显然不应该成为拖延的借口，但公共机构在战略和行动设计中必须有所考虑。我们必须保持谦虚谨慎的态度，避免把所有鸡蛋放在一个篮子里。

### 2.3 支柱3：补充行动

之前已提到，碳价格手段在某些领域不如我们期望的那样有效。首先，我们已经指出，由于政治上的原因，碳价格可能低于理想水平。

第二个问题是排放的可测算问题。这未必是因为数量庞大的经济行为人，实际上用于交通运输和供暖的化石燃料产品可以纳入欧盟排放交易系统，因此，碳税可以在价值链的较早环节征收，而不必面向所有家庭、企业或机构，目前对电力、水泥和钢铁产业正是这样做的。对于牲畜产生的甲烷排放，可以在屠宰场的环节征税。与发电厂的碳排放或炼油厂的石油生产规模相比，林业对全球变暖的效应（这在林业相对较弱的欧盟不太重要）或特定农业活动带来的碳储存，测算更为困难。

第三个问题是，某些基础设施（如为电动汽车或氢能应用服务的设施）必须实现标准化，以便市场上能出现彼此竞争的厂商。[2] 污染者付费的原则将确保经济行为人对自己的排放负责，但仅靠价格并不能确保彼此竞争的绿色企业达成统一的标准，这是市场失灵的又一例证。政府可以对这种标准化提供帮助，应该尽可能在技术选择上保持中立，但又不可能完全中立。

第四个问题是，碳价格提供的激励对企业（发电厂、水泥厂、炼铝厂、

---

① 新冠疫苗采购进程的影响还有待考察。公共采购不仅能加速技术进步，也意味着在供给上抢先于其他国家，除世卫组织的 COVAX 联合计划外，国际合作严重缺乏，导致优先采购成了主要政策目标（虽然没有人公开承认）。此外，我们对反事实情形缺乏认识，疫苗市场巨大，即使没有公共采购，也会吸引相当大的研发投入。

② 例如电动车的充电基础设施：充电连接头、汽车充电器还是外接充电器、交流电还是直流电连接装置、电压设定等。

航空公司等）的效果好于家庭，这是规律。对家庭而言，碳价格仍可以有效指导当前的消费，如航空旅行、食用牛肉，以及使用化石燃料产生的电力等。① 它可以促使消费者用火车替代飞机，少吃牛肉，增加共享搭车和远程交流，以及减少使用空调等。但针对消费者的长远投资，碳价格的效果会更差，原因包括如下三个：

- 第一，居民家庭对自身绿色行动的未来成本和收益了解不多。这方面的一个例子是建筑节能改造，特别是在法国（与德国不同），消费者没有获得有效的建议，② 补贴也并非以实际节能效果为基础。要使碳价格发挥期望的激励效果，就必须给居民家庭提供针对其成本收益分析的合理建议。
- 第二，决策者并不总是付账者。虽然有能耗认证，但租户和业主并不总能在节能效果上达成共识。从理论上讲，如果历任租户都充分了解投资的质量（能耗认证可以提供参考），正常支付电费单，如果租金能相应调整，以反映租户的能源消耗节约，则业主会有恰当的激励为建筑物和公寓做节能改造投资。但如果这些条件不能满足，业主就不会为改进能耗效率付出足够努力。事实上，有若干研究证实，如果业主自己也在建筑物中居住，则保温改造行动会更具持续性。信息不对称问题同样可能削弱业主节能改造的积极性，例如，他们担心改造投资会影响物业在住房市场上出售时的价值。最后对于共管公寓，还存在集体协调问题。
- 第三，经验证据表明，居民家庭对耐用品的质量可能投资不足，原因或者是流动性限制，或者是时间上的现期偏向。这完全可能适用于能源效率选择，尽管缺乏流动性的居民家庭经常可以申请政府支持的各类零利率贷款。

上述理由要求在碳价格之外采取补充措施，如禁令或更普遍的标准。正在

---

① 这些测算并不完美，对甲烷排放的一个近似替代指标是牲畜的重量。

② 另外还需要对产业界的建议保持谨慎，如隔热改造的效果令人失望，见下一个注释。居民家庭既面临道德风险（隔热供应商可能在材料品质和做工上偷工减料），也会遇到逆向选择（隔热效果取决于太多因素，消费者无法评估专业人员的能力与品行，会陷入次品市场）。参见 Ambec，S. and C. Crampes（2020），“Energy efficiency in buildings：From theory to practice，” WP Toulouse School of Economics，February。

考虑或已经宣布的禁令包括，禁止使用一次性塑料袋，禁止在特定日期后继续销售或登记使用某些燃料类型的新汽车，设立不允许化石燃料汽车驶入的低排放区域等。在环境领域实施国际标准的一个例子是1987年达成的《关于消耗臭氧层物质的蒙特利尔议定书》，为各国制定了政策目标和成本分摊办法。

如果能与支柱2的创新相结合，此类政策将更容易落实。照明的变革就是一个例子，说明了监管（在20世纪头10年后期到21世纪10年代早期开始禁用白炽灯泡）与替代产品研发（从20世纪早期的理论到90年代的蓝光LED突破）相结合的效果。与之类似，一旦电动车成本下降，里程延长（这已有望实现），禁止燃油汽车销售并限制其在低排放区域使用会变得更加容易。禁令与标准还可以给产业带来挑战，刺激创新与边干边学式的进步。

本报告第1章支持此类补充措施，但也提醒在大致了解它们的效果之前避免盲目干预。举一个其他国家的例子，我们知道屋顶光伏板的成本远高于在美国的南加利福尼亚州、亚利桑那州和得克萨斯州等地非常成熟的大型网络化光伏电站。那为什么美国政府还要给屋顶光伏板提供直接补贴和净计量电价补贴？如果目的是实现脱碳化，更好的办法是给网络化光伏电站提供补贴，或者把资金投入氢能或长期储能技术的研发。非常受民众欢迎的节能改造政策是另一个例子，有证据表明，除原本隔热质量真正很差的建筑外，用这种办法减少的每吨二氧化碳的代价相当高。①

在理想状态下，应该尽可能地随时评估此类政策的效果，② 以此确保支持政策合理性的隐含碳价格不过分偏离其他地方实施的碳价格。简单来说，如果某个标准、禁令或补贴导致消费者或纳税人要为每吨二氧化碳减排付出1000欧元，那就不能算绿色政策：例如以50欧元的碳价格计算，同样的资金本可以减排20吨。标准、禁令和补贴必须有合理的成本，整个政策必须有一致性（必须通过大致测算每吨减排的隐含成本来检验）。根据这一警示，我们认为

---

① 参见Fowlie，M.，Greenstone，M. and C. Wolfram（2018），“Do energy efficiency investments deliver? Evidence from the Weatherization Assistance Program”，*Quarterly Journal of Economics* 133，No. 3，pp. 1597－1644。该研究发现，美国的低收入家庭样本的预测节约是实际节约的大约2.5倍。另有研究利用法国的数据发现（Blaise and Glachant 2019，“Quelestl'impact des travaux de rénovationénergétique des logements sur la consommationd'énergie ? Une évaluationex post sur données de panel，” *La Revue de l'Énergie*，646，September-October，pp. 46－60），情况更加糟糕，预测节约几乎是实际节约的8倍。

② 还有，对已经普遍实施足够高碳价格的产业不应该采取此类政策，以避免双重收取碳价格。

此类工具都应该成为最优政策组合的构成部分，而且它们是组合中较大的部分，实际的碳价格则是较小的部分。

在此背景下，法国公民气候会议提出了若干不错的建议，其中部分内容将在第1章予以介绍。这些建议更倾向于采用补贴和禁令。前文已指出，补贴需要资金支持，因此总是代表一种税收；禁令则可能包含看不见的成本。气候问题的紧迫性要求我们做出牺牲，并努力使牺牲产生最好的效果。为合理控制这些措施对民众购买力的影响，第1章建议开展成本收益分析，并把初步结果应用于公民气候会议的部分建议。可再生能源组合标准在世界各国广泛采用，要求风能和太阳能的发电量达到一个最低比例，这也需要做同样的评估。① 我们建议把这一程序制度化，使政策讨论能有相关数据做参考。例如在美国，白宫管理和预算办公室以及环境保护署就利用碳排放的社会成本估计表，检验各种监管规范。法国应该尽快加强这方面的工作。

目前全球温室气体排放中有25%来自农业，16%是有强烈温室效应的甲烷。必须设计出激励机制，以阻止森林砍伐和土地退化，促进土地碳吸存。为此，我们必须改进远距离遥感技术，以便准确测算私人行动的实际影响。可持续的多样化农业、精密栽培、垂直农场等，都是可以减少排放的案例。作为主要污染源之一的农业需要政策制定者的更多关注。②

另外，还需要有魄力的城市规划和公共交通设计。城市土地利用和交通系统（包括停车换乘设施）必须妥善规划或重新规划；城市绿色战略还可以带来某些协同效益，如改善健康、减少热浪侵袭等。这些环境政策也要求其他政策的补充。它们可能进一步推高市中心现有物业的业主享有的土地租金，尤其是在各地方投票反对建筑致密化的时候（因为致密化对希望维护和提升租金的业主不利）。绿色政策（如禁用污染汽车、限制停车空间等）导致的房产价格提升必须由社区分享，例如通过某种资本利得税。在法国的高速铁路或城市改造项目中，公共投资带来的收益就没能够成功实现集体分享。

---

① 必须尽可能采用最先进的正确评估效果的方法。可参见 Greenstone, M. and I. Nath (2020), "Do renewable portfolio standards deliver cost-effective carbon abatement?" BFI Working Paper, No. 2019－62, Becker Friedman Institute, November。该研究发现，美国的可再生能源组合标准对二氧化碳排放产生了巨大影响，每吨的减排成本为58—298美元，通常高于100美元。

② 来自农业的氨气排放在持续增加，对健康有严重威胁，这给欧盟各成员国满足欧盟空气污染标准提出了挑战。更普遍地说，农业生产实践必须引入深刻变革，但因为政治原因而难以实施。

住房政策除涉及典型的经济议题外（如住房补贴的实际普及率、把公益住房调整给最需要的人、租赁市场的流动性等），也与抗击全球变暖有明确联系。我们之前已提到过节能改造、利用有效的建议支持居民家庭（尤其是低收入群体）的住房改造行动、根据节能效果认证提供补贴，以及提升从业人员的技能等。这些政策有助于减少建筑物的能源消耗，鼓励对现有建筑物的利用，而非再修造新的建筑。尽管希望提升土地租金的业主反对，但城市的致密化仍是必要手段，既能防止城区蔓延及其后果（过度使用汽车交通、土地人工改造等），又有助于缩小代际不平等。要求棕色地带（有待重新开发的城市用地）的业主负起责任，迫使他们启动改造，或将棕色地带转化为绿色空间，或将其出售，这同样有助于抗击全球变暖的斗争。最后，由于新冠疫情以及远程办公，市场对办公空间的需求减少，这催生了把部分办公室改造为公寓的机会，应该借助市场机制的力量充分利用这一机会。

**边干边学与公共采购**

以风能和太阳能的成本在过去 40 年大幅下降为例，各国政府经常利用法令（要求电力公司至少有某个百分比的电力采购是来自可再生能源）与其他激励措施推动采用现有绿色技术，以降低替代能源的成本。这背后的理由是，不同于通过补贴促进新技术研发（而非鼓励采用现有技术），制造商们要通过实践来成长。它们需要时间逐渐纠正工程操作错误，依靠经验降低生产成本。此类政府法令（例如迫使公用事业机构的产品组合中有最低比例的可再生能源）并不着眼于未来的技术，而是强调对现有技术的累积式改进。

研发、学习与规模经济之间可能存在良性循环，这固然没有疑问，但学者们发现每个环节在成本节约方面的相对影响很难量化，即使现有技术也是如此，更不必说对新技术的前瞻。① 由于相关证据有限，我们的委员会对此自然也有不同的判断。

委员会的部分成员认为，有必要强势采用法令和其他激励措施，降低现有技术和新技术的成本："禁令和标准是必需的，并应该认真评估。"这一立场

---

① 原因并不复杂。公共和私人研发的效应、规模经济、边干边学是同时发生又相互交织的。例如，政府支持的研发、补贴和法令推动了风电机和太阳能板进入市场。开发商、设备生产商和建筑公司学着推广技术，从失误中积累经验，赚得少量利润并将其用于内部研发，以生产更大更好的风电机、太阳能板和追踪器。到某个时点，统一市场变得更加集中，需求增加，剩下的厂商将获得规模经济的好处。

有两方面的强大理由；第一是紧迫性，为取得迅速进步，有太多工具需要加以利用；第二是其中某些技术（尤其是太阳能）对贫困国家非常有利，这些国家如果不加控制，排放量会大大增加。

委员会的其他部分成员则认为，“禁令和标准化只有在认真评估之后才是有用的”。他们强调法令和其他技术应用激励的两个坏处：第一，从以前的讨论中很容易看出，估计未来的学习曲线很困难，没有人希望开设免费酒吧，浪费本可以产生大得多的气候影响的公共资金。第二，承诺问题，即到某个时点后成本已下降到位，或者更一般地说，已不再需要法令和补贴，① 但政府往往发现难以取消它们。因此很重要的一点是，一开始就宣布一系列标准，随着成本下降和技术应用的增加，支持措施将被取消。委员会的各成员对上述观点的基本含义能达成共识，但对各自应赋予的权重仍有分歧。

**促进透明高效的决策程序**

针对补充措施的讨论，我们最后提出两个密切相关的政策建议。考虑到行动的极端紧迫性，以及游说势力的阻挠，成本收益分析不应该成为拖延的又一个借口，也就是说，不应该要求在采取行动前开展过分耗时且复杂的专家评估。

- 考虑接受粗略评估。成本收益分析取决于对不确定变量的假设，对每吨二氧化碳减排成本的某些估计有相当大的不确定性。估算在一定年限后禁止使用传统燃料汽车的成本，需要掌握有关电池的潜在学习曲线、稀土元素的供应、政府推行充电站标准的效力、发电量的构成变化等各种信息。对高风险研究路径和不确定学习曲线的评估难度还要大得多。然而，较大的不确定性不能成为无所作为的借口。
- 主动开展评估。成本收益分析要想发挥作用，就需要投入专家资源和时间，包括工程和经济计量研究、随机控制实验等。可是，气候问题的紧迫性意味着，成本收益分析要求的严谨测算不能拖延公共决策。

这就要求创立一个监督机构，利用现有的最好工具进行透明而独立的估算，并随着数据积累、知识拓展和科学讨论的反馈不时更新。这些估算可以用于决策参考，而不拖延行动。出于透明度和效率的考虑，议员与公共政策制定者可以快速获取这些有可能影响决策的数据。对所有政府补贴或法令项目，都应该要求对每吨二氧化碳减排的边际成本进行透明的测算。

---

① 例如，如果风能和太阳能相比化石燃料技术有了竞争力，就应该停止补贴。

具体来说，我们设想创立一个常设委员会，其架构类似于法国的最低工资专家小组，有效利用独立机构的技术性支持；另一种选择是在现有架构里大大增加社会经济评估的权重。① 经济学家、科学家与其他高级专家将定期更新他们对当前和未来碳价格以及减排二氧化碳单位成本的估算。得到的结果可以指导公共决策，从投标报价设计（见下文）到评价财政政策和税收政策的效果（绿色预算）。该委员会可以借此探索道路，以便在欧盟层面创建不可或缺的类似机构。有必要确保欧洲气候变化理事会（European Climate Change Council）包含重要的社会经济评价功能。这一理事会的创建已列入欧洲议会的欧洲《气候法》草案，并计划由资深科学家组成。总之，尽管精确估算不容易得出，这些结果依然可以帮助我们发现在给定资源投入下，有哪些环境收益前景较好的发展线索。

### 2.4 支柱4：补偿

气候政策有时会忽略制造受损方的事实。引发“黄马甲”运动的碳税在经济上是合理的，② 但在初期没有辅以补偿措施，至少部分减轻对较贫困家庭以及很少使用公共交通的农村和郊区驾车人的损害。我们需要明确：

- 不是所有人都能得到补偿。前文已指出，缓和气候变化必须有人付出成本。在当前成本与未来环境损害的代际权衡中，我们必须尽可能减少损害，然而抗击气候变化的斗争不是无代价的。此外，我们说的受损者并不是指受绿色转型打击的所有经济行为人。劳动者应该得到补

---

① 在法国，已经有若干家针对气候政策的管辖机构，包括气候高级理事会（High Council for the Climate，HCC，一家独立机构）、环境与可持续发展总理事会（General Council for the Environment and Sustainable Development，CGEDD）、可持续发展经济理事会（Economic Council for Sustainable Development，CEDD），以及若干多功能实体机构，如总投资秘书处（General Secretariat for Investment，SGPI，负责未来的 PIA 计划的投资实施）、法国战略局等。我们对这些机构的重组没有特别建议。另一方面，包括高级气候理事会在内的这些机构通常没有手段做相应的经济评估，以最大化给定支出的生态效果。因为我们认为很重要的是，把法国战略局支持的现有机构克里基委员会（Criqui Commission）开展的社会经济评估习惯推广到法国政府各个部门。

② 但有人认为，在加油站购买汽油已经包含比欧盟排放交易系统价格更高的隐含有效碳税。把碳税包含到汽油价格中无疑是正确的，这一价格应该是碳的影子价格，对应于能让我们实现《巴黎协定》排放目标的时间依存型价格（time-contingent price），远高于欧盟排放交易系统的价格。在实践中，汽油价格不仅包含石油价格及其提炼和分销成本，还有各种税费，反映了一般财政收入的需要（如增值税）、拥堵费、固体污染物排放和二氧化碳排放收费等。

偿，股东则没有资格，尤其是本来有机会改变原有技术类型、消除搁浅资产（stranded assests）的企业。事实上，为搁浅资产提供补偿的政策反而会削弱企业采纳绿色技术的激励。

- 补偿如果面向所有类型的目标群体，其实也不公平：某些群体会享受到意外收获（例如并不使用汽车的人，却因为实施汽油碳税的补偿而获得所谓绿色支票），某些群体则会感受到净成本的付出。每种情况都是独特的，政府并没有信息或人力细致考察每个特殊案例。因此，我们必须接受不完美的解决方案，避免以不够完美为借口而无所作为。一种类似的情形是，许多国家的累退性反吸烟政策，如果坚持提供完美的补偿，将永远得不到执行。

为了增强向绿色转型的激励，需要采取后顾型而非前瞻型补偿，也就是说，应该补偿受损者支付的成本，而不是让补偿成为经常性收入。例如，给居住在乡村、距离工作地点遥远的劳动者发放经常性补贴，不会鼓励他们寻找距离更近的工作，或搬家到距离工作地点更近的区域（虽然这样的搬迁机会并非每个人都有）。但解决方案其实是有的；例如借助碳税的收入，为每个成年人提供金额相同的一次性转移支付（绿色支票），通常也对较贫困的家庭有利。再分配甚至可以更有针对性和累进性；例如，补偿应该尽可能面向实际的受损者（避免意外收获效应），并保留恰当的前瞻型激励模式。

在这方面，本委员会内部有不同意见。有些成员认为，碳税所得应该用于支持绿色行动而非再分配。这样做的好处是展示政府把钱花在承诺的目的上，让公众确信碳税是用于抗击气候变化，而不是为了公共资金或再分配另寻筹资来源。不过，把碳税收益用于支持绿色项目不太能平息受损者的抱怨。

所有国家都必须花钱减少其碳足迹，但为此要付出的成本以及气候变化对它们的影响各不相同。因此，国际层面的补偿也至关重要。停止使用排放二氧化碳远多于其他化石燃料的煤炭是比较容易实现的方案。然而，无论是在欧洲或者世界其他地方，都尚未充分推进这样的方案。例如，波兰与德国是较大的煤炭生产国，可以理解，关闭煤矿会给它们带来人力成本，安置员工需要投入大量资源。但延期关闭只会延缓成本，同时伴随着极高的排放。除补偿受损者外并无其他推进办法，历史上采用的免费排放额度的做法反复证明了这一点。例如从 20 世纪 90 年代开始，美国利用限额交易系统使二氧化硫与碳氧化物（酸雨的祸首）排放量削减了一半，当时为了推进这一交易系统，美国以免费排放额度的方式“贿赂”

中西部各州。另外，为争取东欧国家加入《京都议定书》，也给它们提供了免费排放额度。这样的做法也符合欧盟“公平转型基金”（Just Transition Fund）的精神。

### 2.5 支柱5：国际合作

欧盟28国只是气候变化版图中非常小的一块，仅占全球排放量的9%，法国占比不到1%。未来的排放将主要来自新兴国家，欧盟的占比继续缩小。因此欧洲单凭自身并无太大作为。当然，欧洲依然要发挥作用，因为帮助世界其他地方的减排也会给欧洲带来极大的好处：

- 第一，发挥榜样作用。的确在《京都议定书》阶段，这个策略的结果并不是十分有效。① 但自愿式政策仍具有示范效果，表明事情可以做成，并对尚未加入的国家起到道德鞭策作用。
- 第二，碳排放边境调节机制（Carbon Border Adjustment Mechanism）设立了一个标准，确保国内企业与进口商能在碳价格上公平竞争（下文将有更多阐述），并鼓励还不愿意采取行动的国家加入。如果能得到妥善实施，这一边境税可以消除位于环境监管不力国家的企业的竞争优势。除促进公平竞争外，还能给这些国家制造压力，因为它们在出口市场的竞争优势已不复存在，事实上，对出口产品征收碳税对它们而言将是更好的选择。第1章还将指出，相比通过双边或多边贸易协定来执行《巴黎协定》为各国确立气候行动贡献和承诺，边境碳调节机制更加有效，因为贸易协定在国际法上并不具有约束力。
- 第三，鼓励对绿色研发的公共投入，给贫困国家提供技术成果，并帮助展示现有技术的可行性。此外，欧盟可以通过各家多边开发银行、国际货币基金组织和各家发展金融机构来开展工作，为新兴市场和发展中国家采纳低碳技术提供帮助，后者将在不远的未来占据很大部分产出与排放的增量份额。还有，创新不限于技术领域。例如，欧盟可以把5%的碳财政收入用于帮助发展中国家设立二氧化碳认证和交易市场。印度的限额交易制度带来的收益会相当大，对欧盟来说，这或许

---

① 各国的努力并不平衡（给美国等国家提供了放弃协定的很好借口），加上缺乏制裁工具（例如在不遵守协定时实施边境碳调节机制），造成欧洲在碳价格行动上没有追随者。因此很自然，欧洲的气候行动也缺乏力度，例如由于金融和主权债务危机，以及德国和其他地方的可再生能源发展，排放交易系统的价格下跌至10欧元以下后，欧盟拒绝稳定碳价。不过，该系统近期引入了市场稳定储备制度，以防止类似情况再度发生。

是缓和气候变化的相对低成本的办法。世界各国的政策创新不足，推动这方面的改进可能带来有利于欧洲的减排效果。

- 最后，欧洲必须在推动达成可信与有效的国际协定上发挥领导作用。

## 3. 对未来的进一步思考和线索

### 3.1 政府行动

**强化欧洲排放限额交易系统与无豁免规则**

碳价格应该尽可能对所有行为人适用，原因有以下六点。

- 控制成本。第一，对某些排放征税而豁免其他一些排放是低效率的做法。如果某个部门适用50欧元的碳价格，另一个部门不适用，将导致有人花费45欧元减排，其他人则连5欧元也不愿意付出，因为他们被免除了污染责任。这种情形在国际层面同样存在。大幅减少法国电力生产的排放的成本会非常高，因为法国的发电已大多实现了去碳化（同时也表明在所有部门都实现相同比例减排的决心是荒唐的）。相反，全球范围的化石燃料排放中仍有39%来自煤炭，这是更容易实现的减排目标，大多数来自碳税为零或很低的国家。

  单一碳价格还能帮助解决不同用途的去碳化成本差异巨大的问题。电力生产和小型车辆的去碳化成本较低，而（老式）建筑物的成本较高，航空、海洋运输等产业目前则非常高。某些进步可以通过放弃化石燃料实现，某些可以通过研发实现（这本身也受碳价格的激励）。我们需要有替代燃料，或许还需要碳捕获和储存技术、负排放（从空气中捕获二氧化碳）等技术，这些在目前还非常昂贵。

- 确保公平。第二，豁免有失公平。“黄马甲”运动的参与者发现，与自己不同，卡车运输公司、渔民、航空公司和出租车行业等不用全额缴纳碳税。我们知道，无豁免政策可能使抵制碳税的群体的数量增加（如农民、出租车司机、卡车司机、房地产经理和住户等），但相比东拼西凑的政策，无豁免政策的合法性要强得多。此外，通过补偿措施，以及有关其他选项为什么不够透明、补贴需要征税的宣传教育，还能进一步强化政策的社会支持度。

  相应地，我们建议把住房和运输等产业纳入欧盟排放交易系统。当然这样做不应该造成减排目标放松。前文提到，欧盟排放交易系统目前的价格过低，2020 年仅为 25 欧元，2021 年初提升到约 50 欧元，接近法国的碳税。在此情形下有两种解决方案：最佳方案是通过谈判为排放交易系统设定一个更高的目标，除其他期望实现的效应外，还可能导致煤矿的关闭。但在欧洲层面的政治限制解除前，我们主张仍将这些部门纳入欧盟排放交易系统，并增设国家层面的税收来填补缺口；① 该附加税将根据交易系统的价格做相应调整。毕竟，2013 年英国为取消煤炭的使用就是这么做的，当时交易系统的价格约为 10 欧元。

- 让进程免受游说影响。第三，与财政漏洞一样，豁免会让税收制度深受游说的影响。一旦政府打开豁免的潘多拉盒子，每个游说团体都会力争登上名单。
- 约束产业外迁。第四，之前已提到，无豁免原则还有一个重要推论：② 相比受碳价格制约的国内厂商，排放不受约束的进口厂商不应该享有不当的竞争优势。或者说，碳价格本身不应该导致国内生产向海外迁移。在欧盟边境设立碳排放边境调节机制可以恢复公平竞争，根据碳含量对进口产品收取碳价格，与欧洲企业的碳排放价格相同。尽管这在理论上很直观，实践起来却比较复杂，因为估计进口产品的实际碳含量并不那么容易，尤其是对海外的价值链。事实上，如果只对水泥和钢铁等中间品收取边境税，汽车等最终产品的公平竞争仍难以实现。边境税调节机制必须是全面的，要求获得整个价值链的信息。因此，经济学家对边境税的热情不太高。但我们认为这是必要的，即便只是为迫使搭便车的国家走上谈判桌，带来对法国和欧盟有利的海外减排。请注意，如果欧洲内部的行动不统一，允许有例外情形，那就难以在国外主张碳税边境调节机制。
- 逐步淘汰化石燃料补贴。第五，实施单一碳价格的另一个含义是取消在全球广泛推行的化石燃料补贴。这种补贴相当于燃料的总社会成本（生产和运输成本 + 对地方空气污染和全球变暖的间接成本 − 碳的影子价格 ± 以通行增值税测算的对一般财政收入的影响）同燃料使用者支付的价格之差额。据估计，化石燃料补贴目前高达全球 GDP 的 6.5%，

---

① 把欧盟排放交易系统与税收调节结合起来，并不能解决其他国家碳税征收不足的问题，维持现状同样不行。因此有必要在欧洲层面达成协定。

② 法国消费的二氧化碳多于其产生的数额，进口中包含的碳足迹约为出口的两倍。

最大的补贴国家是中国、美国与俄罗斯。① 直接压低化石燃料的价格（如法国和德国的柴油）是极为常见的补贴，另外还有许多形式的不那么明显的补贴措施，如美国的石油天然气公司缺乏担保承诺（使它们在不赚钱时不用堵住钻井，导致大量甲烷排放），还有给廉价航空公司的补贴，与油气开采、管道、液化天然气终端设施出口信贷挂钩的补贴（如法国的公共投资银行的业务）等。欧洲的化石燃料补贴虽然比中国、美国与俄罗斯少得多，但仍应该逐步取消，现行《欧洲能源税指令》（European Energy Taxation Directive）的目标依然滞后。化石燃料补贴很多时候相当于负的碳价格。②

- 奖励负排放。第六，负排放对实现净零排放的承诺是必需的，例如类型广泛的自然脱碳和其他脱碳技术目前已引起广泛关注。理论上，这种负排放如果获得认证，就应该给予"积分"奖励，其价值与碳价格相对应，同样可以确保对缓和气候变化的不同办法适用相同的激励。③当然毋庸赘言，关键在于细节，我们必须确保政策能实现既定的目标。④

**电力生产**

电力生产在产能和结构上都必须改变。电力生产需要大幅增加，以满足电动车和绿色建筑（例如热泵）的增长，以及为交通和温度较高的工业流程生产绿色氢气（利用无二氧化碳排放的能源把水分解为氢气和氧气）。这些将给发电和输配电带来挑战。在结构上，大多数电力必须由无碳排放的能源来生产。这在法国已基本实现，但在欧洲其他国家尚未做到。转型需要某些研究思考，我们已经提到快速淘汰煤炭，这不会造成消费者支付的电价大幅上涨。

可再生能源需要被广泛采用，但由于电力系统平衡和传输的问题，它们总

---

① 参见 Coady, D., Parry, I., Nghia-Piotr Le, and B. Shang（2019），"Global fossil fuel subsidies remain large: An update based on country-level estimates," IMF Working Papers 2019/89, May。由于该论文介绍的方法论原因，具体数字存在某些不确定性，但无疑数额庞大。

② 这种情形意味着，不考虑影响全球变暖的燃料总成本（生产和运输成本 + 本地空气污染成本 + 一般财政收入）超过燃料用户支付的价格。

③ 当然，只有支付了碳排放价格的行为人有资格获得积分，或者他们可以在排放后再捕获污染物，例如京都清洁发展机制下对三氟乙烷的处理。

④ 例如，不应该再重复建立清洁发展机制（Clean Development Mechanism）时的错误，后者没有制定可验证的标准，把积分获取限定在欧洲内部，导致排放限额增加，压低了欧盟排放交易系统的价格。

体上或许依然较为昂贵。首先，这些能源具有间歇性，在没有廉价电池或其他储能设备时，它们需要有其他能源生产作为补充；如果后者是碳密集型的，可再生能源的环保程度就没有表面上那么高。其次，欧洲最好的风能资源在北部，特别是沿海地区，而最好的太阳能资源在南部。把可再生能源的电力输送到消费地点，对高压输电网络提出了挑战，这既有经济因素，也源于邻避效应。德国就有这样的案例，风能电站在北部，主要消费区域在南部，相互之间的高压输电能力有限；输电能力不足有时导致用南部的化石燃料发电替代北部的风能发电，随着可再生能源在未来的大幅扩展，这一问题将变得愈加尖锐。与风能类似，太阳能在最近 10 年也有显著的技术进步，把光伏电站建设在西班牙安达卢西亚或者北非，比起建在法国北部乃至更靠北的区域，效果会好得多。

除高压输电线路不受欢迎外，可再生能源的有效本地化还面临第二个障碍。在全欧洲发展这样的输电线路要求有不同利益的各电网和调度机构开展合作，美国也有同样的问题。期盼已久的一个解决方案是创立一家单一的欧洲输配电系统，形成统一的欧洲电力市场，以促进可再生能源的建设。① 我们支持能实现真正的泛欧能源市场的此类行动。最后需要指出的是，高压电网的输送能力可以在不修建新线路的情况下提高，例如设置传感器，让更多电力通过一条线路传输而不用担心断线。

第 1 章的结论部分认为，在转轨阶段：

- 核能提供了法国四分之三的电力，无论对此生产方式持什么观点，都应该使现有核电站安全运转，如果想为抗击气候变化做出贡献，这是必要的措施；核能没有碳排放，便于调度，有很高的实用性。大型整修工程可以用合理的成本把这些核电站的寿命延长到 60 年，某些人甚至认为可达 80 年。
- 对于（英国式的）建设新核电站的合理性，或者在支持建设时选择何种特定技术（第三代和第四代，包括小型模块式反应堆），本委员会没有明确立场。这些问题需要更多专业知识和时间，涉及成本与可靠性、绿色转型的顺序安排、延长现有核电站寿命等内容，超出本委员会可以研究的范围。无论如何，鉴于今后多年对去碳电力的巨大需求增长，

---

① 如果做不到，我们应支持欧洲委员会的跨欧洲能源网络（Trans-European Networks for Energy，TEN-E）监管规范，从公共利益的角度来评估项目。

新核电站的建设不应该被预先排除。对于投资和研发活动，考虑到技术和社会的不确定性，我们绝不能把鸡蛋都放到一个篮子里。

- 在转型时期，天然气的利用或许是不算太糟的选择。天然气产生的二氧化碳排放仅为煤炭的一半，尽管在出现甲烷泄漏时，这一差距没那么大（必须严格监督天然气生产和提炼中产生的泄漏）。此外，天然气的成本相对较低，有助于使电价维持在合理水平。但需要指出的是，相比新建天然气发电站，更密集地使用现有天然气发电站是更好的选项，因为投资于使用寿命很长的新项目可能对能源结构带来锁定效应。天然气的污染依旧较高，转型应该尽可能迅速地推进。换言之，只有在碳捕获与储存技术有特别巨大的进步时，才可以考虑新建发电站。①

**促进创新**

创新主要产生自私人部门，但政府往往可以提供助力。首先，政府可以通过研发补贴与各种政策鼓励初创企业，以及给某些关键技术的示范提供补贴。其次，实施明智的产业政策，这样的政策不是为促进特定产业或扶持没落产业，而是着眼于应对技术挑战。虽然政府经常在没有充分信息的时候挑选赢家、迎合游说势力，或者任性而为，但它们也可以通过精心设计的治理模式帮助解决技术难题。这方面的一个例子是美国国防部高等研究计划局（DARPA），它为如今得到广泛应用的某些关键技术的开发发挥了重要作用，包括互联网与全球定位系统（GPS）。该机构免受政治与游说的影响，有很大自主权把资金分配给私人部门、大学和政府实验室，严格监督结果和项目进展。与之类似，美国国家卫生研究院在尖端医疗和制药研究领域也有巨大影响，资金极为充裕，每年超过300亿美元。

最好是在欧洲层面建立一个绿色研发机构，比单一成员国有更大规模和更广能力范围。欧洲电池联盟（始于2017年）和欧洲清洁氢能联盟（始于2000年）已经着手促进整个欧洲的公共与私人部门合作。借鉴DARPA下属的ARPA-E项目，欧洲高等能源研究局（E-ARPA-E）将给高风险、高收益的早期研

---

① 我们认为，如果碳价格足够高，继续政策干预的理由就不复存在。我们建议的碳价格机制如果到位，将足以高效地解决问题。如果碳价格依然过低，则必须禁用煤炭，但会遇到同碳价格相似的阻力。当然这又涉及碳价格的可预见性问题。对天然气的新投资有风险，因为天然气可能比较快地被淘汰。如果了解未来的碳价格，私人部门就能评估风险；但在缺乏了解时，投资选择会变得很复杂。

究项目提供资金。为避免公共资金浪费并确保实际效果，这一独立机构将采用恰当的治理模式，包括如下一些合理特征：

- 任命一位真正高级别的负责人，对资金分配享有相当大的操作灵活度，可以隔绝利益集团的政治干扰。2009 年发起的美国 ARPA-E 项目就受到诺贝尔奖得主、能源部长朱棣文的严格监督，前两任负责人均为资深科学家，分别来自伯克利加州大学与马里兰大学。
- 拨款应接受严格的同行审查程序，由独立的资深专家评估技术可行性乃至远期市场前景，并对不同项目以及团队的学术背景（影响项目完成的极为重要的特征）进行比较评价。
- 欧洲高级能源研究局将主要支持高水平团队以及有成功希望的高风险项目，对于应该让私人部门还是大学解决特定问题没有倾向性。
- 该机构不预先挑选解决方案，负责设定目标（如电池容量与寿命），而非实现目标的途径。近期的疫苗开发经验也告诉我们，一年之前大家并不清楚最科学、最具成本效益的是哪些路径。
- 该机构将评估已采取的干预措施，并公布结果；干预需要包含“落日条款”，以确保在项目进展不力或不再需要的时候撤出支持。这是公共部门推行产业政策时经常欠缺的一点：由于受资助方施加压力希望继续获得资金，或者官员们希望证明自己最初的判断没错，他们往往继续给没有成功希望的项目输入资源。相应地，因为好的研发组合会包含某些失败尝试，对这些失败应该容忍和接受，但必须从中吸取教训。
- 与美国的 ARPA-E 类似，要求私人部门联合出资可能有帮助，包括协助筛选项目和平稳结束进展不力的项目。

这一机构能有效运行吗？我们可以把欧洲高等能源研究局同法国和欧洲有类似目标的机构进行比较。

欧洲科学研究委员会（European Research Council，ERC）是现有的一个类似模板，参考美国的国家科学基金会与国家卫生研究院的成功经验而创办，但限于学术研究领域，规模太小。① 该委员会负责挑选若干高风险高收益项目，

---

① 该机构的预算大约为 20 亿欧元（针对 27 个成员国），而欧盟 28 国的 GDP 总和约为 15 万亿欧元。

不受政治干扰，执行同行评议的明晰的拨款计划。BioNTech－辉瑞与牛津－阿斯利康是现有三种主要新冠疫苗中的两种，其主要开发者乌格尔·沙欣（Ugur Sahin）与阿德里安·希尔（Adrian Hill）均为欧洲科学研究委员会的受资助者，受助领域为过去的特种疫苗开发，在新冠出现后很快被派上用场。① 负责绿色项目的欧洲机构自然会面临不同的情况，有不同的目标和工作流程，但欧洲科学研究委员会的例子说明，能够在研究领域实现全欧洲的合作与清晰的治理。

另一个欧洲层面的行动是欧洲太空局（European Space Agency，ESA），也在很长时间里得以成功运行，不过有两个特征增加了其管理难度。② 首先，太空局总是采用不成文的“公平回报”规则，要求出资国必须根据出资比例得到太空局支持的项目的订单数额。这给决策过程增加了很大的复杂性，延缓了速度，有时还导致非最优的选择。其次，太空局要求其资助的项目接受它制定的具体技术规定，而美国国防部高等研究计划局和其他机构则负责设定业绩目标，把解决方案的寻找留给承包商去考虑。欧洲的制度相对不利于可重复发射系统等突破性创新，以及某些设备生产的产业化。

前文提到，欧盟各成员国已开始联合支持科学研究。这方面的一个新角色是欧洲创新委员会（European Innovation Council，EIC），在 7 年中共支出了 100 亿欧元。在截至 2020 年的架构计划（framework program）试点阶段，该委员会借鉴了欧洲科学研究委员会的运转方式：部分预算甚至用来接收科学研究委员会的“概念验证”项目，把这些创新继续推向产业或社会应用。创新委员会还借鉴美国 DARPA 的传统，设立优先研究领域。然而与科学研究委员会不同，创新委员会的战略只具有建议性质，具体的决策权掌握在欧盟委员会手里。由于这一“细节”，欧洲还不能号称已建立了自己的机构，事实上，DARPA 有很大的独立性。

最后一个对比是，法国的投资总秘书处正在试点“未来投资计划”（Programmed ‘investissements d'avenir），为整个创新生命周期提供投资，通常与私

① 在新冠疫苗研发中，政府采购的承诺发挥了作用。企业知道，创新成果会有巨大的政府需求来支持，这方面的不确定性很小。

② France Stratégie（2020c），*Les politiques industrielles en France. évolutions et comparaisons internationales*，report for Assemblée nationale，November.

人部门共同出资。① 该机构的独立性与总体上自下而上的操作办法，使它能满足上述若干要求。反过来，欧洲高等能源研究局或许应该更多强调目标设定，而非具体实现途径。治理应该更多依靠科学家，他们目前给法国的未来投资计划提供咨询，但在决策机构中并无太多发言权。

在未来投资计划的管理中，当然可以加强科学家对决策和目标设定的影响，但需要指出的是，如果像美国相关机构在高技术、环境和医疗领域那样遴选极少数颠覆性项目并投入大笔资金（法国不这样做），上述差异将显得尤其重要。把如此多的资金投入失败风险很高的用途并不符合欧盟的行政管理作风，这是可以理解的，但要想在至少若干领域取得世界领先地位，这种高风险赌注不可避免。当然这会有两个推论：必须吸引最高水平的科学家担任负责人，以及知道如何把必要的投入放对地方。此外，出于预算考虑，以及为利用更广泛的人才库，我们需要把此类机构设置在欧盟的层面，但不要施以公平回报规则的限制，或根据各国的配额安排职位。

**外交渠道**

我们已提到设置边境税调节机制的必要性。许多人担忧，各游说集团会利用绿色政策的外衣，获得对抗外国竞争的保护。把进口关税同欧洲现行的碳价格统一起来，可以限制此类操纵。然而税基测算，即估算进口产品导致的排放量，有较大的主观随意性。这一边境税调节应该尽可能基于规则，或者作为世界贸易组织认可程序的一部分。

考虑到联合国议事程序的内在约束（让 196 个成员国批准，等于给每个国家赋予否决权，必然导致“最小公约数”决议），若干经济学家在过去建议由少数主要排放国采取联合行动，包括美国、中国、欧盟、俄罗斯、印度、巴西和日本等。让这些国家就主要共同行动达成一致，并向其他国家施以加入该群体的外交压力（以及通过边境税带来的经济压力）。随着 2016 年美国大选以及更多国家不愿意约束气候变化的民粹主义政府兴起，这一理念失去了动力。拜登当选或许给欧洲带来了重新考虑这一办法的机会，加上目前的最大排放国中国多年来日益关注气候问题。不过，本委员会对于合适的论坛形式未达成一致意见：

- 某些成员支持“自愿联合”，这种“气候俱乐部”的自愿性质可以促

① PIA 的项目已从交叉整合方式（创新竞争）转向部门分类方式（电池、人工智能等）。

进协议的达成，可变的结构有利于保证其灵活性。

- 另一些成员认为，创立一个新机构必然要付出成本。目前已经有了西方7国集团和20国集团（占全球排放总量的80%），欧盟是其中一个主要参与方。建立气候俱乐部或许会造成更多行政程序，以及不同机构之间的脱节。气候变化议题短期内可以在西方7国集团（加上中国等）或其衍生组织下开展，这或许比20国集团的论坛更好，因为后者中的部分国家会反对消除化石燃料依赖的政策。

当然，本委员会对外交议题并无专业经验，对此不再做深入讨论。政治学家也许能提供有关的重要见解。

**公共合同中的环境条款**

经常有人提到，公共合同发包中应该纳入环境标准，作为选择竞标方的重要因素。例如根据公民气候会议的建议，法国将修订《公共采购法》，在全部公共采购合同中强制（而非选择性）纳入环境条款。这一理念从逻辑上说符合欧洲公共采购指导意见中描述的“经济上最有利投标”的概念，因为对此概念的理解可以包含生产过程导致的环境损害评估；而这里的相关数据涉及排放量及其隐含补贴（碳排放的社会成本与现行碳价格的差额）。魔鬼在细节中，我们认为应对此保持谨慎，更好的做法是直接影响激励。另外，在公共采购中纳入环境条款的善意建议大多数没有考虑高风险高回报的研发项目。

我们来看看另一个合理的担忧：非本地生产的投入品以及食品的运输导致温室气体排放。可能出现的矛盾场景是：政府拒绝把航空公司的排放纳入欧洲碳排放交易系统，或者拒绝对卡车的燃油征收碳税，同时允许甚至要求负责采购的官员把环境议题纳入公共合同投标。由此会使采购中的环境标准成为政府对排放征税的（不完美）替代。这种推卸责任的做法意味着放弃明晰而统一的碳价格政策，转向一系列自由裁量的、有潜在冲突的政策。

我们这里需要重申第1章的一个警告：绿色政策可能是昂贵的，不应该选择低效政策而导致成本膨胀。如果没有认真评估，对环境行动赋予的特定权重可能导致每吨二氧化碳减排发生5欧元的隐含公共支出，也可能达到1000欧元。然而现有的公共会计机构（如法国的地方和全国审计法院）既无力测算这些隐含成本，也无法确认公共项目投标人所做的陈述。此外，影响采购倾向的权力会让官员受到游说与竞选的影响。急于连任的地方官员可能过度强调在本地开展生产的好处，或者故意忽略相关因素（如为本地的蔬菜种植温室供热），考虑其他因素（如交通运输），以保护当地厂商免受外来竞争，却让公共财政和消费者付出较高的代价，并给环境带来较低收益甚至负收益。①

### 3.2　政府之外的行动

由于若干原因，监管从来不是完美的，但我们都应该尽力弥补。首先，我们应该力图改变现有的社会规范（social norms）。这不是轻松的任务，但符合社会规范的干预可能比较有效，特别是结合物质激励的时候。公共场所吸烟就是例子，罚款和执法的引入表明，此类个人行为不被公众广泛接受，成为反社会行为，法国公众的态度也由此发生了巨大改变。因此，限制高排放汽车，加上禁止在广告中鼓吹其“迷人”优点，或辅以环保宣传活动，或许能模仿对吸烟的成功抵制。

其次，国民与企业的行动（有社会责任感的投资和消费等）可能带来更好的结果。无论这些行动是自发还是受股东压力，沃尔玛与互联网巨头等企业把部分电力供应交给了风能和太阳能厂商。当然这些行动是否有实际效果还有待仔细观察，例如有人指出，美国有些州的法律要求电力公司的生产组合中必须有某个比例的可再生电力，在这些州，购买可再生电力通常不会改变可再生发电总量（与二氧化碳排放量），也就是说，并未带来更多的可再生能源投资。我们真正关注的是效果而非姿态。

在消费者、投资人、供应商的物质利益与社会对他们的期许方面，不能有太严重的背离。我们中的许多人愿意为公平交易产品多付出一点代价，或者为支持绿色经济接受少一点的储蓄回报。但没有证据显示，我们可以指望大部分民众自愿牺牲其购买力（上述的公众感受可为此提供佐证）。与之相关，私人行动不能免除政府的行动，政府也不应该要求私人部门替代自己的角色。我们需要记住，30 年的禁令并未从根本上改变我们的碳排放行为，虽然民众的环境意识正在增强，但我们不能对无激励的私人部门的行动期望太高。

**对私人部门能够有哪些期望？**

截至目前，私人部门在技术和管理领域的许多令人鼓舞的消息并非源于政府的有效行动，而是归因于人们日益认识到，无所作为的等待最终会带来巨大

---

① 在这方面，法国公民气候会议建议的《公共采购法》第 15 条修订值得关注。它要求公共合同考虑相关的工程、服务或供给的环境影响。

的经济冲击。企业界发现，全球变暖对自己的业务乃至整个世界构成了生死存亡的威胁。当人类被逼到绝境后，政府的监管反应将给那些继续依赖化石燃料的企业的财务状况带来巨大影响。于是，企业越来越多地评估应对气候风险的脆弱性（压力测试）。

股东坚持要了解碳足迹和监管风险，这是出于商业上的考虑，与环境意识并无关系。同某些金融机构在2008年危机前的行为类似，企业经理人可能采取短视的态度，选择走捷径，用光鲜的业绩粉饰自己掌管的企业，试图在企业陷入危险时继续保住自己的职位，或者把红利和期权变现（如果不会被追回的话）。气候行动的拖延可以增加企业的短期利润，但可能使企业在未来面临严重的宏观经济冲击。因此，克服管理层的短期行为，确保企业不要过分暴露于气候风险、不给未来留下太多搁浅资产，符合股东的利益。

**对中央银行能够有哪些期望?**

目前有大量关于“绿色中央银行”的讨论。我们先从没有争议的部分入手，即已经委任给各国中央银行的内容：气候变化因素应纳入中央银行的经济预测、银行压力测试以及对银行抵押资产的质量评估之中。气候变化将带来宏观经济冲击，例如灾害损失、房产淹没、能源转型、碳价格高涨、产业资产搁浅等，其规模可能随着行动拖延与日俱增。必须考虑到不同场景，以预测随着抗击全球变暖斗争的展开，银行业和保险业的负债将如何发生变化。应该针对金融稳定与资本缓冲开展气候压力测试，以减少银行救助的发生。另外还有几项可能消耗公共资金的政策建议，下面予以讨论。

- 风险承担与公共财政。如今绿色项目的问题不是没有融资来源，而在于缺乏相应的收入前景。中央银行可以通过几种方式增强绿色项目的盈利性，近期有人提出了两个意图良好的建议。鉴于中央银行的利润归属财政部，这两个建议都涉及公共资金的使用。但我们认为它们具有误导性。

  第一个建议是中央银行可以通过放松审慎标准来推进绿色项目。有人建议，对商业银行的气候友好型贷款可以放松资本金要求。然而，绿色项目要承担巨大的宏观（政治和技术）风险，我们不得不担心这样的政策会增加银行危机的危险。绿色融资不应该成为新的次级贷款，要预防绿色产业的企业最后无法获得预期收入（例如，由于政府未能实施合理的碳价格），或者它们专门开发的技术并未获得成功。

  第二个建议是中央银行可以用自由裁量的方式降低债券收益率，就像支持某些本币面临投机冲击的国家。该建议认为，如有需要，中央银行可以购买绿色债券，以降低其收益率。与放松审慎标准相比，这一政策会给中央银行带来直接风险，而非给金融部门提供救助的间接风险。即使不考虑与效果有关的绿色债券尚未有合理的定义，其收益率下降也会打开环境与政治的潘多拉魔盒。例如，欧洲中央银行能否因为德国在能源和水泥生产中消耗化石燃料，产生的人均二氧化碳排放比法国高出75%，或者因为德国将把燃煤电站的关闭拖延到2038年，而拒绝购买德国债券？为什么不购买为世界做好事、减少不平等、给慈善事业大笔捐款的企业或机构的债券？这些事应该留给政府去做，而非中央银行。

- 合法性。欧洲的政治机构有抗击气候变化的工具和授权，把这方面的部分权限转移给欧洲中央银行应该有明确规定。但这会给各国政府一个理由，让欧洲中央银行对环境政策负责。由于气候行动要付出成本，即便通过欧洲中央银行开展行动，仍需要各国花费公共资金。各国必须以完全透明的方式承担起这方面的责任，并且不会损害欧洲中央银行的财务、信誉和独立性。

**对金融部门能够有哪些期望？**

我们已提到，公共政策的拖延给国民、企业和发明家提供了开展自发行动的激励。毋庸赘言，我们强烈支持此类行动。但这些行动的有效性需要碳核算的支持。企业报告的碳核算需要强调其直接和间接排放：直接排放来自企业拥有或控制的排放源；间接排放是由其购买的电力、蒸汽、供热和制冷产生的；还有其他各种发生在企业价值链上的间接排放。这里的挑战在于，确保各个行为人获得正确的信息，以便指示正确的行动方向。现有的披露缺乏一致性、可比性与可靠性。我们应该要求各家企业采用可验证和标准化的方式报告碳排放量，并借鉴财务报告失实所适用的类似惩罚措施。

我们建议：以欧洲分类标准的实施为基础，① 拓展欧洲层面的议事内容，

---

① 分类标准项目是欧盟委员会于2018年3月发起的“资助可持续增长”行动计划的第一步，作为欧洲可持续投资监管的基础，其成果包括：“Taxonomy：Final report of the Technical Expert Group on Sustainable Finance”，March 2020 et au “règlement（UE）2020/852 du Parlement européen et du Conseil du 18 juin 2020 sur l’établissement d’un cadre visant à favoriser les investissements durables et modifiant le règlement（UE）2019/2088.”

把环境、社会与治理领域的评级机构，以及中央银行、金融市场监管机构、会计标准专业机构、金融机构、科学家和经济学家联合起来，开发出评估企业环境影响的统一方法。① 可惜的是，这一任务很不简单。而且我们的直觉可能产生误导，“绿色行为”的采纳或许比表面上复杂得多。例如，对于已建成的水电站的投资，或者依靠足够高的补贴对可再生能源的投资，无论这些能源本身对环境多么友好，其实无助于地球的改善。这些水电站早已建成，对能源生产商而言，提供更好的资金条件（更低的利率）不过是获得意外横财而已。

- 为产生效果，应该面向那些得不到较低的利率就不会上马的绿色项目。但这样的“额外性”（additionality）很难做评估，因为我们观察不到反事实的情形。通常由项目开发商论证在没有采取支持措施时会出现怎样的情形；但是，如果监管机构缺乏准确的反事实信息，就可能为了政治或行政程序的需要而证实其额外性。

  与之类似，碳补偿等善意的私人政策和京都清洁发展机制等公共政策虽然也强调额外性，却可能无法减少碳排放，而只是给必然要实施的项目或直接效应被碳泄漏抵消的项目提供意外收益。京都清洁发展机制给发展中国家的碳节约项目提供奖励，允许工业化国家投资于全球最廉价的减排项目，以此获得碳排放交易制度中的可交易碳限额。但该机制导致了很高的交易成本，因为项目是否具有额外性的问题引发了无休止的争论。② 另一个案例是，印度尼西亚的森林保护会导致大豆或木材的价格略有上涨，造成其他地方的森林遭到破坏，这同样属于碳泄漏的情形。
- 还有关于“完全排斥还是争取最优”的争论。例如，对环境负责的投资人是否应该支持能够取代污染更严重的其他选项但仍会产生二氧化碳排放的技术？对于短期内无法淘汰的污染产业，我们是否应鼓励其中的企业减少污染？比如，假若短期内仍要将石油用于汽车行驶，则

---

① 在国家层面，已经有法国战略局等创立的类似平台。

② 参见 World Bank（2010），*World Development Report 2010：Development and Climate Change*（第 15 页）及其参考文献。随着支付的“通货”（欧盟排放交易系统的限额价格）崩溃，这些争论当然也随之消退。与之相关的一个问题是分拆。有较高碳排放的企业（无论是直接排放还是通过供应链间接排放）可以挑选出一部分清洁资产，发行相应的绿色债券。还有，严重的排放国波兰也是首批主权绿色债券的发行国。

鼓励石油公司在开采、运输和提炼阶段减少排放会带来环境好处。此类问题显然比通常的看法更为复杂。

- 最后，各国政府未能采取强势行动，引发了关于从资产组合中撤出碳密集资产的大量讨论，首先是立即撤出与煤炭相关的资产。此类措施有强烈的象征意义，但我们对排斥性政策的效果不能太乐观。它们的有效性受到另一个漏洞的制约：如果其他投资人抓住机会，买下价值低估的化石燃料企业的股票和债券，整个行动将不会有太大效果。比尔·盖茨曾用较为极端的语气称，鼓励抛弃化石燃料企业股票的运动纯属浪费时间。我们的报告中则指出："削弱烟草产业的并非此类撤出投资运动，而是西方国家对香烟征缴的高税收。"需要再次强调的是，社会责任要看效果，而非姿态。

### 4. 小结

针对第一大挑战，我们的观点主要考虑了四个关键发现。第一，气候问题的紧迫性呼吁迅速开展大规模的行动。虽然某些快速转变已经出现，但还不够快。第二，必须采取整体解决办法来应对挑战。第三，绿色政策是昂贵的，但为了保护地球值得付出，我们应该勇敢地承认这个现实，而拖延越久，代价越大。第四，不能选择加大成本的低效率政策。

碳价格有许多优点。虽然由于合理和不合理的理由（见民众感受的分析），它不太受欢迎，却依然是解决难题的关键环节。碳价格在过去实施不力：目标过低以至于无法产生理想效果；允许太多豁免，对许多化石燃料补贴让步，造成生产被转移到环境倾销国家的担忧；对未来的碳价格预期缺乏指导等。对低收入郊区和农村居民的补贴不足也加剧了民众的不满态度。因此，我们的第一个建议是旗帜鲜明地支持"把碳价格搞对"。

当然，除碳价格之外还有太多事情要做。首先是快速加强绿色研发投入。其次是对碳价格不足以解决问题的领域，实施标准、禁令和定向应用激励。这些干预措施比碳价格有更大的自由裁量权，因此更容易受游说、监管俘获与官僚程序的左右。我们强调，设计恰当的流程、建立独立的监管机构可以减轻此类担忧。在研发方面，我们建议创立一家欧洲层面的机构，借助同行评议资助高风险高回报的项目。在标准、禁令与应用激励方面，我们建议创立一个由高水平科学家与经济学家组成的独立委员会，以协助合理做出公共选择，不至于拖延决策过程。这两种情形下都可以采用“落日条款”，在项目进展不力或补贴不再需要时，逐步取消补贴。总之，我们把政府视为战略家，严肃认真地承担自己的责任而非推卸给中央银行或企业等其他方面，并释放私人部门的技术应用和创新潜力，协调好行动的迫切性与成本的可控性。

最后，法国自身对缓和气候变化的直接影响有限，但间接影响可以很大，尤其是通过欧洲层面的设计。这些影响包括树立榜样，展示成功经验，通过边境税调节机制给不负责任的国家施加压力，推动有利于贫困国家的技术和政策创新，以及在达成国际协定上发挥明智的领导作用。

## 第2节　经济上的不平等与不安全①

### 事实与感受

法国的不平等有多严重？如果看标准的数量指标，人们通常认为情况还不算太严重。在大多数维度上，法国同欧盟或经合组织的平均水平相当或更为出色。

首先看标准指标：税前收入不平等，法国的基尼系数为0.37，略低于经合组织的平均值0.38。② 税后收入不平等也同样，分别为0.28和0.29。税后收入基尼系数降低反映了税收和转移支付带来的再分配效果。

在收入分配的顶端，法国顶层10%人群在税前收入中的占比为32%，低于德国的37%，英国的35%与美国的45%。在底端，法国的税前贫困率为26%，高于经合组织平均水平（20%），③ 但税后（和转移支付后）贫困率仅为8.5%，显著低于经合组织平均水平（10.8%），表明再分配强烈向底层倾斜。与其他国家类似，法国的财富不平等程度大于收入不平等，例如，顶层

① 第2章报告的作者为丹尼·罗德里克（Dani Rodrik）与斯蒂芬妮·斯坦切瓦（Stefanie Stantcheva）。

② 基尼系数是标准的不平等测算指标，反映实际收入分配同完全平等的收入分配有多大的差距。基尼系数为0代表完全平等，为1代表完全不平等，所有收入归属一个人。

③ 经合组织测算的位于或低于税前贫困线的人口比例略有误导性，因为经合组织把公共养老金系统的退休金视为转移支付。税前测算表明，在不考虑公共养老金系统时，许多法国人将位于或低于贫困线。而私人养老金制度更重要的其他国家则不太受这一测算标准的影响。避免此问题的一个办法是考察退休人员之外的其他人的贫困率，以此标准看，法国更接近于经合组织的平均水平。

10%人群的财富占比达55%，不过在这方面同经合组织的平均水平大体相当。

还有，与民众的广泛感受和其他许多国家的经历相反，以基尼系数测算的法国收入不平等状况并未随时间加剧：虽然经合组织的平均水平有大幅增加，但法国的税前与税后收入不平等在过去20年里基本保持稳定。而且自2007年以来，底层50%人群的收入增长快于顶层10%人群，这一特点也不同于其他许多国家。

在引发“黄马甲”运动中起到重大作用的区域间不平等，在法国的严重程度其实也低于大多数其他欧洲国家：不同区域之间的可支配收入的变异系数（差异程度的一个测算指标，等于分布的标准差同均值的比例）在法国为0.05，而德国和意大利分别为0.07和0.20。

这些统计数据看起来不算糟糕，但与民众的感受反差强烈。在本委员会开展的一次调查中，我们发现，73%的受访者认为法国的收入不平等是严重或非常严重的问题，62%的人认为财富不平等是严重或非常严重的问题。这些数字明显高于美国的对应情况（分别为50%和46%），其实美国的各种不平等指标都比法国高出很多，变化趋势也糟糕得多。

如何解释事实与感受之间的不一致？

- 第一种回答是，没有理由把其他国家（如经合组织或欧盟）的平均水平作为合适的参考点，法国的不平等程度可能依然太高。法国人或许尤其厌恶不平等，即便情况并不比其他国家更糟。
- 第二种回答是，这些统计数据或许没有反映有意义的更为动态的不平等维度变化，如能否获得良好的教育或职业等。

这些促使本报告第2章的作者更细致地观察民众的感受及其关注点，在回顾现有调查的同时，另外开展了两次调查。对民众在谈论不平等时的想法，此类调查能提供很好的参考：

人们很在意找到“好工作”（优质岗位）。有调查询问：受访者认为好工作有哪些特点？人们理解的好工作是指，能提供较长的任职期限、薪酬递增、福利良好、承担职责、有晋升机会和体面的工作环境等。此外，良好的职业生涯是指在一份好工作结束后，可以得到另一份好工作。

人们并不认为每个人有获得良好教育的公平机会，因此也不认为有获得好工作的公平机会。针对“我达到了自己期望的教育水平”按0—10分作答时，法国的得分为6.6，在收集该数据的7个欧洲国家中排名倒数第二，仅高于意大利的5.9，而德国的分值为8.1。针对“我得到了自己期望的工作”按0—10分作答时，法国得分为5.5，同样是排名倒数第二，仅高于意大利的4.5，而德国的分值为7.0。

人们担忧社会流动性，关注子女的出路。他们相信获得良好教育的机会高度不平等。在本委员会开展的一次调查中，70%的人认为社会经济地位较高人群的子女教育要好得多。在问及学生们是否有同样的机会上大学时，仅有44%的人表示赞同，是7个欧洲国家中最低的，意大利和德国的这个数字分别为49%和70%。实际数据也支持上述看法。经合组织发现，社会阶层是法国人受教育水平最重要的解释因素。例如，在国际学生评估项目（PISA）的评分中，法国15岁学生的平均得分略高于经合组织的平均值，但出身社会经济较低阶层家庭的学生未达到最低阅读水平的人数要高出5倍。在相邻代际的教育流动性方面，法国在27个国家里排名倒数第二。在参加职业培训项目的学生中，有87%的父母没有大学学位，而参加普通学业的学生中，该比例仅为51%。在教育之外，工作的代际流动性也存在类似情形：底层四分之一的父母的儿子中（该研究只面向男性），仅有14.9%进入顶层四分之一，这个数值很低，且低于经合组织的平均值（16.9%）。

人们担忧好工作会消失，认为自由贸易、全球化、技术变革在威胁自己的工作岗位。他们看到制造业正在衰落，如今仅占法国就业人数的10.4%和GDP的13.4%，而在德国的GDP中仍占25.5%，意大利则是19.7%。

在此背景下出现了大量“中产阶级空心化”的讨论，就业出现两极分化，中等技能岗位消失，被低技能岗位取代。法国战略局开展的一项近期研究表明，实际情况更为复杂。① 在1996—2007年，中等技能岗位占比确实减少了6%，但这伴随着高技能岗位占比的几乎同比例上升，而低技能岗位占比几乎没有变化。这当然应该理解为好消息，却也有四个重要警示：

- 第一，如果看更细致的构成，小农户或低技能手工艺者等类型的劳动岗位确实在消失，其就业份额显著减少。

① 参见Reshef A. and Toubal F.（2019），La polarisation de l'emploien France. Ce qui s'est aggravé depuis la crise de 2008，Cepremap n°50。对他们的结论提出挑战的法国战略局的研究是“Polarisation du marché du travail：y a-t-il davantage d'emploi speu qualifiés?” by Jolly C. and C. Dherbécourt，*La Note d'analyse*，No. 98，December 2020。Reshef与Toubal又于2021年3月在CEPREMAP网站上做出了回应。

- 第二，空间维度很重要。为某个小城镇提供优质就业岗位的旗舰工厂一旦关门，基本上不能指望有类似项目能够取代。即使通过公共补贴引入一家新的旗舰工厂，若干年后依然会发生类似的悲剧。搬迁并不总是吸引人的选项。人们除了失去在小城镇和农村社区里极为重要的社交联系外，还会遭受严重的经济束缚。作为许多人唯一财富的住房价值显著下跌，使得留在当地、接受收入降低成为理性选择，因此会把人们困在那里。
- 第三，即使该趋势继续下去，许多中等技能岗位被高技能岗位取代，中等技能岗位的减少和岗位分布中出现的空洞，也会使攀升工作阶梯变得更加困难，因为阶梯上的某些环节不见了。过去多上一年高中就可能让人得到晋升，如今或许需要读完大学，跨越幅度大为提高。
- 第四，未来可能有不同的变化，对好工作的威胁可能更大。的确，该研究的一个结论是，仅在未来 20 年内，第一个 10 年与第二个 10 年的趋势都将大不相同。①

最后，该调查向政策制定者发出了警告。人们希望政府加以干预，但对政府带来改变的信心有限。在问及福利国家话题时，仅有 36% 的人持积极态度，对全球化的看法也大致相当。

## 2. 概念框架

该调查结果便于我们了解民众关心什么，以及旨在减轻不平等的政策应该实现何种目标。它表明，我们应该着重强调社会流动性，尽可能让人们有获得好工作岗位的平等机会，同时保护那些境遇变差的人。

为此，政策可以在三个阶段实施干预：

- 在生产前阶段，政策可以减轻人力资本和金融财富的不平等，使人们有更加平等的机遇开启人生。
- 在生产阶段，政策可以帮助更新和改进技能，还可以尝试改变企业的技术和组织，以创造更多好的工作岗位。
- 在生产后阶段，由于并非每个人都能在生产中得到相同的结果，政策

---

① 可参见之前提到的法国战略局的研究，关于 20 年里各部门变化的数据。本报告的第 2 章将有介绍（专栏 2 中的图 C）。

可以着眼于保障和再分配。

传统的政策关注点在于生产前阶段和生产后阶段，较少干预生产过程本身。显然这些传统政策有改善空间，包括教育、继承，乃至更广泛的再分配领域。传统的再分配工具或许已不够用，技术进步与全球化将继续影响就业和收入，可能会加剧两极化和税前不平等。鉴于法国的税收转移支付率已经较高，生产前和生产后的再分配政策能做的事情也有限。

这意味着我们还应该关注生产过程本身。某些措施的合理性很容易理解，但实施细节有待推敲，例如终身职业培训非常重要，也有改进空间。但我们是否还应该更进一步？能否推动企业的组织再造，以创造更多优质岗位，对低技能员工更负责任，提供更多职业上升阶梯？技术与技术应用能否对优质工作岗位更加友好？对外贸易如果导致国内优质岗位消失，是否应予以限制？这些议题并不轻松，本委员会花了很长时间展开讨论。它们关系到理论与实施两方面的问题。我们认为对此展开公开讨论是很重要的，但由于某些是新问题，并且都涉及实施细节，所以必须首先在理论阶段做更深入的研究与验证。

但在我们启动之前，也同其他两章一样，要发出个类似的警示。之前的讨论中提到，不平等涉及多个维度，并有大量政策、制度和监管规范影响其结果。我们不可能面面俱到。因此在下文中，对于某些政策将只是顺便提及，包括全民基本收入、财富税最优设计等。唯一的理由是我们没有时间一一深入探讨。

## 3. 生产前阶段的措施：促进公平竞争环境

### 3.1 教育

关于法国教育制度的优缺点已有广泛论述，改革的讨论由来已久，某些改革也正在推进中，但还有更多事情必须做。从幼儿园直至大学的法国教育制度至少有两个主要缺陷。

首先，除少数成功精英群体外，教育质量只能算是平庸，尽管教育支出达到 GDP 的 5.5%，高于欧盟平均值。例如，15 岁学生的 PISA 得分仅略高于经合组织平均水平。这一情形对将来不利，因为优质岗位要求软性和硬性两方面技能的积累。对优质岗位来说，特别令人担忧的是科学和数学教育排名一般。例如近期的国际数学和科学学习趋势测评（Trends in International Mathematics and Science Study，TIMSS）对 4 年级和 8 年级的数学评分，把法国排在发达国家的末尾，与罗马尼亚和智利接近。法国不仅落后于表现最出色的东亚各经济体（中国、日本、韩国和中国台湾）及芬兰，也不及发达国家的平均水平。

其次，前文谈到，教育存在高度不平等。潜在的改进办法已被反复提出，近期的改革也在朝正确方向前进。然而众所周知的许多内容尚未付诸实施：应该减少学校分隔的做法；还必须为弱势学生群体增加投入；与本报告第 3 章关于移民问题的讨论结合起来，应该同时推进学校一体化，以及为有弱势学生群体的学校增加支出。①

必须弥补学徒工的巨大缺口，近期改革已取得了部分进展，吸引雇主招收学徒工，鼓励学生成为学徒。还需要更多努力来增强职业培训同岗位的联系。年轻人需要了解资质、岗位和可选择职业前景的大量知识，特别是来自弱势背景的年轻人。本报告第 3 章也将涉及此议题，关于应对人口挑战，以及有移民背景的人群的劳动力市场参与。年轻人应该在中等和高等教育的不同路径选择中得到指导，了解看似差不多却有不同就业岗位和职业前景的路径有何差异。学习领域的选择应该同时考虑到当前和未来的就业机遇。

教师职业的吸引力需要增强。借鉴芬兰的经验，应该给予机构和教师更大的自主权（加上责任制），允许他们以试点和标杆为基础，开发创造性的方法。在数学、科学、阅读理解等方面位居世界前列的芬兰有着最高效和最平等的教育制度，而预算投入并不太多（当然与法国相比，芬兰有某些特殊性，居民家庭背景和语言方面的不平等程度较低）。教育方法的自主权和自由度，加上对教师持续充实的培训，都可以增加这一职业的吸引力。

当然，法国的教师薪酬过低，使得太少有资质的候选人申请职位，尤其是在对优质就业岗位关系重大的科学学科。薪酬应该更多地反映能力，奖金应该提高到足以鼓励最有经验的教师到贫困地区任教。提高新入职教师的薪酬和技能应该不会遇到什么特别困难。不过，对现有教师实施新的薪酬计划，又希望

---

① 更多资金投入可以让弱势学校推出特别教育计划，并吸引更好的学生。但是对优势与弱势学生构成没有得到改善的弱势学校的投资，其效果如何还缺乏研究。由于族群分隔现象在学校比在邻里社区中更为严重（Oberti-Savina，2019），法国减轻族群分隔的任务比美国更容易（那里的社区分隔现象很严重）。减轻族群分隔的办法包括代金券、弱势学生配额与其他手段。参见 Oberti，M. and Y. Savina（2019），“Urban and school segregation in Paris：The complexity of contextual effects on school achievement：The case of middle schools in the Paris metropolitan area”，*Urban Studies* 56，No. 15，February，pp. 3117 – 3142。

促进他们的工作士气，这需要付出极高的预算成本。本委员会没有时间探讨这一领域的改革路线，或许有必要不带偏见地考虑各种新方案，同时借鉴其他国家的现成经验，例如芬兰、韩国和捷克等。①

### 3.2 继承

遗产税（而非财富税等）的意图是，让未来世代的人有更平等的财务竞争基础。本报告第2章给出的调查显示，法国人不喜欢遗产税，但在评价中存在道德上的纠结：绝大多数人认为父母有权利把辛苦积累的财富交给子女，而无须为此缴纳税收；但同时，大多数人又认为出生时的禀赋不平等有失公平。这样的理念带有明显的矛盾，却也反映了对实现机遇公平的呼声。机遇公平的逻辑意味着把关注点放到接受者而非赠与者身上，税基应该是受益人所得财富的总额。应该设定较高的免税门槛，给予“辛苦积累的财富”较大的保护。另外可以把这部分税收收入明确用于再分配。

如今的情形并非如此。首先，遗产税是基于赠与人，而非受益人。这样，如果受益人是从两个人（如父母双方）那里获得遗产，其税率将低于仅从一个人那里获得相同数额遗产的情形。然而根据民众的普遍倾向，决定机遇公平的并非赠与的多少，而是获赠的多少。其次，税法允许每15年得到豁免，对此规定比较了解的赠与人和受益人可以预先做长期规划。对此的解决思路是，在计算税收时应该考虑在整个生命中获赠的财产总额。

本报告第2章提出了较好的建议，受益人根据其一生中从赠与人那里获得的总收入纳税。但我们认为对此也要保持同样的警惕：我们对实际面临的实施障碍缺乏经验。欧洲国家中目前只有爱尔兰采取这一办法，把一生中得到的赠与或遗产的总金额（父母遗产超出33.5万欧元的部分）作为税基。

财富的代际转移现象不容忽视。年度财富转移（赠与和继承）与年度可支配收入之比目前估计为19%，并可能在2050年达到25%—32%。这并不奇

① 在芬兰，教师属于市镇公务员，职业保护程度在法律上与永久雇员非常类似，在实践中可能更高。被解聘的教师可以与雇员一样申诉，相关纠纷由行政法院（而非普通法院）审理。其他方法也可以考虑，例如，以私法性质的无限期合同招聘新教师，而非采用公务员的身份，这是法国邮政局和法国电信公司的做法。用新的永久合同招募的教师可以获得更高薪酬，现有教师将保留公务员身份，并可以选择转换为新体制。如果转换的话，他们将遵守新的合同条款，并在必要时接受再培训。给数学和科学学科的教师更高待遇是合理的，因为招募这类人才更加不容易。

怪，该比例对较高收入群体更高。尽管税率较高，① 遗产税却只占全部税收的1.2%。针对遗产税不受欢迎的现状，法国的立法机构并未调整税率或税制的累进程度，而是制造出各种漏洞与豁免，这是典型的法国式弊病。我们认为，鼓励那些更懂行的家庭做税收最优化操作对社会公平并无助益。第2章将以人寿保险政策为例来说明这一点，该政策给每位受益人提供最高15万欧元的豁免额度，并对超出部分实施优惠税率。

虽然本委员会支持更优而非更高的税收，但我们怀疑，即便“更优化”的遗产税仍将不受欢迎。有两项政策或许可以帮助缩小民众感受与委员会建议的差距：

无论人们对遗产税的道德立场如何，我们应该都会赞同：为保证公平，这一税收应该以受益人的所得作为税基。聚焦于受益人也是让这一税种真正具有累进性质的唯一办法。这要求放弃以赠与人为基础的税制，并消除漏洞。强调以受益人为基础的无漏洞的税制隐含着机遇平等，可以增强这一税种的合法性。人们可以对税率展开讨论，而不是针对使税收变得更随意、类似于博彩的其他特征。为了反映能够把“辛苦积累”的财富传递给下一代的合理要求，税收的起征点应该足够高。对此议题展开民众咨询和公开讨论，将有助于缓解税收的不得人心。

为了更多地突出遗产税的再分配作用，可以打破公共财政的原则，明确把遗产税收入用于促进机遇平等的资金再分配。这一专项资金安排不需要任何特殊操作，可以用于创建个人账户，让弱势背景的年轻人用以避免在学习或培训期间必须从事兼职工作，或者允许弱势家庭的孩子在成年后提取，又或者可用来支持早期教育项目。

也就是说，应该把避税当成严肃的问题。纳税人可能选择耐心地把较小金额的资金转移给子女，也可能把较大金额的资金向海外转移。这方面的实际证据还相当缺乏，因此需要更多的研究。另外，关于法国的继承和财富状况的重要描述性统计数据也还很少。

### 4. 生产后阶段的干预

由于生产阶段的某些政策建议最具争议，我们将其放在最后讨论。

---

① 法国对子女继承财富的顶级税率在经合组织中为第三高（45%），位居日本（50%）和韩国（55%）之后。

所有的税收与转移支付都有再分配效应，会影响不平等。因此有关法国税收和转移支付总体制度的讨论及其对不平等的意义，已超出了本委员会的能力范围。令这一问题更加复杂的是，效率与分配之间有潜在冲突。效率要求对流动性较小的要素征税，以减少扭曲，最典型的例子是对纯租金征税。税收具有分配效应，转移支付更是如此。对房地产征税可以作为例证，房地产的价值主要来自土地这一不可移动的要素。从效率看，这一税收带来的扭曲很小。但税负将主要落到中产阶级头上，因为房地产是这些人的主要财富。恰当的税率需要反映效率和不平等之间的权衡，以及社会的偏好。① 经济学家可以分析这种权衡关系，但最后的决定必须由政策制定者来做。

我们这里能做的是关注税收和转移支付制度中可以改进的部分。因此，第2章的作者决定聚焦于资本收入，这方面有较大的改进空间。

相比劳动，资本的流动性要强得多。各国政府已经发现，试图对资本征税会导致其逃逸，税率提高往往造成税收减少。所以，法国近期的改革缩小了同海外的资本税率差额。然而各国之间的税收竞争已导致可流动资本的税率过低，出现逐底趋势。各国都试图吸引流动的资本，而对流动性较差的部分实施较高税率，允许大量的漏洞和豁免，也面临严重的合法与不合法的避税现象。

因此，改进资本税制成为一项重大挑战，需要降低税率，但提高税收收入并减少扭曲。法国在近期取得了某些进展，例如，对资本的某些极端高税率（有时超过100%）已被取消。另外还引入了单一税率（Prélèvement for faitaire unique，PFU），给资本收入的边际税率设置上限，减少了扭曲。

然而，由于技术进步、信息分享和新出现的国际协定，还有更多事情可做。

**技术**。有两种可以增强纳税遵从度的策略：数据分析与第三方报告，后者已经用于薪酬和增值税领域。这方面取得进步的一个案例是，由人工智能和数据挖掘算法控制的比例将在2020年达到30%，在2023年达到50%。此类遵从度提升策略不仅能增加税收收入，还能提高公平（不再让老实人吃亏），最终改善再分配。本报告的第2章将指出："普通劳动者获得的工资收入由第三

① 虽然我们认识到财富税在法国政治讨论中是个重要议题，却没有对此展开详细分析，原因有几点。首先，财富税的规模（转向房产税的成本为每年20亿—30亿欧元）相对于三大挑战所需的金额来说都太小。其次，关于财富税效应的研究有限，如上文提到的效率与再分配之间的权衡。再次，财富税与第2章讨论的资本税和遗产税如何协调，也有待进一步研究。

方报告，高收入群体则有更多收入来自资本利得、分红、租金、个体企业收入或营业收入，这些收入类型的纳税遵从度要差得多。”

**信息**。各国之间的自动信息交换是一个关键。法国应该发挥重要作用，促进此类信息交换，并加强与各种资产交易，包括房地产和私人企业资产相关的更广泛的信息交换。欧盟目前的监管范围比经合组织更宽，已经纳入了不动产等部分非金融资产。

**国际协定**。本委员会强烈支持20国集团与经合组织的“税基侵蚀与利润转移”行动（Base Erosion and Profit Shifting，BEPS）。① 许多跨国公司选择在低税率国家而非产品实际经营地申报利润。BEPS行动的第一个支柱是在一定程度上重新分配各国之间的征税权，不仅根据居住地和实际发生地（含所有权、生产设备及雇员等），还纳入需求侧因素（含销售、收入和客户等）。第二个支柱是减轻税收竞争，给予各国在其他司法辖区没有充分行使初级征税权时补征税收的权利；如果未能就此达成协议，另一个办法是达成一个最低税率，以避免逐底竞争。最后同样重要的是，对跨国公司的税收应覆盖所有产业，而非只涉及数字技术企业。

在家庭收入纳税方面同样需要国际协作。本委员会报告的作者指出：“对外国人的优惠税收制度广泛存在，导致在许多国家，外国高收入者的最高税率显著低于国内高收入者。”当然，不同国家可以在税率上有合理的优惠待遇，但降低流动性较高的高级人才的所得税率（有时降幅很大）无助于促进平等，从全球层面看也没有太多效率上的理由。我们较为熟悉的一个例子是，海外的意大利籍教授在返回意大利时会享受非常大的税收优惠。对此问题的讨论应该至少放到欧盟层面，甚至更广泛的层面。另一种做法是，让居住在海外的法国人按照法国制度纳税（超出他们在实际居住国已纳税的部分），至少在几年时间内如此操作。美国已采取了类似行动。

这些变革本身不足以填补目前影响税收制度效率和公平的所有漏洞。困难在于政策制定者虽然泛泛地谴责税收漏洞，却容易为了迎合选民不断引入新的漏洞。某些漏洞确实有效率方面的理由，例如对个人劳务的累退式豁免，本意是防止灰色收入；还有给15万欧元以内的金融市场投资提供税收优惠的储蓄

---

① 在这段文字完成后，美国总统拜登宣布支持全球范围的15%的最低资本税，鼓励经合组织的办法。由此产生的收益在各国之间的分配公平与否以及豁免现象都还有待探讨，但限制税收竞争的意愿毕竟是很好的消息。

行动计划（Plan d'épargneen actions，PEA），这部分抵消了法国人对欧元基金这一安全人寿保险的强烈投资偏好（而非投资于对增长更有利的生产性资产）。可是许多漏洞既没有再分配作用，也缺乏效率方面的理由。例如，实证研究一再显示，房地产补贴，例如皮内尔法（loi Pinel）；对主要住所的税收豁免；租房补贴等，抬高了市中心的房地产价格和租金，其结果是主要让业主而非原先设想的受益群体获益。或者说，通过改变公共资金的用途，再分配效应可以大大提高。

与之相应，应该设定一套评估和复核各种税收豁免的流程。例如，设立一个经济委员会，让它界定和追踪各种漏洞，给政府和议会提供公开建议。这里的挑战是确保建议不被束之高阁。

### 5. 生产阶段的政策：让技能适应技术，以及让技术适应技能

技术进步和贸易发展都对生产结构带来了深刻而复杂的效应，并由此影响工作岗位的构成。有时候，技术进步导致资本取代劳动，造成低技能岗位乃至有较多重复操作的中等技能岗位消失。有时候，资本则成为劳动的补充，让低技能劳动者完成更复杂的任务，让中等技能劳动者完成过去的高技能任务。例如，护士与急救医疗技师将可以胜任如今需要医生完成的任务，从而增加对中等技能的需求，减少对高技能的需求。尽管我们可以评估哪些类型的工作目前已被改变或消灭，但要预见技术变革对工作构成的长期影响则困难得多。

贸易创造了出口产业的工作岗位，却导致受进口冲击产业的企业关门，某些低技能和中等技能岗位消失。或许由于工作损失比工作创造更引人注目，或许由于新工作的创造与外国进口压力造成的工作摧毁未必发生在同一区域，民意调查显示，劳动者把对外贸易视为中等技能岗位减少的罪魁祸首。在我们的调查中，57%的受访者认为生产外包与全球化是主要原因，仅有28%归罪于技术进步。相反，大多数经济学家认为，技能偏向型与规程偏向型（routine-biased）技术进步是更重要的因素。

传统政策思路把技术与贸易变化视为给定条件，试图培训劳动者，以适应现有岗位，另外通过失业救济金和再培训，帮助不幸的员工应对岗位的消失。

本委员会讨论的问题是，可否在两个方面采取更积极的应对政策：第一，尝试影响岗位构成本身，给企业提供激励，让它们创造更多优质岗位，采纳与劳动力互补而非替代的技术；第二，对外贸设置约束，以防止优质岗位流失到

相比法国或其他发达国家更缺乏劳动保护的国家。

## 5.1 劳动力的培训

让劳动者为可能得到的最好岗位筹划，并帮助他们上岗，这无疑非常重要。为此开展的系列行动名为“积极劳动力市场政策”（active labor market policies，ALMPs），包含技能培训、就业补贴、提供公共部门岗位，以及为找工作和岗位匹配提供支持等。

这些行动的效果参差不齐。部门性的培训项目如果设计得当，效果最为显著。有证据显示，那些着重关注雇主的项目有着最佳运行结果。第2章介绍了德国、瑞典、卢森堡和瑞士的经验，表明在企业的岗位设计与项目的培训设计中，与企业的合作越密切，效果越好。美国得克萨斯州开展的QUEST项目引起了广泛关注，它强调工作岗位的要求，而不仅是优质岗位，效果极为出色，以5000—10000美元的一次性成本，能让年平均工资提高3000—6000美元。基于这一经验，我们相信法国就业局（Pôle emploi）应该更紧密地接触和联合私人部门的雇主，并利用信息更好地服务雇主与求职者这两个方面。

法国刚开始推出职业培训方面的一项重大改革。首先，创立了个人培训账户（Compte personnel de formation，CPF）；其次，设立了一个负责职业培训的协调、资助和认证的新体系，即法国技能署（France Compétences）。这是潜在的巨大进步，当然效果还有待评估。尤其是与现状相比，法国技能署面临若干关键挑战，如减少数量过多的培训供给方；给培训求索者提供现有课程价值的客观信息；细致地认证培训项目；给培训求索者和其他需要培训的人推荐实际岗位。新加坡有一份获认证培训机构的名单，国民可以用个人培训账户支付所需的费用，德国也有很好的例子可供参考。

我们相信，法国就业局和技能署的工作可以通过三种方式加以改进：第一，让这两家机构更密切地合作，了解企业的需求；第二，更主动地为可能面临企业重组风险的员工提供帮助；第三，与企业共同探讨如何设计工作岗位和职业发展路径，增强对员工的吸引力。同样，在这些地方也可以大量借鉴他国的经验。

至此，我们一直在讨论劳动力的培训。另一个政策杠杆则是给予员工和企业更多激励，使他们愿意得到或安排这些培训。由于较为慷慨的税收和转移支付制度，法国在这方面面临难题。负所得税、对雇用低薪员工的雇主提供直接补贴，加上大幅减免雇主的底层社会保险缴费，共同降低了企业招募低技能员工的成本，提高了这部分员工的收入。由此可以部分解释为什么法国的税后贫困率较低，这显然是好事。然而各种减免、住房津贴、所得税和福利豁免会随着收入提高逐渐减少，并在工资达到最低工资的1.6倍时完全取消。结果导致收入接近最低工资水平的员工面临极高的有效边际税率，使他们完全没有激励寻找更好的工作岗位。相应地，也使企业给员工培训更多技能、提高其职业阶梯位置的成本变得过高。这说明有改革的空间。

一种显而易见的可能做法是，在更宽泛的工资区间里逐渐取消低薪优惠，但这对政府而言可能负担增长太快。另一种可能做法是给企业开展培训、员工参与培训提供特定的激励。

在企业方面，克服培训激励不充分的一种可能办法是，根据企业提供的资质培训决定获得社会保障缴费减免。企业可以为员工的个人培训账户充值，这些充值将被纳入对低技能劳动者的总体培训改革，从而满足国家认可的职业教育的某些要求。资质必须得到充分认证，并且根据特定部门的需要调整。根据提供此类培训情况决定社保缴费减免，将提高雇佣的成本，其中一部分或许需要冲抵，也就是由政府分担企业的充值费用。考虑到近期以来，得到社保缴费减免和其他补贴的多数是年龄较大的低技能员工，该做法也可以与第3章关于人口问题的政策建议（改善年长员工的培训和工作机遇）协调起来。

在劳动者方面，可以为参与培训提供类似激励，例如采取拨款的形式，或者部分减免用于培训的贷款。这里同样可以借鉴其他国家的经验。例如在挪威，每个学生每月可获得1150欧元的贷款，用未来的收入偿还，如果学生表现良好且按时毕业，这笔债务就可以削减。法国也应该考虑为年轻劳动者设计类似的政策。最后，我们建议，把遗产税用于年轻人的培训和教育账户，如果采纳我们的建议，两项措施其实可以结合起来。

精心设计的劳动力市场政策还应该能增加优质岗位。尤其是，履历积分（法国采用的奖惩机制）让雇主对解雇造成的后果负责，同时给予他们针对经济冲击调整员工队伍的灵活性。这样可以避免有害的二元分化：要么是期限太短的无保障岗位，要么是期限更长、保障过度却供给不足的岗位（因为企业担心在面临需求或成本冲击时没有解雇的灵活性）。在法国，短期合同的员工在企业缺乏发展前景（如果不转为长期合同，这种雇佣合同不能反复续签），也不会得到培训（因为属于“一次性员工”）。对此类劳动者，履历积分可以帮助延长其就业期，即使不能给他们更好的岗位，也可以改善其生活；同时能给企业激励，增加它们对员工的投资，并改进工作岗位的质量。有意思的是，签订长期合同的法国员工报告说经常受焦虑的困扰，有时对工作感到厌倦。原因是此类工作不容易找到，让他们对自己的岗位往往非常依赖，所以特别担忧岗位的安全，也不愿意到其他地方接受新的挑战。法国在 2019 年才创立履历积分制度。与这里的通常情形一样，该制度设置了许多豁免情形（目前只对七个产业适用），即使在适用的领域，产生的激励依然比较小。但这毕竟是有益的开始，改革应该继续推进。

### 5.2 改善工作岗位的数量和质量

在岗位的供给和特性方面有两个相关的议题。

- 第一个议题是，随着人工智能和机器人的发展，某些优质岗位可能在未来数年面临前所未有的被摧毁的风险。任何转型都要付出成本，这一转型的规模和速度可能导致成本尤其沉重。
- 第二个议题是，身处这些岗位的劳动者可能面临向下的社会流动性。尽管我们还不能很好地预测即将到来的技术巨变的后果，但有很大的概率导致两极化继续加剧，中产阶级逐步消失，天平向高技能倾斜，对低技能不利。优质岗位的消失会使不幸的人群遭遇严重的健康和犯罪问题，导致绝望情绪和民粹主义泛起，这些将在第 2 章中详细阐述。

第 2 章的作者将强调，现行政策架构试图对劳动者及其技能做出调整，以适应新技术的要求，而没有考虑让技术发展适应劳动力。然而，技术进步，尤其是技术采用并非外生过程，一个国家并不是只能接受给定的技术条件，再被动地适应。企业对内部如何组织、如何设置岗位阶梯、采用何种技术和机器可以有所选择。问题在于，能否以及如何利用政策影响企业的决策，以创造更多的优质劳动岗位。

当然，这种影响可能会增加生产成本，削弱消费者的购买力。但正如气候变化的情形一样，我们可以认为培育更好的“环境”，这里指更公平的社会，值得付出生活水平上的代价。或者说，我们可以认为把消费者需求放在劳动者福利之上的倾向做过了头，应该予以纠正。这一抉择应留给社会公众及其代表人而非专家。但专家们可以探讨其中利弊权衡的性质，本报告第 2 章的作者正是这样做的，并且在本委员会内部引发了激烈而有益的讨论。

我们想到了两种办法。第一种是普遍降低劳动力相对于资本的成本，通过调整税收或劳动力市场监管规范，促使企业采纳对劳动力更友好的技术类型。

然而这涉及关于资本和劳动的相对税负以及劳动力市场监管的更广泛议题，会导致许多可取或不可取的结果。第二种办法是采取更有针对性的干预措施，这是第2章的重点，下面略做介绍。

**研发、技术采纳与（优质）工作岗位**

报告的作者提出了几种可能的改进办法，包括设立专门的“地方商务局”（Regional Business Bureaus，RBBs）引导企业提供更多优质岗位。该机构将与本地企业开展对话，提供组合服务或推荐潜在投资人，通过重新设计工作岗位、提高企业内部的晋升概率，以帮助它们提供更多优质岗位。该机构还将在投资补贴的通行系列标准之上，增加一个反映企业预期岗位质量的标准，并且对执行效果进行监督。作者们强调不应在现有机构之外多设立一个庞大机构，导致业已较高的企业行政事务负担进一步提升；他们同时强调，为实现地方商务局的最佳运行效率，必须研究如何最好地重组金融机构（法国国家投资银行BPI，各区域的金融机构）、就业服务机构（法国就业局）和培训机构（法国技能署）的工作任务。①

与之类似，第2章的作者建议设法激励与优质岗位相匹配的创新。包括用“就业前景测试”决定公共资金对创新项目的优先支持。目前的研发补贴和支持项目通常面向特定部门（如电池和更普遍的欧盟绿色协议规定的技术类型），但没有考虑这些技术对工作岗位的影响。如果能够评估此类影响，则应该纳入考虑。反之，对摧毁岗位的设备和创新应该征税，或取消研发补贴资格。但我们不能低估其中的困难，例如对机器人征税的建议，机器人是指实在的机器还是包括软件？两者都会摧毁工作岗位。如果机器人摧毁了一家公司的工作岗位，却提高了生产率，导致其他企业的成本下降，总体上可能导致工作岗位增加，而非减少。学者们刚开始收集自动化对就业产生直接和间接影响的经验证据，初步的结论褒贬不一。②

第2章提出了一系列更柔性的干预，意图规劝企业和研究者更加关注其投

① 需要指出，法国就业局已经在朝这个方向前进。有5000多名顾问受其委托与企业建立联系，帮助企业设计工作岗位并寻找求职者。

② 不同的结论可参见Aghion，P.，Antonin，C. Bunel，S.，and X. Jaravel（2020），“What are the labor and product market effects of automation? New evidence from France”（CEPR Discussion Paper，No. 14443，March）；以及Acemoglu，D. Lelarge，C. and P. Restrepo（2020），“Competing with robots：Firm-level evidence from France”（*AEA Papers and Proceedings* 110，May，pp. 383－388）。

资和研发对劳动者福利的影响。这包括，企业在考虑组织设计时加强对员工的重视并与之磋商，人工智能开发者更多考虑到其工作成果的影响，以及有争议的国防研发项目的后果等。总的策略是，把基于社会规范的干预同物质激励相结合，以推行变革。

**贸易与（优质）工作岗位**

鼓励技术变革创造优质工作岗位意味着，每当企业能够以摧毁岗位来削减成本时，政策将加以干预。在总量层面上，扶持优质岗位的政策可能增加国内生产的成本，即便给企业提供补贴，这些补贴资金也必须来自受益人或其他人缴纳的税收。因此我们将面临渗漏风险，与第 1 章关于用碳税应对气候变化的情形类似，可能从其他国家进口更廉价的非劳动密集型产品。那么，是否应该在欧盟边境上采取相应的贸易限制措施（单一市场禁止对欧洲内部的贸易设置障碍）？

以避免优质岗位流失为名设置普遍贸易限制，这在政治上可能有号召力，却不利于生产，哪怕其目标是挽救工作岗位。此类限制可能招来报复，导致经济中其他部门的工作损失，包括优质岗位。不过调查结果显示，反贸易情绪的背后包含一种不公平感，人们认为，如果其他国家依靠对劳动力保护的松弛监管来建立竞争优势，这样的竞争和贸易是有失公平的。

以此为依据，报告的作者提出了双管齐下的解决方案。首先在国家层面（或更好是在欧盟层面），组织股东、企业和消费者参与讨论：是否有充足的理由把这一议题提交世贸组织？贸易限制有受益者，如面临进口竞争产业的员工和投资者；也有受损者，如出口产业的员工和投资者以及消费者。要把他们的选票累计起来并不容易，某些群体的发声还可能比其他群体更响亮，但共同磋商仍有利于对相关的利益取舍形成社会共识。如果讨论结果认为确有必要，则可以提交给世贸组织，由它决定是否接受以“社会倾销”为理由，对违反规则的国家实施反倾销关税。

显而易见的困难在于，以什么界限来确定社会倾销导致的不公平贸易。报告的作者认为，童工、强制劳动、危险和不健康工作条件以及暴力压迫劳工权利等都应该纳入社会倾销的定义，但不包括低工资，因为后者会引来穷国的多少个岗位等价于富国的一个岗位这一难题。

**能够做到吗?**

本委员会一致同意，工作和地位的损失会严重打击不幸社群，需要重视一般性的优质工作岗位问题。仍有待探讨的内容是，这些理论上的建议能否具有操作性？

增加优质岗位的思路固然在理论上不错，但实施显然面临艰巨挑战。

减轻劳动力税负、改进积极劳动力市场政策等直接办法，属于没有精确定位的政策。其他若干公共政策也是如此，包括研发税收优惠、履历积分、碳税，以及大多数新冠疫情相关政策（休假计划、信贷担保等）。此类政策的优点在于不需要企业在技术和财务方面的特定准确信息，因此不会造成太多偏袒、对等交换以及公共政策滥用现象。但缺点在于缺乏针对性，给那些在没有激励的情况下已经达成目标（保留员工、减轻污染等）的企业带来意外收益。

相比之下，产业政策试图利用准确信息支持最恰当的受益者（企业、产业或技术类型）。与气候变化中介绍的内容类似，为了避免意外收益现象，通常采用“额外性标准”，也就是说，要求受益者在缺乏激励时不会采纳相关政策建议。

产业政策这一更有针对性的干预的局限在于，需要准确信息和治理机制来确保鼓励流程的诚信度。旨在影响创新和技术采纳的信息要求包括：（1）某项技术与工作岗位是互补还是替代关系（在某些情形下很简单，如与风力电站相比，建筑节能改造属于劳动更密集的类型）；（2）在技术替代劳动力，摧毁引入技术的企业的优质岗位时，它带来的生产率提高能否使其他企业的成本下降，使后者能扩充和创造优质岗位；（3）相关项目是否有额外性（这需要做反事实分析，可能颇为复杂，如《京都议定书》清洁发展机制的实际执行结果所示）。

对于特定的优质岗位，我们必须对“优质岗位”做具体的可操作定义。本委员会开展的调查揭示了员工对优质岗位的理解。他们提到的“责任”“晋升”“体面的工作环境”“良好福利”等并不容易评估与量化，某些方面可能被雇主用换标签的方式来操纵。“薪酬累进”更容易测算，但如果跟补贴挂钩，可能导致更多的薪酬调减，对工资低、岗位流动性差的年轻人不利。“合理的长期就业”需要根据岗位和部门做不同解释。我们希望，未来的研究可以改进对这些概念的定义及测算，并且对各种特征赋予相应权重，因为大多数岗位不能满足所有属性，就必须考虑权衡取舍。例如，麦当劳餐厅的岗位显然不能满足上述所有属性，但相比其他许多职业，它们提供了较多的晋升机遇。

在负责产业政策的相关机构的治理选择中，专业和诚信密切相关。法国相关机构的做法必须以全球的先进经验为标杆，例如在气候变化讨论中介绍的美国国防部高等研究计划局。此类机构的领导人必须对业绩负责，有较大自主权，免受政治干预。此类机构必须保持灵活性，关注目标设定而非实现目标的具体方式，防止随意撤钱，并可以终止糟糕的项目（法国的机构并不都能做到）。它们还必须联合私人部门，并要求未能履行工作岗位承诺的公共资金受益者承担责任。透明度固然需要，但由于国民对有关选项（尤其是这些选项涉及的个人利益）缺乏具体信息，仍不足以防范武断决策。

本委员会的部分成员指出，即使成功采取这些措施，许多工作仍不能轻易变成“优质岗位”，于是带来了可以为这些“劣质岗位”做些什么的问题。对此类岗位而言，还必须探讨其他出路和更高的财务补偿（与老年人看护问题类似）。在此情形下，我们需要考虑第 2 章中没有提出但在许多公共讨论中已出现的建立全民基本收入（universal basic income，UBI）的议题。主报告的两位撰稿人并不支持建立这一制度，理由很简单：我们相信可以给全体劳动者提供足够多的工作岗位，包括有技能和无技能的人。当然，其中部分岗位的生产率可能较低，只有在工资较低的时候，企业才愿意招募。事实上，这些工资水平甚至可能低于最低生活工资。我们相信对此的解决方法是设置较低的最低工资，并辅以负所得税。设置较低的最低工资让这些岗位存续，负所得税则能确保劳动者获得维持生计的待遇。不过政府这样做的成本可能较高，因此也有激励尽可能把岗位改造为优质岗位，或者至少是更好的岗位。

最后，用多边主义的办法界定和处理社会倾销，涉及更广泛的就劳动标准达成协议的可能性问题。此类标准的设定需要进一步研究。我们支持多边主义做法，但也明白其缺陷。虽然许多国家担心贸易对优质岗位的影响，它们或许仍难以就可执行的劳动标准达成协议，这背后既有合理的原因（难以界定什么是社会倾销），也有不当的考虑（以邻为壑现象）。发达国家而不仅仅是美国和中国也不愿意朝这个方向努力；一个例子是国际劳工组织（ILO）的各种劳动监管，绝大多数国家不像法国这样急于批准。与之相关的一个议题是，单一市场要求欧洲国家内部达成协议，如果某些成员国反对这种贸易政策，对法国企业施加约束反而可能危害自己的工作岗位。

本部分内容的小结如下：我们应该明确的是本委员会对生产前和生产后再分配的意义有广泛共识，尤其强调教育和职业培训的重要性。但同时对生产前和生产后再分配的局限也有广泛共识，认为应该探讨能否重组生产和贸易。技术变革与全球化很有可能将继续加剧不平等，掏空中等技能和中等收入的工作岗位。我们认为组织公开讨论，把各种观点摆到桌面上是必要的。我们知道这些主张还不能付诸操作，但希望它们带来对新政策工具的更多探讨和采纳。

## 第 3 节　人口变化：老龄化、健康与移民问题①

与不平等的挑战一样，人口挑战是多维度的。我们也需要从中做出选择。本委员会决定把工作重点放在两个方面：最主要的第一方面是老龄化及其对医疗健康的影响；第二方面是移民，更准确地说是移民融入劳动力市场的问题。我们认识到挑战还来自其他许多方面，例如人口变化对低利率及未来发展的重要影响，或者劳动力市场上的性别差异等。② 没有对它们展开讨论的唯一理由是需要把我们的视野聚焦。

人们通常认为法国走向老龄化是个坏消息，但也可能不是，因为老龄化总体上是重大社会成就的表现，即预期寿命的持续增加和老年生活品质的改善。当然，这要求生活组织方式的调整，特别是维持工作与退休的适度平衡。对法国这样依赖现收现付社会保障制度的国家而言，预期寿命延长意味着要么降低养老金待遇，要么增加缴费或者提高退休年龄。③ 这一选择无可逃避。

由于法国的社会保障总缴费水平已经很高，我们认为调整措施应该将提高实际退休年龄与相对削减养老金水平相结合，根据当前环境安排优先项目。这要求重新设计养老金制度。

养老金改革应该满足四个目标：

- 养老金制度应该统一，提高透明度和公平性。
- 应该让个人灵活地选择不同退休年龄与养老金水平。
- 应该认识到不同劳动者在生活履历与预期寿命上的巨大差异。

---

① 第 3 章报告的作者为阿克谢尔·博世 – 祖潘（Axel Börsch-Supan）、克劳迪娅·迪尔（Claudia Diehl）与卡洛尔·普罗佩尔（Carol Propper）。

② 我们没有考虑其他更广泛的议题，如老龄化社会在经济、社会和政治等多个方面的活力降低（至少可追溯至 Alfred Sauvy）。这方面的经济学研究有限，而宏观经济分析并未发现生产率增速与人口结构有太大联系，参见 Acemoglu, D. and P. Restrepo［2017］，“Secular stagnation? The effects of aging on economic growth in an age of automation,” *American Economic Review* 107, No. 5［May］：174 – 179。另外微观研究的结论是，在 65 岁之前，生产率似乎没有降低。

③ 除了少数情形，我们用“退休年龄”代表“领取年龄”，这是通行做法。不过两者在法国并不一致，因为有各种提前退休计划，平均退休年龄大约比开始领取养老金的年龄早 1 岁。

- 最后，应该有足够的灵活性，通过调整退休年龄与养老金水平来维持当前和未来的财务平衡，退休年龄与养老金水平要能反映对宏观经济与人口结构变化的社会偏好。

然而，这些措施不能仅限于对养老金制度规则的一系列技术性修改。与第1章和第2章探讨的气候变化与不平等议题一样，由于人口结构变化要求延长职业生涯，这需要我们采取整体性的解决办法（holistic approach，三个章节里都采用了该说法），也就是通过更广泛的措施，吸引企业保留年长员工，以及促使年长员工愿意继续工作。除了其他方面，这意味着对企业的组织及其对年长员工的安排做出改变，给中老年员工提供更多职业培训，并关注慢性病的预防和治疗，等等。

预先介绍一下我们的结论：

- 我们赞同《德勒瓦报告》（Delevoye report）及随后的立法建议，把现有制度的合理化作为改革的前提条件。在这步完成后，可以有多种方式引入灵活性，以考虑就业履历和预期寿命的差异，并实现上述各个目标。
- 具体而言，我们提出了一套改革建议，以现有养老金改革项目为出发点并加以改进。基础是一套简单易懂的积分体系；有最早退休年龄的退休时段窗口；如果劳动者愿意延迟退休，养老金水平会以大致符合精算中性的幅度提高；积分体系对低收入劳动者有适度调整，使他们即使在最早退休年龄停止工作，也能获得适当水平的养老金。我们相信，这一改革加上促使企业增加劳动力需求、促使老年员工延长职业的意愿和能力的相关措施，有助于针对人口变化做出平稳而公正的调整。
- 我们还可以把关注点扩大到年长劳动者之外，探讨提高所有年龄段的劳动参与率。普遍提高就业率可以增加社保缴费的税基，帮助实现调整。降低法国目前较高的平均失业率，可以发挥作用。我们决定不涉及法国平均失业率较高的背后原因以及应该采取哪些相应措施，因为这些话题需要另一份报告详述。但我们认为，需要特别关注劳动力市场的一个显著特征，即移民的劳动参与率过低。显然有很多理由支持他们融入法国社会，养老金改革也与之相关。我们认为这一点意义重大，政府应该将此作为更优先的事项。我们提到了若干并不特别新奇的措施，或许都有助于促进更好的社会融合。

## 1. 事实与感受

法国在走向老龄化。人口抚养率（65 岁以上人口同 15—64 岁人口之比）在 2020 年约为 33%，预计将持续走高，到 2040 年升至 45%。好消息是这主要源于预期寿命延长，加上人数众多的婴儿潮世代老龄化造成的暂时性膨胀，而非生育率下降。法国的生育率目前为 1.9，接近更替水平。①

公共养老金支出巨大，根据欧盟的定义相当于法国 GDP 的 15%，比德国高出 50%。意大利是欧盟中唯一比法国更高的国家，达到 15.6%，但其人口结构要老得多。法国的养老金制度比类似的西班牙、意大利和德国等更为慷慨。由于比其他国家更高的养老金和更早的退休年龄，法国的平均养老金缴费率（对雇员和雇主双方征收）相当高，达到收入的 27.5%，而且高收入群体可能还要高得多。这个制度基本保持着收支平衡，2019 年有小幅赤字（由于新冠疫情，2020 年与 2021 年的赤字预计会增加）。

我们在过去不得不面对的一个议题是，养老金制度是否应该建立充足的信托基金，从现收现付制转向部分积累制。该主张的理由是，这样的基金可以增加国民储蓄，从而提升资本积累和产出。当储蓄率过低时，这一逻辑成立。但在利率极低（说明初始储蓄已高于投资）的当前环境下并无意义。增加储蓄可能导致利率进一步降低，假如货币政策受到零利率下限的约束，不能执行如此低的利率，那将导致总需求不足，失业率提高。此外，向积累式养老金制度转型会给当前的法国劳动者造成双重不幸，他们既要负担更年长世代的养老金（而且是婴儿潮世代数量异常多的人口），又要负担自己的一部分养老金。就工作保障比过去更低，且面临短期新冠疫情危机和中期人工智能及机器人技术革命的这个世代而言，转型的代价过高。

当然，我们必须考虑养老金制度未来能否维持平衡的问题，或者说是否必须为此实施结构性调整。毫无疑问，过去的改革已显著改善了财务前景。养老金指导委员会（Conseil d'orientation des retraites，COR）的最新报告认为，法国养老金支出占 GDP 的比重将逐渐降低。根据他们的计算方法（养老金支出占 GDP 的比重略低于上述的欧盟标准数据）和对生产率增速的最悲观假设（1%），该比重将从 2019 年的 13.6% 下降至 2070 年的 13.4%，尽管人口抚养

① 法国的生育率自 2014 年以来有所下降，要判断这是暂时还是永久的趋势还为时尚早。

率（此处的定义为60岁以上人口同20—59岁人口之比）会提高至约37%。

然而，有两个理由表明上述预测过分乐观。

第一，该委员会关于生产率年增速的最悲观假设（1%）或许依旧太乐观。在过去15年里，法国的生产率增速只有0.7%。① 生产率增速之所以重要，是因为在当前制度里，财政收入随工资通胀率增长，而支出随物价通胀率增长。生产率增速越高，工资与物价通胀率的差距就越大，越有助于实现养老金制度的财务平衡。相反，生产率增速越低，养老金制度的财务平衡越困难。但在近期和短期内，把养老金制度的财务平衡与难以预测的生产率增速挂钩并无必要。我们的建议之一是取消这种挂钩和相关的不确定性，以工资通胀率作为养老金水平的指数。后文会有详述。

第二个理由与前一个有关，在养老金指导委员会的模拟中，实现财务平衡的办法是通过价格指数化，既涉及初始养老金水平的确定，又涉及后期的养老金给付，结果使平均养老金相对于工资的水平下降。在该模拟中，人口抚养率大幅提高（只靠平均退休年龄略有提升来缓和）主要依靠养老金对工资比率的大幅下调来抵消。该模拟要求，养老金与工资的比率到2070年下降20%。我们固然希望让退休人员的平均收入相对于在职员工的平均收入略有下降（法国目前的该比率较高），但上述调整方案让人感觉过分机械和极端，更重要的是，这会把年龄较高的退休人员的平均收入压低到接近贫困线，在政治上不可行。

法国年长劳动者的劳动参与率数据令人惊讶。55—64岁人群的劳动参与率仅为56.2%，而欧盟的平均值为66.6%，其中大部分差距来自60—64岁人群。大多数劳动者在达到足额替代率的年龄开始领取养老金，目前为62岁。但也有许多人根据各种提前退休机制选择更早退休，这使得男性和女性的平均退休年龄只有60.8岁。相比之下，经合组织国家的平均退休年龄为男性65.2岁，女性63.7岁。

与通常的感受相比，没有证据表明生产率下降会鼓励提早退休。事实上，关于汽车和保险产业的研究发现，在65岁之前，员工的生产率并不会下降。

① 预测生产率增速非常困难，多个十年之间的生产率增速相关系数仅为0.1—0.3。参见Easterly, W., Kremer, M., Pritchett, L. and L. Summers (1993), "Good policy or good luck? Country growth performance and temporary shocks," NBER Working Paper Series, No. 4474, National Bureau of Economic Research。

平均而言，65 岁时的可自理预期寿命约为 10 年。但慢性病是个问题：60—64 岁人群中 20% 有至少两种慢性疾病，在不同收入或教育群体中差异悬殊。慢性病对劳动参与率有重大影响：对 50—64 岁人群，身患一种慢性疾病会使脱离就业的概率增至 3 倍，退休的概率增至 2 倍，失业的概率增至 1. 5 倍。

这些差异通常也会延伸至预期寿命上。预期寿命随着性别、教育、当前收入水平、财富、健康行为和遗传因素而不同。例如，我们报告中的一个惊人统计数据是不同收入水平的预期寿命差异，收入未必有因果效应，但大体上可以作为某些基本因素（如职业类型）的可观测的代理变量。在 62 岁时，收入水平最低的十分之一群体的预期余命为 19. 5 年，而最高的十分之一群体为 26 年。或者说，如果两位员工都在这个年龄退休，其中一位会比另一位少活 6. 5 年。不同收入水平的女性的预期余命差异略小一些，但依然显著，最高与最低十分之一群体之间的差距达到 5 年。

## 2. 整体性的解决方法

从养老金改革入手。任何养老金制度的具体设计都是复杂的，读者可以参阅后续章节了解更详细的内容、不同选择方案的介绍，以及对法国政府 2020 年 1 月颁布的法律所做的更多讨论。以下简单介绍我们建议的主要选项及其理由。

### 2. 1 结合人口结构调整，从物价指数挂钩转向工资指数挂钩

任何养老金制度都必须经受各种冲击：包括短期冲击（如金融危机、疫情危机及婴儿潮终结的后续影响）和持续冲击（预期寿命延长、人工智能和机器人的进步及其对劳动力市场的影响）。任何养老金制度都不可能在几十年里自动经受住各种冲击；然而反复的改革也不是理想的出路。我们需要某些自动调节机制，让养老金制度有一定的可持续性。

另一个要点是，必须有人承担宏观经济风险与人口风险，或者让退休人员调整养老金收入，或者让在职员工增加缴费或延长工作年限，或者双管齐下，没有逃避的可能。①

尤其是，针对预期寿命延长，有三种调整办法：增加缴费、降低养老金、

① 还有一种可能是，养老金制度发生赤字，并由一般公共财政承担，最终转移给当前或未来的纳税人。债务融资的范围与低利率有关。我们在本章假设养老金制度依然维持平衡，政府预算的其他部分采用债务融资。

提高退休年龄。我们知道，在现行法律之下预计将采取的做法主要是削减养老金相对于平均工资的水平，通过物价指数挂钩，借助工资通胀率与物价通胀率之间的差距（主要取决于劳动生产率的水平），自动地逐渐降低养老金替代率。

对此有更好的做法。我们同意，目前已经很高的社保缴费率不能再提高，调整必须主要放在替代率和退休年龄上。但我们认为，养老金与物价指数挂钩不是一个很好的工具，它有助于减缓养老金的增长速度，却也有三个缺陷：

- 首先，我们已经提到，由于工资通胀率很可能高于物价通胀率（反映着生产率的逐步提高），这意味着养老金相对于工资会持续减少，到某个阶段将不再能被社会接受。
- 其次，这使社会保障资金平衡过分依赖未来的高度不确定的生产率增长，会导致一个奇怪的福利效应：生产率增长速度越快，随着养老金与缴费比率的下降，退休人员承担的调整负担越重。
- 再次，这使得福利水平对个人收入的变化轨迹高度敏感。相比于和工资指数挂钩，与物价指数挂钩对早期收入（相对于晚期收入）更加不利。这种安排的合理性没有根据。

因此，我们主张对缴费和养老金都重新引入与工资指数挂钩的做法，并根据人口抚养率，通过更为透明、更易预测和更加公平的调整来实现财务平衡。

为描述我们对养老金制度设计提出的建议，首先我们从劳动者个人的角度介绍，然后回到整体制度的平衡问题。

### 2.2 积分体系的建议

透明度很重要，我们建议采取一种简单直接的积分体系（后续再介绍针对特殊情形的重要调整）：

- 在职业生涯中，劳动者根据其工资比例得到积分，例如，若劳动者当前的工资与平均工资水平相当，则得到 100 个积分，如果为平均工资的两倍，则得到 200 个积分，等等。在某些条件下，他们在没有工作时也会得到积分（正如在目前的制度下，对怀孕或其他医疗状况以及失业状况的处理）。参考平均工资的相对水平决定积分分值，可以确保早期的收入同后期的收入有相同价值，例如，在今天得到平均水平的工资与在 10 年后得到平均水平的工资，会产生相同的养老金权利。
- 积分在个人账户中积累，跨越整个职业生涯，直至开始领取养老金。

- 在开始领取时，积累的积分将换算为初始养老金数额，与当年的平均养老金数额成比例（下文将指出，低收入者此时可能获得额外的“奖励积分”）。一个积分对应每年获取一定数额欧元（分值）的权利。这个分值会在每年根据工资通胀率和人口变化，对所有退休人员做相同的调整，下文将详细介绍。也就是说，如果某位退休者的积分为当年全体退休人员平均积分的1.2倍，则他的养老金将是平均水平的1.2倍。同时在每一年，所有退休人员的积分将具有相同的分值，无论他们是62岁还是83岁。
- 允许延迟领取养老金，用工作收入补充养老金收入：健康状况良好并有意愿的人可以继续工作，为社会做出贡献。这里可以有两种公平的安排：一是继续工作并不导致更多缴费或更高养老金，二是继续工作导致更多缴费和更高养老金。

### 2.3 保持个人选择的灵活性

为保持个人选择的灵活性，第3章认为与其设定一个退休年龄，不如设定一个退休时段窗口，有最早的养老金领取年龄，或许还可以有最晚的领取年龄。

- 最早退休年龄或最早合格领取年龄，是指劳动者可以领取养老金的最早日期，这对所有劳动者应该是统一标准。
- 在最早领取年龄后继续工作、延迟领取的劳动者，将在额外的工作年限里继续获得积分，并以大致精算中性的方式调整其分值，以反映他们节省的养老基金以及退休后的预期余命缩减。“大致精算中性”是指延迟领取养老金，仍使养老金制度保持财务平衡。

对于是否应该设定最晚养老金领取年龄，第3章没有明确表态。如果雇主和雇员都同意继续保持工作关系，似乎没有理由强制实施这个年龄。但这或许要求对劳动保护法律与超出最早领取年龄后的雇佣合同做相应调整。

### 2.4 承认个体差异

公平的养老金制度必须承认劳动者在许多方面存在个体差异。某些人的职业履历较为曲折，某些人的工作比较艰苦。某些人的收入较低、积分较少，因此可能面临老来贫困。某些人的余命较短。问题在于，如何以透明且公平的方式处理这些差异，并避免投机取巧。

比较容易处理的是较复杂的职业履历和较低的终生收入水平（在我们的

制度建议里对应较低的积分)。与现行制度一样，新制度可以考虑给失业期或孕产期提供额外积分。由于社会希望养老金制度具有累进性质，终生收入较低的劳动者通常可以获得额外积分。

现行制度有“最低缴费”规定，但这一最低养老金不应混同于所谓的“老年人团结补助金”，后者是根据家庭层面的总体收入水平调查来发放的社会福利。第 3 章建议基本上沿用最低缴费规定，但略做改进，使劳动者在积分较低时有继续积累的激励。在现行制度下，最底层的两个十分位的劳动者都会得到最低养老金，使法国的老年贫困率降至全球最低行列。但在这个门槛下，养老金与收入水平无关，导致了一个不可取的扭曲。第 3 章认为，一个更好的办法（或至少是补充办法）是给收入分配最底层的四个十分位群体提供额外积分，使得低收入者的养老金也可以随积分积累而增加。这也是某些国家的实际做法。

剩下的是余命差异的问题。这些差异有很多原因，收入、性别、教育、遗传、健康习惯等。我们已经提到，某些差异非常惊人：收入最高的十分之一群体的男性劳动者在 62 岁时的余命，比收入最低的十分之一群体高出约 6.5 年。某些相关性容易观察，如收入或性别，其他一些则不然。某些因素是给定的，如遗传，其他一些则取决于行为，如吸烟的影响。问题是如何最好地把这些因素考虑进来，而本委员会对此没有达成一致意见。

除了之前的内容，第 3 章的作者没有给出更多的调整建议。他们指出，鉴于可观测和不可观测的影响因素众多，没有办法做公平的调整。另外针对收入与预期寿命的关联，给低收入劳动者、职业履历较曲折的劳动者赋予额外积分已经提供了帮助，让收入较低、预期寿命较低的人可以较早领取养老金。他们还指出，低收入劳动者通常较早开始工作，因此相比在完成更高教育后才从事工作、有更高收入的人来说，低收入者在达到最低领取年龄时有更多积分和更高工资替代率。最后，他们坚持对所有人适用相同的最低领取年龄，理由是这发挥着社会规范的关键作用，而采取不同的年龄规定会破坏社会规范，对法国这样的国家显然会带来影响，例如之前已提到，许多人退出劳动力市场的年龄低于最低养老金领取年龄。

本委员会的部分成员主张更进一步。虽然收入不是预期寿命的唯一因素，或许最多可以作为其他因素的替代，但关联性足够强，以至于可以在上述规定外给予低收入劳动者更多额外积分，使他们能在最低领取年龄有更高替代率。

这些成员认为，即便以替代率降低作为代价，部分劳动者或许仍想在最低领取年龄之前退休和领取养老金。对此，可以把最低领取年龄同收入水平直接挂钩，例如让最底层的四个十分位群体有更早退休年龄，采用精算中性的贴现率领取；或者保留目前的最低领取年龄（或许可以另外用个说法），但允许低收入者以更大的贴现率更早领取。他们还设想，如果平均实际退休年龄必须逐步提高，且高收入者的预期寿命延长更加突出，则可以对最低领取年龄做出有选择的调整，以更加灵活地应对预期寿命的变化，例如提高高收入者的最低领取年龄，但对低收入者维持不变。这样做不仅更公平，而且在政治上更容易提高平均退休年龄。这一议题必须设法解决，但本委员会对此没有得出结论。

### 2.5 较艰苦的工作类型

如何考虑比较艰苦的工作条件，是更棘手的议题。艰苦是事实，但要对此进行评估和测算，则比失业期等要困难得多，而且涉及滥用风险。一个关键认识在于，每个产业的社会参与者对工作条件掌握着分散化的知识，所以很自然地，可以让他们对特定职业的“艰苦性质”如何认定达成协定。为避免每个产业试图在养老金制度中为自己不当谋利的风险，本委员会建议，由每个产业完全承担其决定给养老金制度带来的额外成本。

例如，假设一位劳动者正常在 62 岁退休，但他所在的产业可以决定，由于艰苦的工作条件，允许他在 55 岁退休，并为其支付 55—62 岁的福利和社会保障缴费；于是这位劳动者可以在 62 岁时转入一般养老金制度。这一建议的细节还需要深入阐述，提前退休必须通过足额的储备基金来保障，以防止企业债务拖欠或产业规模缩减让少数企业承担难以为继的过高负担，最终把责任转嫁给一般养老金制度。类似的是，通常也应该允许企业选择退出产业协定。

总体上，让企业和产业承担它们给社会带来的额外成本是恰当的公共管理办法。第 3 章将指出，应重视荷兰增强雇主激励的经验：让雇主更多承担工伤保险成本，会大幅降低伤残数量，同时增加年长员工的就业人数。

### 2.6 积分价值的决定

下面转向财务平衡的内容，需要重申的第一点是，没有办法让国民逃避永久性的宏观经济和人口结构冲击，不过，对短期冲击（如新冠疫情）可以采取稳定化措施。

从某些层面来说，养老金制度的平衡只是会计问题。给定缴费率，从期初平衡的系统开始，要继续保持平衡，只需让平均养老金给付水平的增幅等于平均工资增长率与制度内的抚养率（退休人员同在职人员之比）变化的差额。①

制度内的抚养率取决于平均实际退休年龄。第 3 章指出，退休年龄窗口应该随着预期寿命提高而调整，但问题是幅度多大？一个有效的参考标杆是采用如下规则：预期寿命的延长中有三分之二归属工作期限延长，三分之一归属退休期限延长。这个规则的理由是，如果人口变化只是源于寿命延长，则保持平均职业生涯期限与平均退休期限的比率不变，将维持养老金的平衡。由于目前的职业期限约为 43 年，退休期限约为 21 年，大致为 2∶1，那么对应预期寿命每增加 3 年，也应该按 2∶1 划分，把退休年龄窗口期推后 2 年，把退休期限的长度增加 1 年。② 如果采用此规则，养老金制度的抚养率将基本保持稳定，替代率也可以基本不变。所有退休人员的积分分值则可以随平均工资通胀率而提高。

但一般来说，人们或许愿意接受既提高退休年龄又适当下调替代率的调整办法。因此第 3 章建议采用更灵活的规则，以反映社会偏好，并探讨了该规则可能采取的具体形式。

## 2.7 储备基金和独立委员会

无论选择哪种规则，在面临短期冲击时（宏观经济波动，或者婴儿潮世代退休带来的人数异常激增），允许暂时偏离规则是需要的。对此的一种自然解决方案是创立和管理一笔储备基金。该基金可以在困难年份被临时支取，但并不是永久性地用于部分补充养老金制度，这点不同于过去的某些建议。为避免因为政治上的权宜之计窃夺这笔基金的诱惑，其管理应该委托给独立机构，该机构的使命可以包括对人口结构和其他宏观经济变化的监督，对退休年龄窗口的调整等（见下文）。当然，赋予该独立机构的裁量权也伴随着控制措施。

---

① 在退休时，积分将换算为某个日期 $t$ 的养老金数额。日期 $t$ 的总预算平衡等式为 $c_t w_t a_t = b_t r_t$，其中，$c_t$ 是缴费率（为简化起见，对所有人取相同值，或者理解为加权平均缴费率），$w_t$ 为平均工资，$a_t$ 为在职人员的数量，$b_t$ 为平均养老金水平，$r_t$ 为退休人员的数量。这个等式意味着，如果维持缴费率不变，$c_t = c$，则平均养老金水平的增速应等于：$\frac{b_t}{b_t} = \frac{w_t}{w_t} - (\frac{r_t}{r_t} - \frac{a_t}{a_t})$，即平均工资的增速减去抚养率的增速。

② 如果采用这一规则调整最低养老金领取年龄，有效领取年龄或许不会发生同等幅度的改变。例如，有人可能依然选择在原定的年龄退休。如果像我们建议的那样，用精算中性的办法调整领取年龄，则积分减少意味着，在实施新的最低领取年龄之后，劳动者对退休时间的决策与最低领取年龄提高导致的养老金总收入减少无关。

如果储备基金可能缩水到某个临界水平之下，将发出基金结构失衡的信号，从而要求该机构重组基金，包括调整替代率和退休年龄窗口，恢复制度的可持续性。这里的一个重要议题是（会在第3章中反复出现），如何让该理事会既保持政治独立，又能反映社会偏好与国民意见。

### 2.8 对转型的安排

我们的报告赞成德勒瓦（Delevoye）的建议，从38个现行养老金制度到一个制度的转型应该逐步完成，但或许应快于现有劳动者完全成为祖辈（还需要一代人时间）的速度。我们相信15年的过渡期是合理的。我们也赞同，不应该改变目前已退休人员和即将退休人员的境遇。但本委员会承认，公共部门和私人部门或许必须采取不同的转型方式，至于如何在这两大部门设计具体的转型方式，委员会还无力深入讨论。

## 3. 相应的劳动力市场政策

与养老金制度的退休规则同样重要的是，年长劳动者可从事的工作的性质，这与第2章关于不平等议题对"优质岗位"的讨论形成呼应。

研究证据表明，促使劳动者继续就业的不仅是收入，还有与职场保持联系并获得生活的目标感。同时，年长劳动者通常希望在休闲与工作之间拥有更大的灵活性。这意味着应着重改善年长劳动者的兼职就业安排，这显然需要多方面的努力：

一方面的改进是，在养老金改革中，让延长工作年限的调整保持精算中性，现阶段的情形并非如此，我们之前也提到，应该予以纠正，从而增强延长工作年限的吸引力。

另一个方面是关注劳动者在整个职业生涯中的培训，同样与第2章关于不平等议题的讨论有关。有关证据表明，年长劳动者的技能水平显著低于年轻人，但这似乎不是源于年龄本身，而是接受教育的久远程度和是否有知识更新。根据2011年的调查，仅有51%的法国员工在正式教育结束后接受更多教育，而瑞典的比例达到72%。

还需要改善的一个方面是慢性病。或许最重要的是改变对待职场中慢性病患者的态度，目标是让面临障碍的劳动者继续工作，而非急于退出。其实对若干慢性病而言，停止工作会让病情更趋严重。国际经验反映的先进做法是，改进年长劳动者的健康能力需要把三类政策和干预措施结合起来。

- 第一种是以职场为基础的卫生与健康干预，以改善年长劳动者的健康状况和工作能力。
- 第二种是雇主的协调安排，以帮助有健康问题的年长劳动者继续工作。
- 第三种是调整工伤保险制度的特性，以确保面临功能问题的年长劳动者不会离开劳动力队伍。

瑞典的经验显示，这些改革可以带来显著效果。不仅如此，甚至社会规范与态度也可能因之改变。

等到劳动者年事已高时再重视慢性病就为时已晚了，慢性病开始的时间更早。通常的建议是改进预防措施，而现行制度过分关注治疗。本报告详细介绍了外国的经验，以及对医疗制度的若干潜在技术性改革，从更广泛采用按治疗效果付费和按组合治疗付费而非按治疗行动付费，到有充分保险的预防治疗的预定组合等。在新冠疫情危机中凸显了作用的远程医疗也可以发挥助力，为许多慢性病提供更好的服务，例如精神类疾病或抑郁症等，并可以显著减轻医疗荒漠的问题。

### 4. 移民和劳动参与

从性质和规模来说，移民都给法国提出了许多经济、社会和政治问题，其中大多数超出了本委员会的专业范围。我们决定聚焦于移民的劳动参与问题，这本身显然有其内在意义，同时也与养老金制度的财务平衡相关。

法国的移民就业率为58.5%，而本土出生的劳动者为66.4%，两者的失业率则分别为14.6%和8.3%。在这两个指标上，法国与德国大体相当，比瑞典更好。

部分差异源于初期的适应性，在移民至法国的前5年，就业率仅为41%，此后便提升至60%。与通常情形一样，平均数掩盖了性别和来源地方面的巨大差异。例如非欧洲裔女性移民在抵达法国的6—10年之后，劳动参与率仍比本土女性低15%。有意思的是，这个差距在第二代移民（即初代移民的子女）身上大幅缩小，但对于第二代的非欧洲裔女性来说，劳动参与率依旧更低。

这种情形反映了若干因素的影响：

- 对第一代移民而言，语言技能起着关键作用，还有社会资本的欠缺。一个有趣的发现是，语言课程会提高劳动参与率，但主要不是通过获取语言技能本身，而源于能更好地掌握劳动力市场的信息。
- 移民面临不利的劳动力市场。尽管真实的资质水平不易评估，但有研究发现，55%的北非移民对他们现有的工作来说资质过剩，这个数字对全体移民是39%，本土居民是20%。

- 歧视有重大影响。研究表明，姓名带有族裔特征的申请者获得职位反馈的机会少于他人。文化因素也有影响。仅有25%的土耳其裔女性获得雇佣岗位，而没有就业的女性中有很大部分在劳动力市场并不活跃。
- 就第二代和第三代移民而言，学校分隔制度有重大影响，加剧了低教育程度的跨代延续。移民家庭的学生在弱势学校的比例较高，移民家庭的学生在阅读能力较低的群体中占比也较高。

考虑到上述因素，显然没有单一的解决妙方，但有三个方向可以探索。

- **把鼓励承认现有证书和鼓励获取新技能的政策更好地统一起来**

对外国学历不予承认或只是部分承认，有时是源于移民的信息不畅问题。这可以得到改善。增加语言课时（目前已增至400小时）将是一个重要的出发点，因为语言技能对劳动参与率有强烈效应。提供更聚焦特定职业的语言训练，让有子女的女性参与此类课程，在德国做得非常成功。

在这方面，第3章做了有意思的测算。让法国的整体劳动参与率赶上欧洲的平均水平，单看数字的话，需要把55—64岁人群的劳动参与率提高10个百分点。考虑到因为增加语言培训而受益的移民比例，以及语言培训对劳动参与率的预计效应（当然对此预测需要保持怀疑），仅靠语言培训就能弥补60%的缺口。简而言之，这会带来非常显著的效应。

- **阻止低教育水平的跨代延续**

很多研究表明，学校分隔制度比居住分隔制度还要糟糕得多。过去的许多项目都认识到了这点，并试图解决，最近的一个项目是优先教育网络（réseaux d'éducation prioritaire，REP）。我们相信还可以采取更多措施，特别是提供激励，在公立和私立学校中把强势家庭与弱势家庭背景的子女更多混合起来。移民家庭的子女将从中获得更大的好处。

- **发现和减少歧视现象**

因为没有积极收集雇员的移民背景的数据，所以我们缺乏信息分析移民身份对劳动力结果的影响。不过，有若干办法改善这方面的认识，同时无须破坏匿名要求、增加信息报告的难度。

（余江　译）

## 附录　马克龙报告的专家委员会名单

**委员会主席**

奥利维尔·布兰查德（Olivier Blanchard），麻省理工学院经济学荣休教授，彼得森国际经济研究所高级研究员。

让·梯若尔（Jean Tirole），让-雅克·拉丰基金会名誉理事长，图卢兹经济学院和图卢兹高等研究院（ISAT）名誉院长。

**报告的主要作者**

*第1章　气候变化*

克里斯蒂安·戈利耶（Christian Gollier），图卢兹经济学院教授、执行理事。

马尔·勒光（Mar Reguant），美国西北大学经济学副教授。

*第2章　经济上的不平等与不安全*

丹尼·罗德里克（Dani Rodrik），哈佛大学肯尼迪学院国际和政治经济学教授。

斯蒂芬妮·斯坦切瓦（Stefanie Stantcheva），哈佛大学经济学教授。

*第3章　人口变化：老龄化、健康与移民问题*

阿克谢尔·博世-祖潘（Axel Börsch-Supan），德克斯·普朗克社会法律和社会政策研究所主任，慕尼黑理工大学经济学教授。

克劳迪娅·迪尔（Claudia Diehl），康斯坦茨大学社会学教授。

卡洛尔·普罗佩尔（Carol Propper），伦敦帝国理工学院商学院经济学教授。

**成员**

菲利普·阿吉翁（Philippe Aghion），法兰西学院院士，欧洲工商管理学院（INSEAD）和伦敦经济学院教授。

理查德·布伦代尔（Richard Blundell），伦敦大学学院大卫·李嘉图政治经济学讲席教授、经济学教授。

劳伦斯·布恩（Laurence Boone），OECD首席经济学家，G20财务主管（Finance Deputy）和经济学研究部负责人。

瓦伦缇娜·波塞蒂（Valentina Bosetti），Terna SpA主席，博科尼大学经济学教授。

丹尼尔·科恩（Daniel Cohen），巴黎高等师范学院经济系主任。

彼得·戴蒙德（Peter Diamond），麻省理工学院经济学教授。

伊曼纽尔·法希（Emmanuel Farhi），哈佛大学经济学教授。

尼古拉·富克斯-舒德尔恩（Nicola Fuchs-Schündeln），歌德大学宏观经济学和发展经济学教授。

迈克尔·格林斯通（Michael Greenstone），芝加哥大学米尔顿·弗里德曼杰出经济学讲席教授，贝克尔-弗里德曼研究所所长，能源政策研究所所长。

希拉里·霍因斯（Hilary Hoynes），伯克利加州大学经济学和公共政策教授，哈斯商学院经济差异（Economic Disparities）领域的杰出讲席教授。

保罗·克鲁格曼（Paul Krugman），纽约城市大学杰出经济学教授。

托马斯·菲利蓬（Thomas Philippon），纽约大学斯特恩商学院金融学教授。

让·皮萨尼-费里（Jean Pisani-Ferry），欧洲大学学院（European University Institute）Tommaso Padoa-Schioppa 讲席教授。

亚当·珀森（Adam Posen），彼得森国际经济研究所所长。

尼古拉斯·斯特恩（Nicholas Stern），伦敦经济学院 IG Patel 经济学和政府讲席教授、格兰瑟姆气候变化研究所主席、印度观察中心（India Observatory）主任。

劳伦斯·萨默斯（Lawrence Summers），哈佛大学校级 Charles W. Eliot 讲席教授，哈佛大学荣休校长。

劳拉·泰森（Laura Tyson），伯克利加州大学哈斯商学院经济学和公共政策教授。

# 法和经济学

Law and Economics

Comparative

# 新科技与规模报酬递增
## 反垄断世纪的终结？

考希克·巴苏

## 1. 引言

随着最新的技术革命，强大的买方垄断力量使公司可以将工资降至竞争性水平之下，与产品市场和劳动力市场相关的一些传统法律和法规更加难以适用。反垄断法尤其如此。通过数字连接，生产链跨越多国并展现出前所未有的规模经济，机械地应用反垄断法可能敲响一国竞争力和制造业的丧钟。但是，在没有配套法规的情况下，不使用这些法律，消费者和工人又容易受到剥削。

本文试图阐明这一困境。该问题可以追溯到 18 世纪早期的奥古斯丁·古诺和同世纪晚期的约瑟夫·伯特兰的想法，以及从 19 世纪后期开始的美国反垄断革命，以评估我们目前的困境。在过去两三年里，我在几个地方零散地评论过这个问题。本文基于这些评论①，讨论了如何根据这些新技术的发展重建理论，并推断我们如何在监管方面做出回应。本文的描述性部分确实是推断性的，同时我也充分意识到这些只是初步想法，在决策者使用它们之前必须进一步提炼。

---

* Kaushik Basu，康奈尔大学 Carl Marks 国际研究讲席教授，主要研究领域为经济发展、经济学理论、产业组织、政治经济学。原文“New Technology and Increasing Returns: The End of the Antitrust Century?”，收录在 Kaushik Basu and Robert C. Hockett 主编的 *Law, Economics, and Conflict* 一书中。

① 我尤其大量引用了自己的文章（Basu，2018）。

## 2. 技术变革与监管挑战

在传统经济学中，“看不见的手”被视为一种意识形态武器。亚当·斯密发现，我们在社会中看到的秩序并不一定意味着存在上帝或统治者，他命令我们将食物送到餐桌上，将衣服摆在商店里供我们选择，这些事情大多都可以通过“看不见的手”悄然运作，而这只手自然地产生于我们追求个人利益的冲动。斯密的这一发现不仅激发了最优秀的一般均衡分析和经济学理论研究，也在意识形态领域引发了大量极具误导性的争论。一部分学者采用斯密的理论，指出人们总是可以将决定留给市场，无须政府干预；另一部分学者认为该理论是错误的，指出人们总是需要政府的指导和监管。

实际上，正如现代经济理论充分阐明的那样，这一切完全取决于我们所要讨论的经济领域。在某些领域，将决定主要留给最大化利润或效用的个人动机可能没问题。而在其他领域，则可能需要政府机构执行法律和法规，以实现秩序和最优化。某个村庄的食品市场显然属于第一类，而公共品和公地的使用则属于第二类。

然而，很少有人意识到，在没有法律威慑的情况下，曾经运行良好的市场可能会由于基础技术更替而不再能良好运行。或者，更一般地说，随着技术改变了我们参与的生活博弈的策略特征，曾经行之有效的监管可能不再有效。在我与乔根·威布尔正在进行的一个研究项目（Basu and Weibull，2019）中，我们试图描述缓慢漂移这一概念的特征，它在扩大人类生产可能性边界的同时，改变了人类互动的策略结构，因此，如果没有监管，这样的经济可能会崩溃到被称为“恐龙危机”的灾难性局面。

人类社会在历史进程中曾多次与这样的转折斗争。250 万年前我们的祖先学会制作省力工具，或者大约 30 万年前他们学会了“火的驯化”，都标志着历史上的危险转折点，因为对某些种类的劳动力的需求突然下降（Harali，2011）。在那些时代，还没有国家或法律，但是有规范和非正式行为规则，它们必须做出改变以使这些技术突破转化为有利条件和更高的生活水平。否则，这些变化可能成为毁灭性力量。在大约从 18 世纪中叶持续到 19 世纪中叶的工业革命期间，发生的故事也非常相似。取代劳动力的新技术和新机器的出现引发了贫困和动荡。但是，由于新的法律和法规，例如英国旨在保护工人的各种工厂法案，以及 1842 年出现的持续征收所得税的新想法，使工业革命变成了带来更高增长的福音，并最终带来了更高的生活水平。工业革命时期恰逢经济学取得重大突破的时期，从1776年亚当·斯密的《国富论》到19世纪后期斯坦利·杰文斯（1871）和里昂·瓦尔拉斯（1874）领导的边际主义革命，并非巧合。

可以说，我们今天正处于类似的关头，新的数字技术颠覆了市场，导致对劳动力的相对需求下降①，并引发政治上的强烈反应和民粹主义抬头（Rodrik，2017）。15世纪后期，航海技术改变了世界经济和政治格局，带来了新的贸易形式和繁荣，但也开启了殖民主义时代。从这个角度而言，今天是一个充满新机遇以及新挑战的时代。现在是时候重新思考经济学的基础以及市场监管的模式和性质了。本文重点关注在先进数字技术和劳动节约型发明的背景下，与反垄断法及其实施有关的监管挑战。因此，本文是对一个大研究议程的小小贡献。

## 3. 反垄断世纪

即使在反垄断法的黄金时期，对于提高市场效率和促进公平，反垄断法也是有争议的政策工具。这方面的开创性工作始于美国1890年颁布的《谢尔曼反托拉斯法案》（以下简称《谢尔曼法案》）。在此之前，虽然由古诺（1838）开创的寡头和垄断理论被赋予数学结构已有几十年，但仍然不是经济学常规话语体系的一部分。反垄断法进程更多地源于旨在保护不幸的消费者的政治激进主义，而不是源于对市场的任何形式化阐述。如上所述，不幸的工人的类似担忧也有其理由。买方垄断是卖方垄断的对应物，因此从企业那里购买产品和服务的消费者经常遭受的剥削可以并且确实发生在为企业提供劳动力的工人身上。②

反垄断法的主要动机是提高效率还是促进公平，这一点从未明确。很久以后，在1936年颁布《罗宾逊－帕特曼法案》时，人们才认识到，最具剥削性的垄断，即对消费者实行完全价格歧视的垄断，可能与完全竞争市场一样有效

① 参见Autor、Katz and Krueger（1998），Karabarbounis and Neiman（2014），Basu（2016）。

② 尽管对工人的剥削一直是经济学家长期关注的主题，但令人振奋的是，在反垄断法的背景下，新的法学文献承认了这一点（参见Krueger and Ashenfelter，2017；Naidu、Posner and Weyl，2018；Marinescu and Hovenkamp，2018；Marinescu and Sunstein，2019）。Sunstein（2018）将此称为“城里的新芝加哥学派”。

率（Basu，1993）。当然，这一点同样适用于歧视工人的剥削性买方垄断。同样，正如企业可以合谋提高用工价格，它们也可以合谋降低所雇工人的工资。2010 年，美国司法部对硅谷的苹果、谷歌以及其他科技公司提起诉讼，指控它们相互合谋不挖对方的工人，人为压低工资，违反了《谢尔曼法案》第 1 条（Marinsecu and Posner，2019）。

在本文的分析部分，我将处理垄断和寡头，但同样的论点也适用于买方垄断、买方寡头和对劳动力的剥削。为了理解上述评论，请考虑图 1 所示的标准需求曲线。假设生产的边际成本恒定为 $k$。那么，众所周知，竞争均衡在 $C$ 点上。生产的数量为 $Q_c$，收取的价格将等于生产的边际成本 $k$。

另一方面，如果市场完全由标准垄断者提供供给，则价格会更高，在 $P_M$，销售量将是 $Q_M$，如图 1 所示。由于竞争均衡是有效的，标准垄断提供的供给少于完全竞争行业，显然导致产量过低。正是在这个意义上，垄断被认为是无效率的。

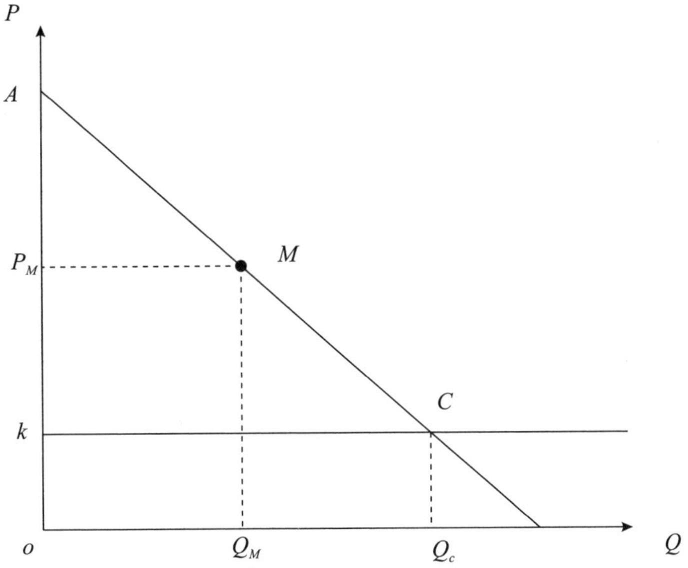


**图 1**

现在假设某个市场由一家企业，即垄断者提供供给，因此均衡处于 $M$ 点上。显而易见，这是一个无效率的均衡。然而，有趣的是，有两种方法可以获得有效率的结果。第一个方法是让许多公司进入该行业，正如反垄断法和竞争法通常尝试的那样。但是，还有另一种方法可以获得有效率的结果，也就是通过完美地区别消费者，使垄断者能够变得或者鼓励它变得更具剥削性，只是这种方法不太受人欢迎。实际上，这意味着对销售的每一单位商品，垄断者都收取消费者愿意支付的最高价格。换言之，消费者剩余转化为垄断者的利润。在这种情况下，垄断者能够收取需求曲线下方的整个区域作为收入。这样的垄断者将出售 $Q_c$ 单位并收取 $OACQ_c$ 的总收入。由于生产成本为 $OkCQ_c$，垄断者的利润为 $kAC$，消费者剩余为0。

简言之，不论是消费者能很好地受益的完全竞争，还是消费者遭受完全价格歧视因而其剩余被全部剥夺的垄断，都是有效率的结果。如果我们的唯一目标是效率（这正是许多传统经济学家的目标），那么我们应该同等对待这两种结果。这是20世纪60年代出现的“新古典”法与经济学界定的传统反垄断法存在的一个重大问题（Basu，2018a）。因此，如果我们的主要目标是实现效率，那么应该推动垄断者变得更具竞争力或剥削性，利用价格歧视从购买相关商品或服务的人那里榨取所有消费者剩余。如上所述，这些评论同样适用于劳动力市场和雇主企业的买方垄断力量。

如果考虑极端情况，例如包身工或奴隶制，上述观点在道德上显然不可接受。作为一种劳动制度，奴隶制很可能是“有效率的”。通过将一群奴隶推到绝境，奴隶主将自己的收益最大化。其结果是帕累托最优的。在这个罪恶的体系中，不可能在不让任何人变得更糟的情况下，让其他人变得更好。

自20世纪60年代以来，在法和经济学领域有影响力的经济学家越来越强调，反垄断法的主要目的是提高效率，完全没有意识到（或不关心）极端剥削也可以提高效率的事实。幸运的是，经济学界现在似乎已经摆脱了这种芝加哥学派的范式。① 在本文的后续部分，我将回到这两种可以获得有效率结果的方法。

现在，我们转向另外一个值得关注的问题：我们当代的困境，即机械地运用竞争法会对产业造成严重损害，早就以一种相当有趣的方式出现过。1918年，美国的《韦布－波默林法案》（Webb-Pomerence Act）的有趣历史见证了这一点。

① 这是Stiglitz（2019）近期的一篇文章，他指出这种二分法，并认为我们必须往回走，运用反垄断法遏制不平等，而不是像新古典学派那样，仅仅关注效率。

与现在类似，一战之前和两次世界大战期间的几年是深思和质疑全球化的时期。一战期间，有反对声音表示担心，由于这些旨在保护消费者的反垄断法的约束，美国无法从外国消费者那里获得足够的利润。那是仇外心理盛行的时代，被散播的一些担忧主要源于此。1915 年组建的联邦贸易委员会受托调查情况并提出政策建议。他们偶然找到了一个解决方案，而该解决方案就是对现有反垄断法进行修订。修订结果就是 1918 年的《韦布－波默林法案》。本质上，这部法律允许企业之间合谋并提高价格，前提是它们能够证明其大部分商品是出口的。换言之，它们剥削的是外国消费者，而不是受 1890 年《谢尔曼法案》和 1914 年《克莱顿法案》（Diamond，1944）保护的国内消费者。

我们今天处于类似的关头，不是由于外国竞争，而是新技术兴起引发的规模报酬大幅递增。可以说，技术的稳定变化和近年来的急剧变化，特别是数字技术的兴起，正在加剧不平等，压制工人工资。我们如果不想让这种情况失控，就需要像工业革命期间所做的那样，重新思考我们的监管结构，甚至重新思考经济学的基础。

在接下来的部分中，我认为始于 1890 年的反垄断制度在一个世纪内运行良好，但现在开始出现问题，尤其以美国最严重。今天，我们应当使用现有的反垄断法更加积极地阻止信息技术行业的纵向合并。例如，美国可以从欧洲借鉴一些关于如何做得更好的想法。并且，今天发生在劳动力市场和产品市场的价格歧视分别导致对工人和消费者的剥夺，这些都是不能接受的。这可能需要修订《罗宾逊－帕特曼法案》，扩大其适用范围。然而，即使有这一切努力，数字技术进步和规模报酬递增也很可能导致仅依靠反垄断法越来越难以保护消费者和工人以及实现更大的公平。我们将不得不考虑新的监管形式。自反垄断立法以来，已经有一个多世纪；虽然我们不能由于监管机构没有做得更好而将其取缔，但我们也可能正在走向反垄断世纪的终结。

这随即引发了关于不平等以及如何遏制过度不平等的问题。如上所述，《谢尔曼法案》背后的初衷是为了防止牟取暴利，保护市场上的小企业和消费者。如果现在由于规模报酬递增使这条法律不再与妨碍市场有关，那我们如何在市场上确保公平和公正？为此，我认为，我们需要另外一套与直接行动有关的法律，促进更大程度的公平和各种类型的利润共享。

在深入这些细节之前，我们有必要先说明当前反垄断法的问题。

## 4. 对锯齿型产业的描述

虽然亚当・斯密（1776）和后来的阿林・杨格（1928）意识到规模报酬递增的最终到来及其对市场可能产生的影响，但这些内容直到最近才成为重要问题。随着技术不断发展以及数字连接的出现和进步，我们能够将一个大型项目的一部分运送到遥远的地方，因此，如今的规模经济的量级甚至在几十年前都是无法想象的。数字经济的诸多影响之一便是搜寻成本大幅下降（Goldfarb and Tucker，2017）。比如，即便你是越南小镇上的生产商，远在美国底特律的人也能找到你生产的产品。

这产生了一个重要的结果。如今，在为消费者生产任何稍微复杂的产品时，例如笔记本电脑、汽车、玩具或音乐系统，都可以考虑将其组成部分安排在具有相对优势的不同地方大规模生产，这样一来，每个组成部分都比在同一个地方生产时要便宜得多。我将此称为“纵向锯齿型产业”或简称为“锯齿型产业”（Basu，2018）。下一节将更加正式地定义这一概念。

因此，在我们正在进入的时代，可能仍然有数以千计的企业参与生产相同的产品，但不是因为每家公司都从头到尾生产最终产品（如传统的1838年古诺模型，或1883年伯特兰模型、寡头垄断或竞争模型），而是因为每家企业生产最终产品的一小部分。以汽车产业为例。一个标准的寡头垄断模型有 $n$ 家汽车生产商。在纵向锯齿型产业中，可能仍有 $n$ 家企业参与，但其中一家生产所有的齿轮，一家生产所有的点火装置，一家生产所有的车轮等。更糟糕的是，这些企业可能分散在世界各地。在某个国家拥有廉价劳动力的一家企业可能是主动轮制造商，而在另一个国家拥有高级工程师的另一家企业可能是齿轮制造商，而组装又在别的国家进行。

我们的传统寡头垄断理论始于古诺1838年的名著，其中我们确切地知道如何描述有 $n$ 个生产者的某一产业的均衡。如果 $n$ 为1，则为垄断，如果 $n$ 为2，则为双头垄断。随着 $n$ 增加并趋于无穷大，我们会接近竞争均衡。根据福利经济学第一定理，我们知道该均衡是帕累托有效率的。

但是，应该如何描述锯齿型产业的均衡呢？最好的方法是，首先正式描述锯齿型产业的特征。然后，我打算利用潜藏在古诺和伯特兰模型背后的基本均衡思想，即纳什均衡。

如果描述得足够细致，我们会得到一个令人惊讶的结果。当 $n=1$ 时，即只有一家企业生产汽车（这意味着整辆车都是由一家企业生产的），结果当然是标准的垄断均衡。但当 $n=2$ 时，锯齿型产业的情形截然不同于标准寡头垄断中 $n=2$ 的情形。在标准的寡头垄断中，这意味着双头垄断。而在锯齿型产业模型中，这意味着有一家企业生产所有汽车的前半部分，而另一家企业生产所有汽车的后半部分。假设装配自动进行且无成本，在这种情况下，纳什均衡远没有从垄断转向竞争均衡，而是朝着相反的方向变动，使供给减少，导致消费者的交易变糟，消费者剩余减少，也降低了效率。这开启了一系列有趣的问题和建模选择。

下一节说明了这些可能性。一旦这样做，我们就可以看到运用传统反垄断法保护消费者或提高效率存在的问题，然后再下一节将推断在这个新的数字世界中我们需要什么样的反垄断法。

## 5. 修改古诺模型：锯齿型产业模型①

考虑一家标准的垄断企业生产某种商品，比如生产汽车。随着竞争程度上升，生产汽车的企业数量增加。然而，还有另一种方式可以让许多企业参与进来。如上所述，我们可以让一家企业生产车轮，另一家生产齿轮，再让另一家生产制动器，等等。这就是我所说的（纵向）锯齿型产业。

随着技术进步和规模经济递增，我们自然会加深锯齿化程度。比如，最终产品有 $n$ 个部件，其中的每一个部件都将由一家企业生产，并且部件的定义将更加精细化。② 当汽车的价格为 $P$，并且 $A>0$ 且 $B>0$ 时，汽车的总需求为 $X$。

$$X=A-BP \tag{1}$$

假设有 $n$ 家企业生产汽车的 $n$ 个部件。我将做一些强对称假设，这纯粹是为了便于分析。假设企业 $j$ 以 $c=c(n)$ 的成本生产汽车的某个部件。因此，生产汽车的成本是 $nc(n)$。假设一家企业生产的部件种类越少，它就越擅长于这些组件。即：

$$若\ m>n，则\ nc(n) \geq mc(m) \tag{2}$$

---

① 本节借鉴自我 2018 年的文章。

② 有的文献已经推导出具有相似结果的模型：例如，参见 Amir and Gama（2013）。这都是产业组织理论中策略性互补文献的一部分：参见 Singh and Vives（1984）以及 Vives（1990）。市场可能随着技术变革走向另一个可能的方向。这是更大的进入威慑（Dixit，1980），但此处不展开讨论。

假设企业 $i$ 为其部件选择一个价格 $p_i$，换言之，企业间的竞争是对价格的竞争。每家企业都试图通过对其部件的适当定价，从总利润中获取更大的份额。在标准的古诺寡头垄断中，企业通过占有产品市场的份额进行横向竞争。而此处的竞争是纵向的；因此，我们用的术语是“纵向”锯齿型产业。一辆汽车的最终价格显然是：

$$P = p_1 + p_2 + \cdots + p_n$$

企业 $i$ 的利润函数如下：

$$\pi_i = [A - B(p_1 + p_2 + \cdots + p_n)](p_i - c)$$

其中 $\pi_i$ 表示企业 $i$ 赚取的利润。纵向锯齿型市场的游戏规则是，其中每家企业为其部件选择价格。企业 $i$ 实现利润最大化的一阶条件如下：

$$A - B(p_1 + p_2 + \cdots + p_n) - B(p_i - c) = 0 \tag{3}$$

我们有 $n$ 个如（3）式这样的等式。考虑到模型的对称性，我们解 $n$ 个等式时，显然会得到：

$$p_1 = p_2 = \cdots = p_n = p^*$$

将上述结果代入（3）式，并用 $P^*$ 指代最终产品的价格 $P^* \equiv np^*$，得到：

$$P^* = \frac{n(A + Bc)}{(n+1)B} \tag{4}$$

容易看出，若 n = 1，则

$$P^* = \frac{A}{2B} + \frac{c(1)}{2} \tag{5}$$

其中 $c$（1）是制造汽车的总成本。请注意，（5）式描述了标准垄断均衡，该均衡如图 2 所示，其中线段 $\alpha\beta$ 表示需求曲线，而 $c$（1）是生产每辆汽车的边际成本，并且均衡发生在 $\delta$ 点上。

开始，如果我们从垄断转向标准寡头垄断，并不断增加企业的数量，众所周知，在极限情况下，均衡会达到“竞争均衡”点。但在锯齿型市场中，随着 $n$ 增加，$P$ 会增加。均衡向等于 $A/B$ 的价格移动。这由图中标记为 $\alpha$ 的点表示。本质上，随着纵向竞争的增加，均衡向远离垄断均衡的方向移动。换言之，消费者福利下降。

为了正式观察此过程，请记住 $c$ 是 $n$ 的函数。因此，（4）式可以等价改写成：

$$P^* = \frac{nA}{(n+1)B} + \frac{Bc(n)n}{(n+1)B} \tag{6}$$

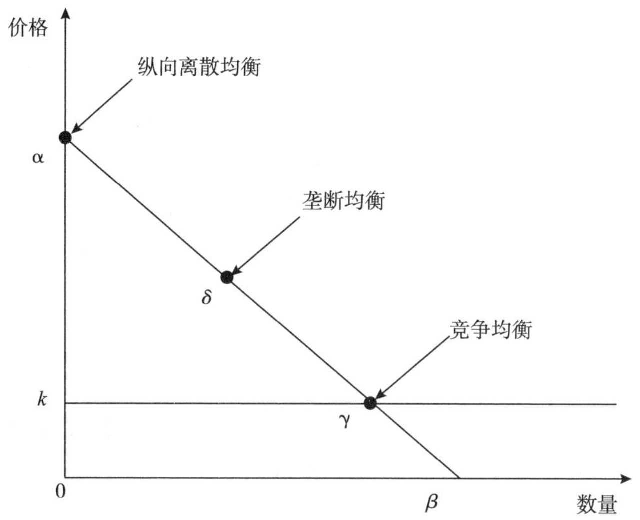


**图 2**

由（2）式可知，当 $n \to \infty$ 时，$nc(n) \to 0$。因此，当 $n \to \infty$ 时，$p^* \to \frac{A}{B}$。

对消费者来说，这会带来一个问题。随着技术进步，市场将呈现更具排他性的趋势，价格上涨，消费下降。该情况也许不会发生的一个原因是，在 $n$ 个生产者中，很可能并非所有人都会如上述那样参与博弈，选择某个价格，然后不再行动。毫无疑问，有的生产者将成为标准垄断者，它既影响产量又影响价格。

如果我们假设，上述产业中的第 $n$ 家企业是一家零售商，将所有部件组装在一起，并直接销售给消费者，则很容易证明均衡将处于标准垄断均衡，即在 $\delta$ 点，也就是需求曲线与纵轴和成本曲线相交形成的线段的中点。为了对此正式建模，我们需要引入第 $n$ 家企业的产能，以便对该企业组装的每一辆汽车，除了纯粹的价格选择外，还可以运用博弈策略。

现代技术和消费者信息的可得性使企业可以实施以前不可行的价格歧视。有一些生产者迟早会掌握价格歧视的技巧。一旦发生这种情况，即使 $n$ 不断增加，生产的汽车数量也与竞争均衡中的汽车数量相同，但一个值得注意的新现象是，每个消费者都将支付他愿意支付的最高价格。换言之，（纯粹为了分析上的简便，假设最终产品的收入效应为零）一个或多个生产者将把需求曲线下方和直线 $k$ 上方的整个三角形作为其利润。消费者将有许多汽车可以选择，但他们会付出愿意支付的每一分钱。

假设汽车行业的第 $n$ 家企业，比如最终零售商，能够实施价格歧视，则很容易给出正式的证明。因此，当其他企业选择各自的价格时，企业 $n$ 选择函数 $\varphi(q)$，表明该企业将对其销售的第 $q$ 辆汽车收取 $\varphi(q)$ 的价格。在该模型中，最终会形成竞争均衡，在图 2 中标记为 $\gamma$，第 $q$ 个消费者被收取 $p_1+p_2+\cdots+p_{n-1}+\varphi(q)$。因此，零售企业拿走了全部的消费者剩余。第 $n$ 家企业将选择：

$$\varphi(q)=\frac{A}{B}-\frac{q}{B}-nc(n)$$

简言之，我们已经进入了一个世界，其中作为小参与者的消费者和劳动者发现，要么是伴随着价格不断上涨的市场收缩，要么是榨取全部消费者剩余的变本加厉的价格歧视。

## 6. 监管有待全面改革

当今世界零售商的惊人成功可能与上述模式有关。鉴于上述论点，价格歧视在当今世界大行其道也就不足为奇了。当然，它必须改头换面，因为大多数国家有某种反价格歧视法。在美国，1936 年的《罗宾逊－帕特曼法案》就是旨在阻止价格歧视。但对于大公司而言，幸运的是，这是执行得最差的法律之一。出现这样的情况，有充分的理由。有多种方法可以悄无声息地对消费者进行价格歧视。我们可以利用消费者的特征，并为每个特征的向量设定一个价格。所以，所有住在纽约上西区高层住宅用电脑下单的人，需要支付某一价格，如此等等。通过这种方法，无须提及某个消费者就可以为他设定某种商品的价格。

对于每张机票，我们可以向很少飞行的航空旅客收取更高的价格，并向经常飞行的旅客收取非常便宜的价格（被称为“常旅客计划”）。我们可以根据你呼叫出租车时使用的电话类型调整出租车的价格。价格可以在很大程度因你是这一个优秀的搜索者还是一个不耐烦的搜索者而不同。所有这些都是常见的做法，以产品差异化的名义实行价格歧视。

劳动力市场上也正在发生类似的事情，企业以不易察觉的方式实行差异化工资，以攫取劳动者通过工作本可以获得的大部分剩余。在穷人居住的地区，工资很低。在许多职位中，有公开的工资谈判，允许雇主为同一职位向不同的劳动者支付不同的工资。

因此，随着技术进步和市场更大程度地纵向锯齿化，我们正在走向一个新的均衡，其中要么价格高得让大多数人不购买产品，要么消费者面临有价格歧视的市场，其消费者剩余被夺走。消费者可能会买很多东西，工人可能会工作很多，但消费者支付的价格和工人获得的工资使他们几乎得不到什么剩余。

这是全球不平等加剧的部分原因，但不是人们变得更加贪婪或更加吝啬（尽管他们很可能变得如此）的结果，而是正如上一节所述，技术进步改变了市场均衡的形成。在富裕国家，人们看到越来越多的双边讨价还价，允许卖家向不同的消费者收取不同的价格。在如今的美国，无论是购买汽车、机票还是医疗服务，几乎都可以看到这种情况。富裕国家迎来了曾经属于穷国和乡村市场的集市经济。

最大的政策挑战是：我们应该怎么做？运用《谢尔曼法案》并迫使市场进行横向竞争（即以传统方式竞争）就得放弃导致规模报酬递增的技术进步的大部分好处。如果对于每种产品，我们都坚持必须有成千上万的生产者，每个生产者只为一小部分需求提供供给，我们就得放弃现代技术的所有好处，将社会推回到原始时代。我们也可以论证，《谢尔曼法案》不适用于这种情况，因为该法案针对的是人为制造的垄断，而不是由于技术性质导致的自然垄断。

更具体地说，一家企业必须控制至少 70% 的市场才能被视为垄断，而要被视为犯有垄断的过错，它就必须做出一种或多种“排他行为”。某做法是否为故意的排他行为，当然是一个可质疑的问题，而且法律还毫无悬念地引发了很多争议（更详细的讨论，可参见 Hovenkamp，1999）。我刚才表达的是，即使《谢尔曼法案》确实适用于当今的垄断，利用它来创建许多相互竞争的企业也是不可取的。简而言之，鉴于现代产业不断变化的性质，《谢尔曼法案》以及事实上所有的传统反垄断法的作用都已减弱。

这使我得出结论，我们的传统反垄断法无法解决斯蒂格利茨（Stiglitz，2017）与许多其他人讨论的大企业的一些问题，我们必须超越这些反垄断法，寻求新的干预措施。值得强调的是，正如上文所述，美国的监管者本来能够并且应该有效地利用现有的反垄断法，但是他们并没有。然而，即使他们这样做了，现有法律对当今世界来说也是相当不够的。在越来越普遍的纵向锯齿型产业中，这个问题甚至会变得更加尖锐。现在是时候摆脱过去对反垄断法和竞争法的依赖了。这与我和威布尔（2019）明确提出的观点相关，我们用一个示例性的博弈说明了现实世界有时会如何缓慢变化，这些变化在扩大生产可能性边界的同时，也改变了博弈的策略特征，从而产生一种风险，即固守过去的行为可能会导致崩溃。缓慢变化可能使我们对正在发生的事情无动于衷。但对我们来说重要的是，通过我们的研究了解变化，并打破思维定式，制定以前不可能或不需要的新法规，培育新的社会惯例（并在某些情况下废除旧的法律法规）。

禁止公司合谋的传统反垄断法效果不佳，还有另一个原因。《谢尔曼法案》确实禁止“限制贸易或商业的合谋”。然而，正如重复博弈理论表明的，一群重复参与市场的公司可以自然而然地坐在一起合谋（Basu，1993）。合谋行为可以是一个自然的子博弈完美均衡，不需要明确的合谋合同。硅谷的科技公司或者雇用低技能工人制作三明治的公司被指控利用竞业禁止保持低工资①，该做法可能是在公司之间没有沟通的情况下自然发生的②，从而给企业合谋的定义带来了一个根本性问题。法和经济学文献经常忽视这一点，这些文献认为，为了防止对消费者和劳动者的剥削，我们需要做的就是更加努力地适用我们的反垄断法。

综上所述，可以说，面对数字技术的兴起和市场竞争格局的变化，如果我们坚持依靠现有的法律法规，包括反垄断法，只是尝试更有效地执行它们，那么结果将是不尽如人意的均衡。全球 GDP 可能会继续上升，但不平等程度也会同步扩大，事实上会急剧扩大，少数公司所有者垄断所有利益，技术进步将大量人口抛在后面，甚至使他们陷入贫困。我们不仅需要一套不同的法律来应对这种情况，而且需要针对不同行为规范的社会惯例。不过，本文的重点不是社会规范和惯例，而是法律。

如果垄断或寡头将成为现代纵向锯齿型产业的市场结构，我们如何确保一个公平的社会？我们能想到的一个合乎情理的想法是，即使一些企业赚取巨额

① 参见“Engineers Allege Hiring Collusion in Silicon Valley,” by David Streitfeld，in *New York Times*，February 28，2014；以及“When the Guy Making Your Sandwich has a Noncompete Clause,” by Neil Irwin，in *New York Times*，October 14，2014。

② Hay（1999）清楚地认识到了这一点，并以美国的实际案例为背景展开了讨论。这个问题甚至被下意识地更早察觉到，并确实对《谢尔曼法案》的执行提出了挑战。正如 Kwoka and White（1999）在其主编的著作中指出的，早在 1911 年，美国最高法院在美国诉新泽西标准石油公司案和美国诉美国烟草公司案中指出，“合理原则”应该适用于此类案件，“法院必须超越结构性条件（structural conditions），考虑行为和意图”。

利润，也没有理由让少数人赚取巨额利润。为此，我们必须制定法律，迫使公司分散持股。简而言之，关键是要确保每个企业的股份被广泛持有。生产的垄断不一定意味着收入的垄断。因此，正如本文建议的，废除反垄断法必须伴随着新的法律，强制要求每个企业内部的股权更彻底地分散化。不仅不再有大股东，而且每家公司的股权将更加分散。有多分散？我们如何限制股票的买卖，以免最终让少数人持有过多的企业或公司股份？这些是需要仔细研究的问题，法律的起草也必须关注细节。这里的重点是，要注意一旦有了这样的法律，我们就不用担心垄断利润会全部落入垄断者手中。利润确实会归于一家企业，但企业股份被广泛持有，利润将落到许多人头上。其中的细节需要经过深思熟虑才能得到很好地解决。每一次干预都有意想不到的后果，想清楚这些后果非常重要。①

然而，这里有一个可能出现并值得讨论的具体问题是，虽然有些人只能持有每家企业的少量股份，但由于他们可以拥有许多企业的股份，所以他们仍然能变得非常富有。随着整个经济中工资份额的下降和利润的上升，即使我们确保每家企业的股份都被广泛持有，该趋势也会导致非常大的利润累积在少数人手中。为了改变这一局面，我们不仅需要公司层面的二次干预，也需要国家层面的二次干预，基本的想法是在国家层面共享一部分利润。简而言之，社会中的一部分利润应该归于包括（处于就业或失业状态的）劳动者在内的普通人。

我们面临的挑战在于为一个可行的公平社会制定蓝图。历史上不乏重大转变，这些转变始于良好的意图，但最终让少数人同时获得了政治权力和财富。解决之道就是在尊重市场规律的同时，以某种形式共享利润。我们必须认识到，市场激励和利润动机是重要的驱动力，不能低估它们的作用，或者更糟糕地采取集中化的方式。我们需要的是既尊重市场激励和利润动机又能降低不平等程度的干预。所以，本文建议在国家内部进行最低限度的利润共享，也就是说，让所有人都有权获得利润的一部分。该想法已经存在了一段时间，在魏茨曼等人（Weitzman，1984；Steiner，1994；Hockett，2008）的著作以及马特·布鲁宁（Matt Bruenig，2018）发表在《纽约时报》的专栏文章中可以找到类似的观点。随着社会中工资份额稳步下降，利润和租金份额上升，以及技术进

---

① 关于将分散持股作为应对新数字时代挑战的战略的有趣批评，请参见 Shroff（2018）。他认为印度问题的症结在于政府与企业的关系，而这种关系植根于印度政治制度中。股权分散也可能抑制创新精神，这可能会减缓增长。

步和用于贸易与交换的数字平台的建立，某种全民基本利润共享至关重要。

我大体上提出了双重分散的想法：任何企业都不能由一个或几个人持有大额股份，小部分的国家股份也应该广泛分散。因此，虽然企业削减了对劳动力的需求，但随着利润上升，许多人将分享更多的利润，更进一步的是，这些利润的一部分最终归于劳动者，他们将在全国总利润中获得一定份额；当劳动者被机器人取代，其工资也不会全部变成机器人所有者的利润。

这些都是不成熟的想法，在成为实际政策之前必须仔细琢磨。我们必须认识到，人类有无穷的聪明才智。对于每一部法律，人们都会找到规避其意图的措施。良好的法律起草需要预测有哪些规避措施，并制定相应条款将它们限制到最低程度；为了不损害市场激励措施，必须做到这一点。

还有一个必须解决的难题无疑是公司的高管薪酬。一旦利润广泛地依法分散，CEO 无法占据其中的最大份额，自然倾向于增加公司最高梯队的工资，以至于一部分利润以薪酬形式被间接抽走。而且，我建议的是允许各行各业蓬勃发展但不会使利润分配集中化的政策。但是，这样的政策建议还应当放到全球范围内讨论，对此本文没有论及。

对于监管的所有变化，个人和公司总是会做出回应，试图绕过甚至规避新法律。我（2018a）曾提出，这必然是一个不可阻挡的过程，因为人类的聪明才智是无穷尽的，每条新法律都会引发通常意想不到的新对策。我们能做的最好的事情就是预测其中的一些反应。在本文讨论的情况中，有些反应已经足够明显了。当我们试图限制不平等时，个人将倾向于避开更高的现金收入来获得消费者剩余。一种方法是以物易物。如果毕加索将他的一幅画送给斯特拉文斯基，而斯特拉文斯基又为毕加索创作一首音乐，那么两人的境遇都会好很多。事实上，即便在当今社会，尤其是在非常贫穷的人和非常富有的人之间，以物易物或者互帮互助的情况比包括训练有素的经济学家在内的大多数人意识到的要多得多。我预计，以物易物或者互帮互助会因本文建议的新监管模式而增加。

此外，人们会组建各种团体，以确保他们的集体利益，确保他们所在的地方有更好的公共品，如更多的公园、更干净的空气、更好的街道照明等。这些公共品将提高群体福利，却不会表现为个人收入。

与之相伴的是国家之间的差异。我在本文中没有就此展开讨论。正如本文试图表明的，每个国家内部的一部分利润共享和反垄断法的放宽可以遏制让我们陷入目前困境的一些社会弊病。但国家间的不平等可能会加剧，因为一些国家能更好地解决其内部问题。这可能导致移民和难民流动，进一步助长保护主义。在制定新监管框架的细节时，我们必须预见到上述这些问题，并将它们纳入法律。尤其是，国家间的政策协调和一些最低限度的全球参与规则是我们在当今全球化世界中无法回避的重要问题。①

这超出了本文的范围，不是因为它不重要，而是因为我目前没有解决方案。显然，它应该在我们的未来研究议程中占据突出地位。

（中国政法大学　黄健栓　译）

## 参考文献


Amir, R. and Gama, A (2013), "On Cournot's Theory of Oligopoly with Perfect Complements," mimeo: University of Iowa.

Autor, D., Katz, L. and Krueger, A. (1998), "Computing Inequality: Have Computers Changed the Labor Market?" *Quarterly Journal of Economics*, vol. 113.

Basu, K. (1993), *Lectures in Industrial Organization Theory*, Basil Blackwell, Oxford.

Basu, K. (2016), "Globalization of Labor Markets and the Growth Prospects of Nations," *Journalof Policy Modeling*, vol. 38 (4).

Basu, K. (2018), "The Rise of Trump and an Agenda for Regulatory Reform", *Journal of Policy Modeling*, vol. 40 (4).

Basu, K. (2018a), *The Republic of Beliefs: A New Approach to Law and Economics*, Princeton University Press, Princeton.

Basu, K. and Weibull, J. (2019), "The Dinosaur Game: A Fable of Civilization Collapse," work-in-progress, New York and Stockholm.

Bertrand, (1883), "Researcher de la Theorie Mathematique sur la Richesse," *Journal des Savants*, vol. 48.

Bruenig, M (2018), "The Massive US Inequality Problem," *New York Times*, December 6, p. 14.

Cournot, A. (1838), *Researches sur les Principles Mathematiques de la Theorie des Richesses*, M. Riviere & Co., Paris.

Diamond, S. (1944), "The Webb-Pomerene Act and Export Trade Associations," *Columbia Law Review*, vol. 44 (6).

Dixit, A. (1980), "The Role of Investment in Entry Deterrence," *Economic Journal*, vol. 90.

Goldfarb, A. and Tucker, C. (2017), "Digital Economics," NBER Working Paper No. 23684.

Harari, Y. N. (2011), *Sapiens: A Brief History of Humankind*, Penguin, London.

Hay, G. A. (1999), "Facilitating Practices: The Ethyl Case (1984)", in Kwoka, J. E. and White, J. L. (eds.) (2019).


① 关于该问题的引人入胜的描述，参见 Stiglitz（2015，2017a，第四节）。

Hockett, R. (2008), "Toward a Global Shareholder Society," *Journal of International Law*, vol. 30 (1).

Hovenkamp, H. (1999), *Federal Antitrust Policy: The Law of Competition and Its Practice*, St. Paul, Minnesota: West Group.

Jevons, W. S. (1871), *The Theory of Political Economy*, Macmillan & Co.

Karabarbounis, L. and Neiman, B. (2014), "The Global Decline of the Labor Share," *Quarterly Journal of Economics*, vol. 129 (1).

Krueger, A. and Ashenfelter, O. (2017), "Theory and Evidence on Employer Collusion in the Franchise Sector," Princeton University, Department of Economics and Industrial Relations Working Paper No. 614.

Kwoka, J. E. and White, L. J. (eds.) (1999), *The Antirust Revolution: Economics, Competition and Policy*, Oxford University Press, 3rd Edition, Oxford.

Marinescu, I. and Hovenkamp, I. (2018), "Anticompetitive Mergers in Labor Markets," mimeo: University of Pennsylvania.

Marinescu, I. and Posner, E. A. (2019), "Why has Antitrust Failed Workers?" mimeo: University of Chicago Law School.

Naidu, S., Posner, E. and Weyl, E. G. (2018), "Antitrust Remedies for Labor Market Power," *Harvard Law Review*, forthcoming.

Rodrik, D. (2017), "Populism and the Economics of Globalization," NBER Working Paper No. 23559.

Singh, N and Vives, X. (1984), "Price and Quantity Competition in a Differentiated Duopoly," *Rand Journal of Economics*, vol. 15 (4).

Shroff, J. (2018), "Can Laws Mandating Dispersed Shareholding Counter Entrenched Inequality inIndia?" University of Oxford, Faculty of Law: https://www.law.ox.ac.uk/business-lawblog/blog/2018/05/can-laws-mandating-dispersed-shareholding-counter-entrenched.

Smith, A. (2011). *The Wealth of Nations.* (A. S. Skinner, Ed.). Cambridge, England.

Steiner, H. (1994), *An Essay on Rights*, Blackwell Publishers, Oxford.

Stiglitz, J. (2015), *The Great Divide: Unequal Societies and We can Do About Them*, Penguin, New York.

Stiglitz, J. (2017), "America has a Monopoly Problem—and It's Huge," *The Nation*, 23 October.

Stiglitz, J. (2017a), *Globalization and Its Discontents Revisited: Anti-Globalization in the Era of Trump*, Norton and Co., New York.

Stiglitz, J. (2019), "Market Concentration is Threatening the US Economy," Project Syndicate, March 11.

Sunstein, C. (2018), "A New View of Antitrust Law that Favors Workers," https://www.law.uchicago.edu/news/cass-sunstein-eric-posners-new-view-antitrustlaw.

Vives, X. (1990), "Nash Equilibrium with Strategic Complementarities," *Journal of Mathematical Economics*, vol. 19.

Walras, L. (1874), *Elements d'economie Politique Pure*, ou Theorie de la richesse sociale,

Weitzman, M. L. (1984). *The Share Economy: Conquering Stagflation.* Harvard University Press, Cambridge, MA.

Young, A. A. (1928). "*Increasing Returns and Economic Progress*," *The Economic Journal*, vol. 38 (152).

# 特稿

## Feature

Comparative

# 贸易能够带来和平吗?

## 来自亚当·斯密的启示

玛里亚·帕加内里　莱因哈德·舒马赫

## 1. 引言

与常识相悖，亚当·斯密作为最著名的自由贸易论者之一，却担心商业贸易及其带来的财富可能并不会减少而是会增加国际战争。其原因在于，随着贸易的发展，战争的相对成本和感知成本下降，同时商业利益集团的势力逐渐增强。了解他的观点，有助于我们理解目前有关“贸易如何影响战争”这一问题的争论。

国际贸易的出现使增进世界和平成为可能，但也带来了战争增多的威胁，目前尚不清楚哪一种论断更为合理。即使到现在，学者仍未就这一问题达成共识：贸易到底会增加战争还是减少战争?

对此，经验研究也尚无定论。尽管大多数经验研究支持“贸易促进和平”

---

* Maria Pia Paganelli，三一大学（Trinity University）经济学院教授，主要研究方向为经济思想史；Reinhard Schumacher，波茨坦大学（Potsdam University）经济与社会科学学院研究助理，主要研究方向为经济思想史和国际政治经济学等。原文“Do Not Take Peace for Granted: Adam Smith's Warning on the Relation between Commerce and War”，刊于 *Cambridge Journal of Economics*，Vol. 43，No. 3，2019，pp. 785 - 797。本文的翻译得到了作者的授权。本译文是中国人民大学科学研究基金（中央高校基本科研业务费专项资金资助）项目“我国外国经济思想史的学科史和学术史研究”（20XNA042）的阶段性成果。在本文的翻译过程中参考并引用了亚当·斯密作品的中文译著，并得到“经济思想史读书会”成员的宝贵建议，在此表示感谢。此文摘编版发于《中国社会科学内部文稿》2001 年第 5 期。

这一观点，但这些研究及其研究方法仍存在一些争议，一些研究甚至表明各国经济的相互依存与和平之间并没有关系。① 理论研究同样对贸易与战争的关系做出了不同阐释。通常情况下，贸易要么被视作以另一种方式延续的战争，② 要么被视作实现和平的手段。其中，第二种观点被称为和气贸易（doux commerce）。③

和气贸易论包含三个维度，分别为两个国内维度与一个国际维度。首先，贸易具有教化一国民众的作用，它促进了国民之间的和平共处，并为法治提供保障。其次，贸易的发展形成了对君主专制的约束。再次，贸易促进了国家间的和平，因为和平地获取贸易利得是各个国家的共同目标。孟德斯鸠是和气贸易论最著名的代表人物，他对这三个维度都曾做出过论述。④ 正如大多数国际经济学教科书中所写的那样，大多数支持自由贸易的经济学家均从和气贸易论中的国际维度出发，认为贸易对和平具有积极影响。那么，本文也仅关注这一国际维度。

亚当·斯密是苏格兰启蒙运动中最有影响力的思想家之一，他被公认为是

---

① 最近支持贸易和平论观点的研究包括 Gartzke and Hewitt（2010）、Hegre et al.（2010）、Lektzian and Souva（2009）、Polachek and Seiglie（2007）以及 Souva and Prins（2006）。还有一些研究表明，贸易和平论只有在满足某些特定条件时才成立，比如一些与政权类型或发展水平相关的条件，例如 Copeland（2015）、Gelpi and Grieco（2008）以及 Martin et al.（2008）。还有一些文章批判性地探讨了上述研究的研究方法和可能存在的研究偏误，比如 Keshk et al.（2004）和 Ward et al.（2007）。近期讨论贸易和平论在经验上的缺陷的研究，包括 Goenner（2004）、Keshk et al.（2004）、Kim and Rousseau（2005），以及 Ward et al.（2007）。相关的文献综述可以参阅 Barbieri（2002，第 43—48 页）、Copeland（2015，第 51—69 页）、Mansfield and Pollins（2001）以及 Schneider et al.（2003）。关于暴力冲突随时间减少的更一般性论述，可参考 Pinker（2011）。

② 这一主张的代表作有 Barbieri（1996，2002）、Buzan（1984）和 Waltz（1970，1979）。

③ 和气贸易这个词来源于法语单词甜蜜（douceur），它表达了和气、温柔、平静与温和的意思，是暴力冲突的反义词（Hirschman，1997［1977］，第 59 页）。

④ 孟德斯鸠自己并没有使用“和气贸易”这个词，但他写道，贸易将会带来“温和的习惯”（mœurs douces），并且“它改进和软化了残暴的习惯”（il polit & adoucit les mœurs barbares）（Montesquieu，1989［1748］，第 338 页；1950［1748］，第 445—446 页）。Schliesser（2017，第 154 页）指出，“贸易对和平有促进作用”这一观点的另一个早期支持者是罗伯特·爱迪生（Robert Addison），而斯密对他的作品“几乎肯定是熟悉的”。和气贸易论后来最著名的拥护者是伊曼努尔·康德（Immanuel Kant）和诺曼·安吉尔（Norman Angell）。康德（1903［1795］）在他的《永久和平论》（*Perpetual Peace*）一书中，不仅阐述了著名的民主和平论（republican peace thesis），而且拥护了贸易和平论，认为“贸易精神不能与战争共存”（第 157 页）。安吉尔（1910）在他的《大幻想》（*The Great Illusion*）一书中提出，在现代贸易相互依赖的背景下，战争不论从经济还是社会的角度看，都是非理性的。

"经济学之父"。人们经常将他与贸易和平联系在一起，因为他一直是商业贸易社会的推动者和支持者。斯密被视作"自由和平主义"（liberalpacifism）的代表人物（Doyle and Recchia，2011，第1434页），很多学者认为他持有"全球化会促进和平"的观点（Dunne and Coulomb，2008，第15页；Coulomb，1998；Gartzke and Li，2003）。有学者认为，"斯密希望并预期贸易将成为战争的普遍替代品"（Hill，2009，第72页）。① 因此，斯密被认为是"国际贸易促进和平"这一传统学说最早的支持者之一（Modelski，1972，第234页）。② 但是，斯密的和平主义的成立是有条件的，需要假设战争的机会成本很高（Goodwin，1991；Anderton and Carter，2009，第97页），并且需要国家具备一定的审慎态度和军事力量（Manzer，1996；关于贸易与战争的关系可参考Hont，2005）。然而，我们认为亚当·斯密在这一问题上的立场并不像人们通常认为的那样明确。③ 内奥克莱斯（Neocleous，2013）已经指出，苏格兰启蒙运动时期的思想家并不认为商业精神和尚武精神是相互对立的，相反，他们认为军事价值观在维持商业社会方面具有重要作用。毫无疑问，斯密是坚定的自由贸易的支持者，他对和气贸易理论中有关国内的观点深信不疑：他认为贸易确实会给国内带来和平、秩序与公正（*WN* III④；Paganelli，2013，2017）。毫无疑问，斯密期待贸易能在国际层面促进和平。在商业社会，人们在意识到贸易可以使双方均获益时，便会理想化地认为和平会随之而来。但是由于重商主义精神在商业社会中的兴盛，斯密在现实中观察到相反的情形：

> 然而，正是根据这样的所谓原则，各国都被灌输了这样的邪说：它们的利益在于使所有邻国变得更加穷困。于是，每一个国家都嫉妒与自己通商的其他国家的繁荣，并认为这些国家的利得就相当于本国的损失。国家

---

① Hill（2009）不是简单地重复"斯密是自由和平传统的一部分"这一观点，而是深入讨论了斯密的主张，但她总结道，对于斯密而言，"贸易'自然地'是一种具有安抚作用的媒介"（第72页）。

② 19世纪和20世纪的许多经济学家坚持自由和平的传统，参见Silberner（1972［1946］）。

③ 关于斯密的思想在总体上的冲突和复杂性，参见Alvey（2003）。

④ 本文引用的斯密著作缩写如下：《道德情操论》，*The Theory of Moral Sentiments*（Smith，A. 1976b［1759］），缩写为*TMS*；《法理学讲义》，*Lectures on Jurisprudence*（Smith，A. 1978［1762—1766］），缩写为*LJ*；《国民财富的性质和原因的研究》，*An Inquiry into the Nature and Causes of the Wealth of Nations*（Smith，A. 1976a［1776］），缩写为*WN*。

与国家之间的贸易，本来应该与个人之间的商业往来一样，成为团结和友谊的纽带，现在却成了争议和仇恨的最主要来源。（*WN* IV. iii. c. 9）

因为贸易“本来应该……成为团结和友谊的纽带”，所以它理应促进和平的发展，但斯密认为情况并非如此，因为贸易的发展会导致战争的成本结构和商业集团的利益发生变化，进而产生一系列扭曲的激励机制。在某种程度上，我们可以将《国富论》理解为对这种情形为何产生的解释，也可以理解为一种警示，即如果一国不对其商业利益加以限制，则商业集团的发展将不断地使邻国从朋友变为敌人。

实际上，斯密认为即使贸易可以使战争不那么残酷，它也无法确保国家间的和平。与范德哈尔（Van de Haar，2009，2010，2013）的观点一致，我们认为，斯密对贸易与战争的态度并不像同时期的法国人那般乐观。但与范德哈尔不同的是，我们认为，即使斯密不把贸易看作战争的延续，即使他把贸易看作先进的商业社会和商业文明的一种工具和征兆，他仍然认为和气贸易实际上并不能促进和平。

斯密的担忧来源于商业社会发展过程中出现的一些现象。他认为，在商业社会中，专业军队的出现不仅是国防必需的，而且还可以减少战争的相对成本，因为只有很少一部分人被抽离出生产活动。商业社会的军费开支可以通过债务融资，这也降低了战争的感知成本。感知成本的降低使普通民众开始做起了“帝国梦”，而势力与日俱增的商业集团由于需要建立和保护它们的垄断地位而支持战争，这便进一步推动了这种“帝国梦”的幻想。因此，贸易的发展可能会提高冲突爆发的可能性。尽管作战效率更高，作战方式更加人道主义，但冲突将更频繁、持续时间也更长。

斯密意识到，和平与战争二者都是复杂的、受多种因素的影响。因此，我们并不是说斯密将贸易看作战争的唯一决定因素，或者贸易必然会引发战争；而是说在给定这种复杂的情形下，战争的相对成本和感知成本的变化将改变人们对战争的需求，从而改变战争发生的可能性。

## 2. 劳动分工也适用于战争

贸易对和平带来的潜在影响之一，是商业社会中尚武精神的弱化。但在18世纪，这种尚武精神的弱化并不被视为一种有益的事情，而是被视作值得担忧之事，例如亚当·弗格森（Adam Ferguson）就有这种担忧（Robertson，1985；Sher，1989；Montes，2009；Neocleous，2013；Smith，2014）。他认为，商业贸易不仅让士兵更加“女性化”，这是一种代表着文明礼貌和善于交际的积极特征；还使他们更加“柔弱”，这是一种代表着软弱的消极特征（Montes，2004；Sebastiani，2013）。斯密也有这种担忧。

由于尚武精神的衰退，商业社会无法再依靠民兵组织，而必须依靠专业的常备军进行防御。为了理解斯密为什么这样说，我们可以考虑一个没有常备军的商业社会。斯密认为，在这样一个社会里，大多数人优先考虑的是他们为养活自己从事的专业化工作，而不是军事训练。在商业社会中，工人的时间如果被军队征调和参与战争占用，他们就会失去收入，所以他们宁愿不在民兵组织中服役。于是，商业精神将取代尚武精神在民兵组织的成员中盛行。对斯密而言，这是一个问题，因为这些民兵组织对军事训练漠不关心，而且“他们的心思不断用于享乐，以致玩物丧志，变得越来越懦弱和胆怯”。因此，商业贸易有“不良后果……它让人变得胆小如鼠，失去尚武精神”（*LJB* 331）。因此，人们不太倾向于发动战争，尽管这一现象通常是可取的，但如果国家安全受到威胁，它就会成为一个问题（*WN* V. i. a. 12 – 15；*LJB* 37）。贸易削弱了一个国家的军事力量，使富裕的商业社会很容易成为贫穷的野蛮社会的牺牲品，因为“野蛮民族的民兵组织相对于文明民族的民兵组织具有不可抵挡的优势”（*WN* V. i. a. 36；Hanley，2014）。

商业社会的解决办法是发展和依靠一支专业的军队，即常备军。斯密将常备军描述为文明社会对抗野蛮国家时的唯一保护（*LJA* iv. 169；*WN* V. i. a. 17 – 41）。常备军在武力上比民兵组织更强，因为它有更高的技能和更严明的纪律（*WN* V. i. A. 38 – 39；Sher，1989）。

为了将战争技术推进到那样“完善的程度”，分工是必要的，也就是说，战争本身必须是专业化的。在职业化和专门化的军队中，士兵由于劳动分工获得了更高的技能，因为他们每天都在进行军事训练，毕竟这现在成了他们的工作。由于劳动分工的加强和随之而来的职业化，战争逐渐变成一门非常错综复杂的学问（*WN* V. i. a. 10 – 14）。在农业社会，“一堵坚固的城墙”往往就是一座城市抵御敌人所需的全部了。劳动分工的加强既导致了更复杂的战争战术的出现，例如“之字形进攻法”；也带来了武器装备的技术改良，例如一些“战争器械"[1] 的发展（*LJA* iv. 85－87；*LJB* 40－41）。

更重要的是，由于他们每天都要服从上级的命令，职业军人是有纪律的。正如斯密所说的，[2] 现代战争尤其需要纪律，因为火器的发明改变了战争的方式，这个观点与大卫·休谟（David Hume，1983［1778］，卷 II，第 230 页，卷 III，第 81 页；1987b［1752］，第 404—405 页；2003［1772］，第 55 页）的观点类似。在火器发明之前，士兵个人的力量和技能是战争的主要决定因素，比如"身体的力量与敏捷性"和"武器使用上的娴熟和高超技能"，而这些因素在斯密的时代已经变得不那么重要了。由于枪炮的噪音和硝烟的存在，纪律变得更加重要（*WN* V. i. a. 21－25）。斯密还认为，常备军的纪律之所以是核心，也因为不同于其他发展阶段的社会，在一个先进的商业社会中，军队将由"最卑鄙的人"组成（*LJA* iv. 169；*LJB* 334－36）。在农业社会，士兵主要是"绅士"或"尊贵的人"。农业社会中的士兵是出于"他们的荣誉感和品德"而战斗的（*LJA* iv. 169），因此，"没有必要进行纪律管理"（*LJB* 334－35；*LJA* iv. 84）。然而，在商业国家，社会中的上层人士更喜欢赚钱，因此他们会从事商业贸易而不是参与战争（*LJB* 335）。结果，"保卫国家的职责自然落到较低阶层的人民身上，因为没有人能够强迫富人做他们不喜欢做的事情"（*LJB* 335）。根据斯密的说法，下层阶级缺乏纪律，并且只有通过从属于一支常备军才能获得纪律。纪律是"他们畏惧长官和军法的严厉惩罚"的结果（*LJB* 336；*LJA* iv. 84）。可能正是出于这个原因，斯密才会在他的《道德情操论》中主张，一个社会应该认可那些对违反军纪的行为施以的严酷惩罚，哪怕这些惩罚相比于罪行显得过重（*TMS*II. ii. 3. 11）。士兵只有在常备军中接受长期训练，才能达到纪律的要求（*WN* V. i. a. 22）。斯密的历史证据使他相信，训练有素的常备军一定优于民兵组织（*WN* V. i. a. 23－36）。[3] 他甚至在《道德情操论》中也重复了这一点，认为常备军会产生"优秀军人"，他们的特点是纪律严明，服从命令，"热爱和信赖自己的将军"，以至于他们"开往他们

---

① 斯密在《法理学讲义》中指出，攻城槌、投石机、弹弓等辅助进攻的器械在亚历山大帝国的腓力时期趋于成熟，这些战争器械的使用显著提高了进攻效率。——译者注

② 另一个可能影响斯密在战争与和平上的观点的是格劳秀斯的《战争与和平法》（*The Rights of War and Peace*）（Grotius，2005［1625］）。

③ 关于苏格兰"民兵组织与常备军"问题的讨论，见于 Robertson（1985）和 Berry（2013，第 167—172 页）。关于斯密对这个问题的看法，见于 Harpham（1984，第 768—770 页）和 Montes（2004，第 61—69 页；2009）。

毫无生还希望的作战地点，常常比开往没有困难和危险的地方，更为乐意和欣然从命”（*TMS* VI. ii. 4）。①

### 3. 相对（而非绝对）成本的下降

常备军的出现增强了商业社会的军事力量，也降低了战争的相对成本。要明白这一点，我们必须追溯斯密是如何描述不同类型的社会以及它们发动战争的能力的，他的逻辑与休谟的逻辑（Hume，1987a［1752］，第260—262页）惊人地相似，这一点在《国富论》第五篇中体现得尤为明显（*WN* V. i. a. 1 – 10；*LJA* iv. 13 – 14）。

在狩猎民族里，每一个男人既是战士也是狩猎者。一个人若是参与战斗，就不能够狩猎。因此，战争期间不稳定的生存状态不允许他们长期拥有大规模的军队。所以在这种社会中，战争持续时间较短，而且相对来说并不频繁。

游牧民族能够配备更庞大的军队，战争持续时间更长。因为在游牧民族里，人们畜养的牧群可以在战争期间满足军队的温饱。因此斯密认为，游牧民族更加好战。

在农业社会中，似乎每个人都具备当兵的意志力，因为那些以务农为生的人通常整天在旷野里过活，一年到头忍受严酷的天气条件。日常生活中的刻苦耐劳，使他们对战场上的各种劳累活动已有充分的准备。但是，农业社会中战争的持续时间不可过长，丰收时节不可发动战争，因为此时农民需要回去收割庄稼。尽管战争的实际成本可能不高，因为经过繁重的农业劳动，男子在作战前几乎不需要训练；但战争的相对成本很高，因为社会中的大部分人需要参与作战，这就降低了他们为自身和他人提供粮食的能力。人们无法承受长期频繁的战争，战争持续时间必须足够短，以避开农忙时间，否则人们将难以生产出充足的粮食维系生存。

相较于其他类型的社会，商业社会不仅普遍拥有更大规模的人口，而且配

---

① 虽然斯密从总体上不赞成战争，但他在《道德情操论》里也主张，战争对士兵性格的影响往往是积极的。他将战争视为“一所获得和锻炼这种高尚品质的大学校……在战争中，人们逐渐熟悉了死亡，从而必然会消除在意志薄弱和没有经过战争的人身上可以看到的那种迷信式恐怖”。因此，战争“使军人的职业变得高尚，并且在人们的意识中，这种职业同其他职业相比显得更高贵和体面”（*TMS* VI. iii. 7）。斯密还主张，“战争和派系斗争肯定是形成每个人坚强和坚定性格的最好学校，也是医治一个人同上述性格相反的懦弱的最好药物”（*TMS* VI. iii. 20）。

有一支可以全年作战的常备军。频繁持久的战争并不会危及全部人口或其中一小部分人的生存。这降低了战争的相对成本（而非绝对成本）。斯密认为，鉴于更低的相对成本，如今战争可以持续更长时间。

此外，战术与技术方面的发展使一场战争难以决定输赢，商业社会间的战争通常要经过数次长期战役（*WN* V. i. a. 10）。因此，随着商业社会的出现，较低的相对成本使战争愈加频繁且持续时间更长。

## 4. 感知（而非实际）成本的下降

然而，常备军的军费开支很大。即使战争的相对成本有所下降，战争本身和供养常备军的绝对成本也相当高。非商业社会无力负担常备军的开支，只有商业社会有支付这笔军费开支的办法，即发行公债。但公共债务对民众隐瞒了战争的真实成本，因为它使公众不会直接面对军费开支。由于公债的发行，开支巨大的军事活动的成本看上去有所降低，因此战争很容易持续更长时间、爆发更加频繁。下面是斯密的论证过程。

当代的对外战争是“有历史记载以来费用最高的战争”（*WN* IV. i. 26），战争费用也成为现代国家最大的开支。在《国富论》第五篇中，斯密解释道，战争随着经济发展和科技进步愈加昂贵的原因有三点：常备军的开支，更有威力、更昂贵的武器的研发和战争持续时间的延长。如果一个国家像商业社会那样配有常备军，那么无论是战争时期还是和平时期，国家都要向士兵支付报酬（*WN* V. i. a. 42）。① 威力更大的武器（特别是火器）的研发，意味着建造抵御炮弹的防御工事的费用也会增加（*WN* V. i. a. 42 – 43）。最后，下文将解释战争持续的时间为何会延长，从而解释战争开支的增加。

那些更高的战争费用和国防支出应当如何支付？斯密以商业社会为例进行了计算，得到的结果是，战争会导致国家开支增加 3—4 倍，因此它难以从正常的财政预算中获得资金支持，也无法通过设立新税种或增加税收获得资金。政府通常不愿也不能征收重税，“因为害怕如此之大又如此突然的税收增加会触怒民众，从而使其很快就厌恶战争”（*WN* V. iii. 37）。即使政府提高了税收，

① 这也限制了可被雇用为士兵的人口比例。斯密指出，在“现代欧洲的文明国家中……任何国家的居民中不会有超过百分之一的人当兵”，而在农业国家，有四分之一或五分之一的人口可以参加战争。商业国家比农业国家人口更多，这意味着一个商业社会拥有绝对数量上更多的士兵，但他们占人口的份额会下降。

也要花费大量时间去征收（*WN* V. iii. 4）。此外，政府并不能准确地知道需要征收多少税来弥补武装冲突造成的不可预测的开支。因此，在战争期间，税收不会大幅增加。可能的途径是在和平时期增加税收，以备战时之需，然而斯密在现实中并没有观察到类似的情形（*WN* V. iii. 3 –4）。①

但是，商业社会的发展为国家开辟了新的收入来源，即债务：

> 在这种情况下，由于道德因素的作用，社会的商业发展状况使政府不得不借债，同时也使人民既有能力也有意愿放贷。如果社会所处的这种状况通常伴随着借债的必要性，那么它同时也为借债提供了便利条件。（*WN* V. iii. 5）②

在战争的紧急状态下，政府不能坐等陆续征收来的税款，借债是唯一的选择。而现在，借债的机会几乎唾手可得（Hont，2005）。

在这里，斯密明确地质疑了“商业社会将更加和平”的观点。债务降低了战争的感知成本，因此战争容易变得更频繁更持久。在不存在债务的情况下，战争不会持续很长时间。如果通过大幅增加税收来支付战争费用，民众会“切身感受到战争的全部负担”并且“很快就会对它感到厌倦”。因为政府难以通过税收来筹措所需资金，民众对战争的支持程度也会降低（*WN* V. iii. 50），“各国将不至于肆意地开战”。

与税收相比，债务对当下的人们来说并不是沉重的负担，因此民众不会感到战争给生活造成的不便，至少对不居住在战区的人们来说情况是如此。事实上，斯密曾提出一个有名的观点，许多人实际上“可以悠然自得地从报纸上读到本国海军和陆军取得的丰功伟绩”，并且产生“对征服他国与国家荣耀的千万种幻想”，因此他们“通常不愿意恢复和平，因为这意味着这种享受的结束”（*WN* V. iii. 37）！③ 债务使战争在民众间更易被接受，因此更有可能使战

---

① 斯密质疑作为减少债务之措施的“偿债基金”的有效性，对此可参见 Signorino（2016）。

② 在《国富论》前面的部分中，斯密讨论了国家支付对外战争的三种不同方式，即“将其积累的一部分黄金和白银，或者年度产品生产的一部分，或者每年的一部分粗粮，送往国外”。根据斯密的观点，支付战争费用的最好方式是生产大量的工业品。他的结论是，战争后期的巨大开支主要不是通过出口金银支付的，而是通过出口英国的某种商品支付的。

③ 关于斯密以及他对帝国的看法，参见 Van de Haar（2013）。

争时间延长、频次增加。①

战争会被民众当作一种娱乐，因为大部分人生活在远离战场的地方，体会不到战争造成的不便。② 另一方面，非商业社会中的战争极具破坏性，因为非商业社会没有配备专业军队，大部分人在战争期间不得不放弃本职工作参与作战，并且承担战争造成的全部负担（*WN* V. i. a. 9；*LJA* iv. 79；*LJB* 37 – 38）。而在商业社会中，大多数人不直接参与战争，所以战争只对现役军人和居住在战区附近的人造成影响，而且战争的成本可以转嫁给子孙后代。因此，斯密担心债务融资会通过降低战争的感知成本，进而延长战争的时间，增加战争的频次。

## 5. 不断增长的贸易利益

但国家最初为什么要发动战争呢？斯密认为，一个商业国家既会发起防御战役，也会发动进攻战役。防御战役通常是为防御邻国的掠夺。一场掠夺战争的胜利对入侵者来说意味着战利品，尤其当战胜一个富裕国家的时候，胜利者可以占领这个国家的都城，拥有这个国家的财富（*WN* II. ii. 87）。随着目标国家财富的增加，潜在的战利品也会增加，这就使战争更有可能发生。富裕国家最有可能成为那些具有侵略性的非商业贫穷邻国的攻击目标。因此，商业国家可能不得不面对更多的防御战役（*WN* V. i. a. 15；Hanley，2014）。然而，随着常备军的建立和火器的发明，这种侵略就很难再取得胜利，这使商业国家对穷国而言不那么具有吸引力（*WN* V. i. a. 44）。而进攻战役既针对富国，也针对穷国；穷国由于武器的落后往往处于不利地位，因此很容易被征服（*WN* V. i. a. 44）。

可是，既然“国家与国家之间的贸易，本来应该与个人之间的商业往来一样，成为团结和友谊的纽带”（*WN* IV. iii. c. 9），那么为什么商业国家会首先发动进攻战役呢？斯密注意到，这种战争通常是由国内寻求垄断利润的

---

① 斯密认为贸易并不会减少民族偏见或爱国主义。相反，“对自己国家的热爱”将出现在商业社会中并会导致“（对邻国）最坏的猜疑和妒忌”（*TMS* VI. ii. 2. 3）。斯密的理论中关于爱国主义在国际关系中的作用，参见 Van de Haar（2009，2013）和 Wyatt-Walter（1996）。

② 即使在今天，只要不直接参与战争，许多人可能仍会把战争看作一种娱乐。因此，“对冲突报道所做的研究揭示了报刊、广播和电视长期以来对战争的偏爱”，这可能并不令人惊讶（Shinar，2013，第 1 页）。

“商人和制造业者”挑起的，富裕的商业国家成为“卑鄙的贪欲和垄断意志（monopoly spirit）”的牺牲品（*WN* IV. iii. c. 9）。商人和制造业者有非常“强大”的权力，以至于能够“胁迫立法机关”（*WN* IV. ii. 43）；以至于“我敢肯定，我们有关收入的最残酷的法律，与我国商人和制造业者大喊大叫地从立法机关强行索取的用来支持其荒谬且具有压迫性的垄断权的一些法律相比起来，还算是极其温和的。就像德拉科的法律一样，这些法律可以说是用鲜血写就的”（*WN* IV. viii. 17）。商人和制造业者愿意并有能力将国家从原本自然和平的贸易道路上引向战争，只是为了寻求垄断带来的价格上涨。

商人和制造业者尽其所能保护垄断，并为自身创造新的垄断。斯密甚至说，他那个时代包括英国在内的帝国，都是这些特殊商业利益的结果。开展殖民地贸易的商人是制定殖民地贸易规章制度的“主要推动者”（*WN* IV. vii. b. 49），而在一个“受小店主影响”的政府中，政治家“只为了将全国人民都培育成消费者而建立一个庞大的帝国……并会用同胞的血汗和财富建立和维持这样一个帝国”（*WN* IV. vii. c. 63）。斯密断言，从原来为了防范海盗和走私犯而建立的无比庞大的海军力量，到最近的两次战争，英国统治殖民地的“主要目的，或者更确切地说是唯一目的”就是维持这种商业利益（*WN* IV. vii. c. 64）。① 这样，帝国为商人和制造业者创造了不断增加的利润，但最终必须由消费者为这些增加的利润买单：

> 为了这种垄断能给我国生产者带来的一个小小的加价，我国消费者就不得不承担维持和保卫这个帝国的全部费用。为了这个目的，并且仅仅是为了这个目的，在最近的两次战争中，我国已支出两亿多英镑，还举借了超过一亿七千万英镑的新债，这超过了所有先前战争为同一目的而开支的总数。（*WN* IV. viii. 53）

斯密观察到，对这种私人利益往往“不能骤然地压制”（*WN* IV. ii. 43）。商人和制造业者相互竞争的商业利益引起了国家之间的敌意，使邻国从朋友变成了敌人（*WN* IV. iii. c. 13）②，从而使发生国际战争的可能性更大。

---

① 也可参见 Schliesser（2017）。

② 也可参见 Hanley and Paganelli（2014）。

## 6. 国防义务

由于斯密认为贸易的增加并不会使战争减少，也不会使世界变得更加和平，所以他认为国防对一国来说是最重要的事。国防是政府的三大职责之一（*WN* IV. ix. 51）。① 由于国防的重要性，商业和经济利益必须排在国家安全事务之后，比如国际贸易可能会由于国防原因受到限制。出于这个原因，尽管英国的航海法“不利于对外贸易”，但斯密仍然支持这部法律（*WN* IV. ii. 24 – 30）。类似地，斯密赞成对渔业发放出口奖励金（*WN* IV. v. a. 27），也支持那些为了保护国防相关产业而设置的贸易限制措施，例如对火药工业的保护（*WN* IV. v. a. 36）。他甚至赞成那些和“野蛮”民族（如非洲或东印度）进行贸易的公司拥有临时性垄断，因为这些公司需要承担一些防御费用，比如修建堡垒和驻兵以保护自己的仓库（*WN* V. i. e. 30）。

因此，斯密对战争频次增加和持续时间延长的担心是有道理的。商业活动的确破坏了整个社会中自火器发明以来就很看重的尚武精神和军事纪律，但是这种破坏并不会体现在常备军身上，因为常备军中的士兵的特征就在于他们的尚武精神和军事纪律，这也是实施严格的军事法律的结果。让斯密担心的是，通过债务融资，战争的感知成本会降低，导致君主会越来越希望利用军工企业进一步拓展帝国的疆域。

## 7. “人道的”战场？

虽然斯密似乎担心和气贸易不一定能够缓解国家间的冲突，但他确实看到了战场变得“更温和”。斯密在他的《法理学讲义》中解释了人道主义行为在战争中增加的现象，尤其是在当时欧洲国家之间的战争中。斯密指出，野蛮与血腥是属于古代社会战争的特征，相比之下，在他所处的时代，即使在战场上，人们也流露出对人和财产更多的尊重。

斯密使用战俘待遇的变化来论证这一点。但是，与休谟（2003 [1772]，第 28 页）等人的观点不同，斯密并没有将对战俘更人道的待遇归因于国家法律的发展。对斯密而言，这种“人道方面的改善”（*LJB* 347）并不是商业社会发展的结果，也不是国家法律进步的产物，因为斯密认为这些法律实际上

① 另外两项职责是司法和对特定公共机构的维护。

“常常被人违反，这不会使违法者在其同胞中遭受什么值得重视的耻辱”（*TMS* III. 3. 42）。他观察到，人们“对各国法律的尊重……常常只不过是装腔作势”（*TMS* VI. ii. 2. 3；*LJB* 339）。相反，他得出的结论是，更高层次的人道主义是基督教信仰的结果，是“策略考量而非人性本身”的结果，也是武器发展的结果（*LJB* 348）。① 基督徒“有义务”以人道的方式对待其他基督徒，这就是战争中的人道主义行为在教皇统治时期有所增加的原因。②

另外，斯密认为，一支来自非商业社会的侵略军经常会使战败国的人民遭受毁灭性打击和野蛮对待，但一支来自商业社会的侵略军则可能使他们避免承受这种命运。商业社会的侵略者并不会抢劫农民，而会向农民购买粮食，以获得军队无法在行军时携带的粮食，从而也保证了军队稳定的粮食供给。③ 在某些情况下，“对一个文明程度高的国家来说，战争并非无利，因为许多人实际上能通过战争致富”（*LJB* 349），对那些提供粮食的农民来说尤其如此。④

然而，战争向人道主义方向的发展并没有打消斯密的顾虑，他仍然认为国际战争的数量并不会因此减少、持续时间不会缩短。

## 8. 结论

贸易能够带来和平吗？与人们普遍认同的观点不同，虽然斯密是最著名的商业贸易的推动者之一，他也认为贸易在促进社会文明方面具有重要作用，但他在回答“贸易能否带来和平”这个问题时给出了否定的回答。贸易以及贸易创造的财富可能并不会减少国际冲突，实际上可能使冲突增加。这并不是因为贸易是战争的延伸，也不是因为贸易没有提供“团结和友谊的纽带”，而是因为一系列扭曲的激励：贸易及其带来的财富增加了一些商业利益集团的权力，减少了战争的相对成本和感知成本。

今天我们仍然在讨论贸易对战争的影响，以及当代战争发生的可能性，分析斯密的观点可以为这一讨论引入经济分析的思路，做出新的贡献。斯密认

---

① 也可参见 Buchan（2006）。

② 这个观点只在两个基督教国家之间的战争中成立。斯密发现当时的欧洲国家展现的人道主义程度在与非基督教国家的战争中就变得很低，比如十字军东征（*LJB* 347 – 348）。

③ 不过在海战中并不是这样的情形，在海战中，“海军大将会扣押和掠夺截获的商船”（*LJB* 348），因为由此得来的战利品可以很容易地装在自己的船上。

④ 但其他群体可能会遭受损失，尤其是地主。斯密说，“农民的致富是以牺牲地主和上层阶级为代价的，这些人在这种情况下一般都会陷入破产”（*LJB* 349）。

为，无论是在和平时期还是战争时期，商业社会的发展都为一国国内带来了公序良俗，也带来了更多的人性色彩；但是它加大了国际战争发生的可能性和战争持续的时长。不同国家经济发展的差异，加剧了国家间财富的不平等程度，而这可能会导致国际战争频率的增加，因为对穷国来说，富国是一个充满吸引力的目标。① 另外，对斯密来说，战争发生的可能性会随着贸易的增长而增大，因为商人和制造业者“卑鄙自私”地“胁迫”立法机构，也会错误地使民众相信“建立垄断和提高商业利润实际上对国家有利”。大多数民众会支持更多的战争，因为人们感觉实现“帝国梦”的成本并不是很高。在商业社会中，士兵可以停止生产性工作而投身战争，而这并不会影响其他居民的生存问题；如果在农业社会，国家非常贫穷，就无法在避免饥荒的情况下长期地支持军队作战，因此那个时期的战争通常不会持续很久。对斯密而言，战争的相对价格随贸易的增长而下降，而就如一般的需求和价格的关系一样，战争价格的下降会使战争的需求增加。此外，斯密认为，即使战争的绝对成本增加，但由于商业社会可以利用债务融资，因此支付能力也有所提高。债务融资降低了人们可感知到的战争成本，从而为更加频繁和更加持久的战争提供了越来越多的支持。

因此，尽管贸易并不是战争的延伸，尽管它是“团结和友谊的纽带”，但是在商业时代战争并不一定会减少，原因在于相对成本和感知成本的降低以及商人的“贪婪”这两种因素带来的激励扭曲。虽然斯密努力推动自由贸易并为之辩护，但是他也给我们提供了另一种分析贸易对战争影响的思路，同时告诫我们，不要认为当前的和平是理所当然的。

（中国人民大学 李黎力 周昕煜 译）

## 参考文献

Alvey，J. 2003. *Adam Smith：Optimist or Pessimist? A New Problem Concerning the Teleological Basisof the Commercial Society*，Aldershot，Ashgate.

Anderton，C. H. and Carter，J. R. 2009. *Principles of Conflict Economics：A Primer for Social Scientists*，Cambridge，Cambridge University Press.

---

① 对于斯密关于经济增长和不同国家的差异化发展的理论，可以参考 Schumacher（2016）。

Angell, N. 1910. *The Great Illusion: A Study of the Relation of Military Power in Nations to Their Economic and Social Advantage*, London, Heinemann.

Barbieri, K. 1996. "Economic interdependence: a path to peace or a source of interstate conflict?" *Journal of Peace Research*, vol. 33, no. 1, 29 – 49.

Barbieri, K. 2002. *The Liberal Illusion: Does Trade Promote Peace?*, Ann Arbor, University of Michigan Press.

Berry, C. J. 2013. *The Idea of Commercial Society in the Scottish Enlightenment*, Edinburgh, Edinburgh University Press.

Buchan, B. 2006. "Civilisation, sovereignty and war: the Scottish enlightenment and international relations", *International Relations*, vol. 20, no. 2, 175 – 92.

Buzan, B. 1984. "Economic structure and international security: the limits of the liberal case," *International Organization*, vol. 38, no. 4, 597 – 624.

Copeland, D. C. 2015. *Economic Interdependence and War*, Princeton, Princeton University Press.

Coulomb, F. 1998. "Adam Smith: a defence economist," *Defence and Peace Economics*, vol. 9, no. 3, 299 – 316.

Doyle, M. and Recchia, S. 2011. "Liberalism in international relations," pp. 1434 – 39 in Badie, B., Berg-Schlosser, D. and Morlino, L. (eds), *International Encyclopedia of Political Science*, vol. 5, Los Angeles, Sage.

Dunne, P. and Coulomb, F. 2008. "Peace, war and international security: economic theories," pp. 13 – 36 in Fontanel, J. and Chatterji, M. (eds), *War, Peace and Security*, Bingley, Emerald.

Gartzke, E. and Hewitt, J. J. 2010. "International crises and the capitalist peace," *International Interactions*, vol. 36, no. 2, 115 – 45.

Gartzke, E. and Li, Q. 2003. "War, peace, and the invisible hand: positive political externalities of economic globalization," *International Studies Quarterly*, vol. 47, no. 4, 561 – 86.

Gelpi, C. F. and Grieco, J. M. 2008. "Democracy, interdependence, and the sources of the liberal peace," *Journal of Peace Research*, vol. 45, no. 1, 17 – 36.

Goenner, C. F. 2004. "Uncertainty of the liberal peace," *Journal of Peace Research*, vol. 41, no. 5, 589 – 605.

Goodwin, C. D. 1991. "National security in classical political economy," *History of Political Economy*, vol. 23, Annual Supplement, 23 – 35.

Grotius, H. 2005 [1625]. *The Rights of War and Peace*, vols 1 – 3, Indianapolis, Liberty Fund.

Hanley, R. P. 2014. "The 'Wisdom of the State': Adam Smith on China and Tartary," *American Political Science Review*, vol. 108, no. 2, 371 – 82.

Hanley, R. and Paganelli, M. P. 2014. "Adam Smith on money, mercantilism, and the system of natural liberty," pp. 185 – 200 in Carey, D. (ed.), *Money and Political Economy in the Enlightenment*, Oxford, Voltaire Foundation.

Harpham, E. J. 1984. "Liberalism, civic humanism, and the case of Adam Smith," *American Political Science Review*, vol. 78, no. 3, 764 – 74.

Hegre, H., Oneal, J. R. and Russett, B. 2010. "Trade does promote peace: new simultaneousestimates of the reciprocal effects of trade and conflict," *Journal of Peace Research*, vol. 47, no. 6, 763 – 74.

Hill, L. 2009. "Adam Smith on war (and peace)," pp. 71 – 89 in Hall, I. and Hill, L. (eds), *British International Thinkers from Hobbes to Namier*, New York, Palgrave Macmillan.

Hirschman, A. O. 1997 [1977]. *The Passions and the Interests: Political Arguments for Capitalism Before Its Triumph*, Princeton, Princeton University Press.

Hont, I. 2005. *Jealousy of Trade: International Competition and the Nation-State in Historical Perspective*, Cambridge, The Belknap Press.

Hume, D. 1983 [1778]. *The History of England: From the Invasion of Julius Caesar to the Revolutionin 1688*, vols 1 – 6, Indianapolis, Liberty Fund.

Hume, D. 1987a [1752]. "Of commerce," pp. 253 – 67 in Miller, E. F. (ed.), *Essays Moral, Political, and Literary*, Indianapolis, Liberty Fund.

Hume, D. 1987b [1752]. "Of the populousness of ancient nations," pp. 377 – 464 in Miller, E. F. (ed.), *Essays Moral, Political, and Literary*, Indianapolis, Liberty Fund.

Hume, D. 2003 [1772]. *An Enquiry Concerning the Principles of Morals* [*EPM*], Oxford, Clarendon Press.

Kant, I. 1903 [1795]. *Perpetual Peace: A Philosophical Essay*, London, Swan Sonnenschein & Co.

Keshk, O. M. G., Pollins, B. M. and Reuveny, R. 2004. "Trade still follows the flag: the primacy of politics in a simultaneous model of interdependence and armed conflict," *Journal of Politics*, vol. 66, no. 4, 1155 – 79.

Kim, H. M. and Rousseau, D. L. 2005. "The classical liberals were half right (or half wrong): newtests of the 'liberal peace'," 1960 – 88, *Journal of Peace Research*, vol. 42, no. 5, 523 – 43.

Lektzian, D. and Souva, M. 2009. "A comparative theory test of democratic peace arguments, 1946 – 2000," *Journal of Peace Research*, vol. 46, no. 1, 17 – 37.

Mansfield, E. D. and Pollins, B. M. 2001. "The study of interdependence and conflict: recent advances, open questions, and directions for future research," *Journal of Conflict Resolution*, vol. 45, no. 6, 834 – 59.

Manzer, R. A. 1996. "The promise of peace? Hume and Smith on the effects of commerce on warand peace," *Hume Studies*, vol. 22, no. 2, 369 – 82.

Martin, P., Mayer, T. and Thoenig, M. 2008. "Make trade not war?," *The Review of Economic Studies*, vol. 75, no. 3, 865 – 900.

Modelski, G. 1972. *Principles of World Politics*, New York, Free Press.

Montes, L. 2004. *Adam Smith in Context: A Critical Reassessment of Some Central Components of His Thought*, New York, Palgrave Macmillan.

Montes, L. 2009. "Adam Smith on the standing army versus militia issue: wealth over virtue?" pp. 315 – 34 in Young, J. T. (ed.), *Elgar Companion to Adam Smith*, Cheltenham, Edward Elgar.

Montesquieu, B. D. 1950 [1748]. "De l'Esprit des Lois," *Œuvres Complètes de Montesquieu*, vol. 1, Paris, Nagel.

Montesquieu, B. D. 1989 [1748]. *The Spirit of the Laws*, Cambridge, Cambridge University Press.

Neocleous, M. 2013. "O Effeminacy! Effeminacy! War, masculinity and the myth of liberal peace," *European Journal of International Relations*, vol. 19, no. 1, 93 – 113.

Paganelli, M. P. 2013. "Commercial relations: from Adam Smith to field experiments," pp. 333 – 52 in Berry, C. J., Paganelli, M. P. and Smith, C. (eds), *The Oxford Handbook of Adam Smith*, Oxford, Oxford University Press.

Paganelli, M. P. 2017. "Boys do cry: Adam Smith on wealth and expressing emotions," *Journal of Scottish Philosophy*, vol. 15, no. 1, 1 – 8.

Pinker, S. 2011. *The Better Angels of Our Nature: Why Violence Has Declined*, New York, Viking.

Polachek, S. W. and Seiglie, C. 2007. "Trade, peace and democracy: an analysis of dyadic dispute," pp. 1017 – 73 in Sandler, T. and Hartley, K. (eds), *Handbook of Defense Economics, Vol. 2: Defensein a Globalized World*, Amsterdam, North-Holland.

Robertson, J. 1985. *The Scottish Enlightenment and the Militia Issue*, Edinburgh, Donald.

Schliesser, E. 2017. *Adam Smith: Systematic Philosopher and Public Thinker*, New York, Oxford University Press.

Schneider, G., Barbieri, K. and Gleditsch, N. P. 2003. "Does globalization contribute to peace? A critical survey of the literature," pp. 3–29 in Schneider, G., Barbieri, K. and Gleditsch, N. P. (eds), *Globalization and Armed Conflict*, Lanham, Rowman & Littlefield.

Schumacher, R. 2016. "Adam Smith and the 'Rich Country-Poor Country' debate: eighteenth century views on economic progress and international trade," *The European Journal of the History of Economic Thought*, vol. 23, no. 5, 764–93.

Sebastiani, S. 2013. *The Scottish Enlightenment: Race, Gender, and the Limits of Progress*, New York, Palgrave Macmillan.

Sher, R. B. 1989. "Adam Ferguson, Adam Smith, and the problem of national defense," *The Journal of Modern History*, vol. 61, no. 2, 240–68.

Shinar, D. 2013. "Reflections on media war coverage: dissonance, dilemmas, and the need for improvement," *Conflict & Communication*, vol. 12, no. 2, 1–13.

Signorino, R. 2016. "How to pay for the war in times of imperfect commitment: Adam Smith and David Ricardo on the sinking fund," *The European Journal of the History of Economic Thought*, vol. 23, no. 4, 544–60.

Silberner, E. 1972 [1946]. *The Problem of War in Nineteenth Century Economic Thought*, New York, Garland.

Smith, A. 1976a [1776]. *An inquiry into the nature and causes of the Wealth of Nations* [WN] in Campbell, R. H. and Skinner, A. S. (eds), *The Glasgow Edition of the Works and Correspondence of Adam Smith*, vols 2a–2b, Oxford, Oxford University Press.

Smith, A. 1976b [1759]. *The Theory of Moral Sentimens* [TMS] in Raphael, D. D. and Macfie, A. L. (eds), *The Glasgow Edition of the Works and Correspondence of Adam Smith*, vol. 1, Oxford, Oxford University Press.

Smith, A. 1978 [1762–1766]. *Lectures on Jurisprudence* [LJ] in Meek, R. L., Raphael, D. D. and Stein, P. (eds), *The Glasgow Edition of the Works and Correspondence of Adam Smith*, vol. 5, Oxford, Oxford University Press.

Smith, C. 2014. "'We have mingled politeness with the use of the sword': nature and civilizationin Adam Ferguson's philosophy of war," *The European Legacy*, vol. 19, no. 1, 1–15.

Souva, M. and Prins, B. 2006. "The liberal peace revisited: the role of democracy, dependence, and development in militarized interstate dispute initiation, 1950–1999," *International Interactions*, vol. 32, no. 2, 183–200.

Van de Haar, E. 2009. *Classical Liberalism and International Relations Theory: Hume, Smith, Mises, and Hayek*, New York, Palgrave MacMillan.

Van de Haar, E. 2010. "The liberal divide over trade, peace and war," *International Relations*, vol. 24, no. 2, 132–54.

Van de Haar, E. 2013. "Adam Smith on empire and international relations," pp. 417–39 in Berry, C. J., Paganelli, M. P. and Smith, C. (eds), *The Oxford Handbook of Adam Smith*, Oxford, Oxford University Press.

Waltz, K. N. 1970. "The myth of national interdependence," pp. 205–23 in Kindleberger, C. P. (ed.), *The International Corporation*, Cambridge, MIT Press.

Waltz, K. N. 1979. *Theory of International Politics*, Boston, McGraw-Hill.

Ward, M. D., Siverson, R. M. and Cao, X. 2007. "Disputes, democracies, and dependencies: a reexamination of the Kantian Peace," *American Journal of Political Science*, vol. 51, no. 3, 583–601.

Wyatt-Walter, A. 1996. "Adam Smith and the liberal tradition in international relations," *Review of International Studies*, vol. 22, no. 1, 5–28.

# 前沿

Guide

Comparative

# 经济学的政治边界

**路易吉·津加莱斯**

战争太重要了，不能托付给军人处理。

——乔治·克列孟梭

本着克列孟梭的精神，亨廷顿（1981）声称，民主国家军事战略的最终责任归于文职政治领导层。相反，如果军事力量控制了政治决策，那么就是军事独裁。同样，一个国家经济政策的最终责任应该归于政治领导层。如果经济学家控制了它，那么就是技术专家独裁。

尽管有阿罗（1951）的不可能性定理，但是大多数经济学家至少在理论上接受如下观点：社会偏好应该通过民主程序决定，而经济学家的作用只在于使推导自这些偏好的社会福利函数最大化。实际上，我们经济学家中的许多人，无论是在理论工作中还是在政策建议中，似乎都打破了这种藩篱，抱持着好为人师的态度，（直白或隐晦地）声称我们比当选的民众代表更清楚什么对社会有益。因此，我们不只是扮演顾问的角色，还使用我们的工具和专业知识向社会推行我们的观点。然而，当我们这样做时，我们通常不会质疑民主的原

---

* Luigi Zingales，芝加哥大布斯商学院 Robert C. McCormack Distinguished Service 教授，主要研究领域为公司治理、金融发展、政治经济学和文化的经济影响。原文“The Political Limits of Economcis”发表于 *AEA Papers and Proceedings*，2020（110），pp. 378 – 382.

** 作者感谢 Nava Ashraf、Sam Bowles、Luigi Guiso、Roger Koppl、Dani Rodrick、Matt Stoller 以及 Paul Tucker 极富思想的评论。

则，但是会找出政治制度无法代表多数人意志的原因。于是，用我们的偏好代替多数人的偏好不仅是合法的，而且是解决政治失败的必要条件。这是一个危险的过程，我将在这篇短文中尝试探讨其原因和解决办法。

塔克（Tucker，2018）研究了独立政府机构背景下专家的政治边界问题。他设计了五项授权原则，以防止专家过度攫取权力。相比之下，我关注的是，我们经济学家在专业范围内可以做些什么来改进这个问题。

## 1. 政治失败

### 1.1 选民被认为是愚昧的

最严重的政治失败是由奥巴马总统的医疗改革顾问乔纳森·格鲁伯提出的。在宾夕法尼亚大学的一次小组讨论中，他坦率地说出了许多经济顾问都不敢表达的观点：《平价医疗法案》是故意“以一种折磨人的方式”编写的，为的就是掩盖它创造的制度让“健康的人给钱而生病的人领钱”这一事实。由于“美国选民的愚昧”，模糊是必要的。① 因而，假设大多数美国选民由于其无知或者愚昧，不想要一个风险分担的医疗保健体系，那么顾问的作用就是千方百计地推行这个体系，必要时可以混淆选民的视听，让他们无法阻止方案的实施。

这种态度并不是格鲁伯和民主党人独有的。布什政府的一位高级官员菲利普·斯瓦格尔写道，“对保险定低价与为资产支付过高价格的经济意义相似，但事实证明，前者的透明度要低得多”（Swagel，2009，第 60 页）。他认为，该见解是奥巴马政府战略的一个重要优势。背后的观念依然认为选民是愚昧的，他们阻止经济学家做正确的事情（这里的例子就是高价购买不良抵押贷款，以减轻银行业的负担）。

### 1.2. 政客是短视的

布林德（Blinder，1997，第 120 页）提出的版本只比上述观点略为复杂。“对民主政府来说，短视是一个严重的现实问题，”他写道，“因为政治往往会导致短视，即使不是只到下一次民意调查，通常也只到下一次选举。被要求权

① https：//www. youtube. com/watch？ v = G790p0LcgbI.

衡短期成本与长期收益的政客可能会系统性地忽视未来。”此处的隐含假设是经济学家不会有这种短视，但这究竟是因为他们有不同的动机，还是因为他们有更优越的智力，则不得而知。

鉴于这些假设，布林德认为，美国人“画错了界线，留给政治的政策空间太多，而留给专家的政策空间太少”。因此，他主张在税收、贸易、军事等领域建立更多像美联储一样的独立机构。

### 1.3 时间不一致性

上述观点的更精炼版本来自关于时间不一致性的文献（Kydland and Prescott，1977）。这个版本没有质疑人们根据其个人偏好投票的能力，而是质疑选民在考虑其决策的长期后果后进行策略性投票的能力。以资本税为例。较低的资本税会导致较高的储蓄，一旦这些较高的储蓄再转变成资本，政府就会忍不住对这些沉没资本征税。在模型中，即使最仁慈的政府也无法抗拒这种诱惑，因为对于筹集收入来说，在事后对沉没资本征税是成本最低的方式。

该模型背后的假设就是，选民不了解政府偏离最优长期政策的后果，并且不会惩罚偏离最优长期政策的当选代表。当小布什偏离他的承诺“请仔细听好，没有新税收”时，他未能再次当选。德国选民肯定会惩罚违反维持低通胀承诺的政府，即使这会暂时增加就业。总之，这个观点认为，与选民不同，经济学家更了解承诺的价值。因此，他们需要设立一些机构，例如由经济学家运行的独立中央银行，以履行这种承诺。

三个模型都认为，经济学家或其他行政人员采取的非透明行动是想要最大化顽固选民的福利，因此是最优策略。在关于时间不一致性的研究中，这种非透明的行为被视为一种承诺手段，其作用机制更多是依靠假设而非解释。

### 1.4 经济不一致性

最明确的经济不一致性出现在我们经济学家事实上废除了某部现有法律的时候，因为我们认为它与经济学思维不一致。《罗宾逊 - 帕特曼法案》（Robinson-Patman Act）就是这样的例子。该法案于 1936 年通过，其目的是“在经济普遍不景气时期保护小企业免受大规模分销商的竞争性取代”（Rowe，1980 年，第 508 页）。尽管曾被多次尝试废除，但《罗宾逊 - 帕特曼法案》仍在生效。然而，它并没有得到执行，因为我们经济学家发现它“与促进竞争的反垄断目标不一致”，并且已经事实上废除了它：在过去的20年里，联邦贸易委员会只提起了一例相关案件（Blairand De Pasquale，2014，pS214）。

有趣的是，促进竞争并不是立法者在制定大多数美国反垄断法时的（唯一）目标。那么，为什么《罗宾逊－帕特曼法案》不适用了呢？

在20世纪70年代，将经济分析引入反垄断法导致了将消费者福利作为反垄断的唯一目标（Bork，1978）。一旦这一思想成为主流，像《罗宾逊－帕特曼法案》这样的法律就可能会因为与这个（由我们经济学家选择的）首要目标明显不一致而被“废除”。

### 1.5 政治不一致性

阿西莫格鲁和罗宾逊（Acemoglu and Robinson，2013）指出，好的经济学并不总能带来好的政策，因为好的经济政策可能会对未来的政治均衡产生不利影响。他们的解决方案是将政策的政治后果纳入经济模型，并提出考虑过这些政治后果的政策建议。

我担心这种策略甚至会进一步模糊经济与政治。如果一个经济学家相信降低工资会增加就业，并且相信削弱工会力量会降低工资，那他应当如何向肩负经济振兴任务的民选总统提供建议？他应该为总统提供削弱工会力量以实现其目标的选项（同时警告总统可能的政治后果），还是应该完全忽略这个选项，只是因为他个人反对这样做？更糟糕的是，当有更好的促进就业的政策选择时，而且他也喜欢相应的政治结果，他是否应该建议这个选项？

如果后一个选项是由政治顾问提供的，它将是很好的政治建议，但如果由经济学家提供，则将是欺骗性的经济建议。它将政治目标伪装成技术化的建议。

当国际货币基金组织提供政策建议时，这个问题尤其严重。国际货币基金组织的顾问是否应该关心他推荐的政策会导致一个国家现任领导人垮台？答案是否取决于现任领导人是民主选举产生的还是残暴的独裁者？经济建议应该止步于哪里，政治建议又该从哪里开始？

## 2. 自食其果

为了帮助重建经济学与政治之间的恰当边界，我们经济学家应当将我们强大的方法论运用于经济学。

在此过程中会发现我们是“涅槃谬误”（nirvana fallacy）① 的受害者。我们将政治进程的失败与哲学王专家心目中的理想状态进行比较。毫不奇怪，后者总是胜出。如果我们不只是为了攫取权力，而是尝试解决效率低下的问题，我们应该将政治失败的严重程度与经济学家指手画脚造成的扭曲进行比较。我们再次发现，经济学家造成的扭曲与其他人的并没有什么不同。

首先，我们有自我激励的信念，而且会夸大政治失败的重要性，只要这么做会增加经济学知识的重要性。相反，当这些政治失败不适合我们的模型时，我们可能会忽略它们。例如，吉伦斯和佩奇（Gilens and Page，2014）表明，美国政府的政策似乎更多地响应经济精英的利益，而不是大多数人的偏好。虽然这看起来是对政治进程最直接的扭曲，但就我所知，没有任何经济学模型试图解决这个问题。

其次，我们经济学家的偏好与其他人群的偏好不一致。我们往往更加自利（Frey and Miere，2003），并且更加相信市场和政府干预（Sapienza and Zingales，2013）。与监管者一样，我们经济学家也会被未来的雇主或者数据提供者俘获（Zingales，2014）。

经济学家相对于其他学科学者的自我优越感使我们特别容易形成群体思维（Janis，1972）。其结果是经济学家过度因循守旧，尤其是盲从那些与其他人群的想法相去甚远的想法，这种模式与萨皮恩扎和津加莱斯（Sapienza and Zingales，2013）的研究发现是一致的。

最后，同样重要的是，新古典经济学将效率和分配分开，且只关注前者。因此，根植于我们方法中的（隐性）偏好并不是政治中性的，它们显然有利于最强大的参与者，在不考虑任何分配的情况下，这些人将获得更大份额的收益。

尽管我们经济学家声称我们的建议是“科学的”，但我们不能假装看不见这些建议对大局的影响，正如洛斯阿拉莫斯的物理学家不能忽略其工作产生的影响。

如果我们真有勇气自食其果，我们也应该对政策中的经济干预进行严格的

① 又称完美解决方案谬误，即如果一个方案不完美，就不应该实施该方案。——编者注

成本收益分析。但是，我们分析自己的成本和收益，人们会相信吗？

## 3. 包容的经济学

人们要客观评价自己总是比较困难的。经济学内部的一些力量促使经济学家过度扩展他们在政治领域的职责，或者至少使这种干预更加扭曲，但减少这些力量可能相对更加容易。

朝着这个方向迈进的第一步是将经济学重新融入社会科学。经济学旨在推导出绝对真理。然而，当我们从历史的角度分析这些真理时，很快就会发现它们随着时间而变化。同样，如果我们在更广泛的地域（例如，欧洲和美国）对它们进行分析，就会发现它们在地理上也有所不同。如果我们从研究机构（私立大学与公立大学）的资金来源分析它们，就会发现它们在这个维度上也有所不同。

如果不研究其他社会科学，最终我们经济学家会无意识地成为这些科学所研究的力量的受害者。经济学家如果没有认真接受这些社会科学的训练，就很难获得更广泛的认识。

朝着上述方向迈进的另一步是更宽容地对待非正统研究。当伊格纳兹·塞麦尔维斯（Ignaz Semmelweis）报告的证据表明用氯洗手可以减少产褥感染时，他的主张因缺乏科学推理而被驳回（Carter and Carter，2005）。用理论拒绝数据（而不是相反）在经济学中仍然很普遍。我们经济学家凌驾于其他社会科学家的优越感加剧了这个问题。经济学对非正统的另类观点的容忍度非常有限，导致了群体思维以及学术文献与现实问题的偏离。

最后，有位著名经济学家曾警告我，一位经济学家永远不应该在非经济学家面前批评另一位经济学家（我直截了当地违反了这条规则）。这显然是某种形式的合谋，旨在强化我们经济学界的权力和地位。然而，这一合谋行为导致的思想垄断会使专家失败的风险最大化（Koppl，2018）。

经济学界更具多样性（不仅在性别和种族方面，而且在社会经济和文化方面）不仅会降低群体思维的风险，还会减少合谋的机会以及随之而来的专家失败。

## 4. 结论

经济学家对政治决策的侵扰已多到了危险的地步。这对民主社会而言是危险的，对我们经济学专业的长期声誉而言也是危险的。根据塔克（2018）的研究，从历史上看，当中央银行获得强大权力时，它们最终都会因为政治反弹（political backlash）而失去权力。除非我们开始把用于分析他人的工具用于分析自己的局限性，否则我们将面临遭受同样命运的风险。

（中国政法大学　黄健栓　译）

## 参考文献


Acemoglu, Daron and James Robinson, 2013, "Economics versus Politics: Pitfalls of Policy Advice," *Journal of Economic Perspectives*, 27: 2, 173－192.

Arrow, Kenneth, 1951, *Social choice andindividual values*, John Wiley & Sons.

Blair, Roger D. and Christina DePasquale, 2014, "Antitrust's Least Glorious Hour: The Robinson-Patman Act", *The Journal of Law & Economics*, Vol. 57, No. S3.

Blinder, Alan, 1997, "Is Government Too Political?" *Foreign Affairs*, 76: 6.

Bork, Robert H., 1978, *The Antitrust Paradox*. New York: Free Press.

Carter, K. Codell; Barbara R. Carter, 2005, *Childbed fever. A scientific biography of Ignaz Semmelweis*. Transaction Publishers.

Frey and Meier, 2003. "Are politicaleconomists selfish and indoctrinated? Evidence from a natural experiment", *Economic Inquiry* 41: 448－462.

Gilens, Martin and Benjamin I. Page, 2014, "Testing Theories of American Politics: Elites, Interest Groups, and Average Citizens," *Perspectives on Politics*, Vol. 12/No. 3.

Huntington, Samuel P., 1981, *Soldier and the State: The Theory and Politics of Civil-Military Relations*. Belknap Press.

Janis, Irving L., 1972, *Victims of groupthink: a psychological study of foreign-policy decisions and fiascoes*. Houghton, Mifflin.

Kydland, F. and E. C. Prescott (1977), "Rulesrather than discretion: the inconsistency of optimal plans," *Journal of Political Economy*, 85: 473－491.

Koppl, Roger, 2018, *Expert Failure*, Cambridge University Press.

Rowe, Frederick M., 1980, "Political Objectives and Economic Effects of the Robinson-Patman Act: A Conspicuous U. S. Antitrust Policy Failure," *Journal of Institutional and Theoretical Economics* (September 1980), pp. 499－509.

Sapienza Paola and Luigi Zingales, 2013, "Economic Experts vs. Average Americans," *American Economic Review*, 103 (3): 636－42.

Swagel, Philip, 2009, "The financial crisis: An inside view", Brookings Papers on Economic Activity, 1－63.

Tucker, Paul, 2018, *Unelected Power: The Quest for Legitimacy in Central Banking and the Regulatory State*, Princeton Univ. Press.

Zingales, Luigi, 2014, "Preventing Economists' Capture," in *Preventing Regulatory Capture*, D. Carpenter and D. A. Moss (eds.), New York: Cambridge University Press.

# 改革论坛

Reform Forum

Comparative

# 从加入 WTO 到加入 CPTPP

## 中国产业政策的未来

徐林

2001 年 11 月 11 日，中国加入世界贸易组织（WTO）议定书在多哈正式签署，这标志着结束了中国历经 15 年从“复关”到“入世”的漫长谈判，正式加入了世界贸易组织。

今年是中国加入世界贸易组织 20 周年，是值得纪念的一年。中国加入世界贸易组织对中国的改革开放和经济发展，对世界日益深化的经济全球化来说都是大事件。对中国来说，加入世界贸易组织使中国的贸易环境大大改善，在更大范围获得了基于规则保护、更稳定的贸易最惠国待遇，出口产品面临更低的关税障碍和非关税壁垒，围绕贸易争端的解决有了基于多边规则的可预见性。也由于世贸规则的约束，通过修改大量国内法律法规，我国国内涉及经济和市场管制的制度和规则变得更加公开透明并符合国际惯例，营商环境得到相当程度的改善并日益国际化。

为了履行中国的对外承诺，中国政府做了大量工作，实施了大量改革开放的实质性举措，所有承诺全部履行完毕。中国清理了 2300 多部法律法规和部门规章，使中国的市场准入条件更加透明和规范，更具可预见性。通过人大、国务院各部门修订 325 件，废止 830 件，范围涉及货物贸易、服务贸易、知识产权、投资等各个方面；地方政府协同采取行动，共清理出 9 万多件地方性法规、地方政府规章和其他政策措施，并分别进行了修改和废止处理。应该说，这是中国政府为了与国际规则对标进行的涉及面最广的一次制度改革与修订。

中国按照承诺逐步削减进口关税，平均关税总水平从 2001 年的 15.3% 下降到目前的 9% 左右，其中农产品平均关税从 18.8% 降低到 15% 左右，工业品平均关税从 14.7% 降低到 7.5% 左右。除农产品按谈判结果实施关税配额制度外，进口配额等非关税壁垒也相应取消。在服务贸易领域，特别是金融、电信、分销、运输等重要部门，中国服务业的开放水平已接近发达国家，各部门制定、修订了外资市场准入相关法律法规，取消了一些部门对外商企业的歧视性待遇以及股比、数量、地域、资质等方面的限制，不少已经超出了当时的开放承诺。

加入世界贸易组织后，中国的对外贸易获得了大发展，货物进出口总额从 2002 年的 6208 亿美元，增加到了 2020 年的 44670 亿美元，年均增长 11.6%，累计形成的货物贸易顺差达到 5.16 万亿美元，其中来自美国和欧洲的贸易顺差累计分别达到 3.61 万亿美元和 1.86 万亿美元。即便算上服务贸易，中国货物和服务贸易累计形成的贸易顺差也达到了 3.85 万亿美元。中国的投资环境也大大改善，吸引了大量外国直接投资进入中国，中国的产业体系也由于营商环境的改善以及与国际规则和惯例的接轨越来越深地融入国际产业链，成为国际制造体系的重要组成部分，中国也因此成为全球最大、门类最齐全的制造业大国，制造业增加值名列全球第一。2002—2020 年，我国累计利用外国直接投资超过了 1.4 万亿美元，外商投资企业的产业分布和企业结构更加多样化，外商独资企业数量持续上升。金融领域的市场准入也更加开放，外资控股的金融机构数量和领域都在增加。外资通过在中国的商业存在、技术引进、技术转让、技术培训、技术研发等不同方式，为中国的产业升级和技术进步做出了积极贡献。根据公开的官方统计资料计算，外资企业以占 2% 左右的市场主体数，贡献了 10% 左右的就业，40% 左右的进出口，16% 左右的税收。国际贸易和投资规模特别是出口规模的扩张，拓展了中国经济自身生产要素和国内市场决定的生产可能性边界，累计使 3 亿左右的农村富余劳动力得以转移到城市地区的制造业，特别是劳动密集型出口加工业就业。如此大规模的生产要素从劳动生产率更低的农业部门配置到生产率高出几倍的非农产业，不仅大大提高了国家整体的劳动力要素配置效率，也提高了中国经济的增长速度和整体竞争力。大量贫困农民通过跨地区、跨产业转移就业在解决温饱问题的基础上摆脱了贫困，通过参与工业化和城市化进程，提高了自身的就业技能和综合素质，对中国社会的现代化也产生了积极作用和深远影响。所以，无论从哪个视角分析，加入世界贸易组织对中国经济社会发展和产业技术进步的积极效应和财富效应都是全面、显著而深刻的。

2021 年初，当年共同参与谈判工作的同事们通过微信群聚集在一起，觉得有必要将各自参与的谈判经历和体会写出来，或许对历史和未来都会有点用处。我当时的谈判搭档，中国商务部原副部长，现任 WTO 副总干事张向晨先生在赴日内瓦就任前专门电话我，希望我能认真写一篇文章记录当年的谈判点滴，也把个人的专业体会表达出来，给感兴趣的读者和政策制定者带来一些面向未来的启发和思考。向晨的话说得非常真切，他说，如果今年不写出来，再过 10 年到 30 周年时，有的人可能就不在了，有的人想写也写不动了，或者记不住了。这些话对我触动很大，我坚信自己 30 周年时还能活还能写，但觉得早一点写出一些作为当事人的点滴故事和思考，或许对未来是有意义的。

## 一、因产业政策参与中国加入世界贸易组织谈判

1989 年夏天，我从南开大学经济研究所毕业后进入国家计划委员会长期规划司预测调研处任主任科员，主要工作是经济预测和调研。1992 年，因长期规划司和产业政策司合并为长期规划和产业政策司，我调入发展战略和生产力布局处工作，后来又调入产业结构处任副处长。产业结构处是原产业政策司的核心处，刘鹤、杨伟民都分别担任过这个处的处长。结构处的主要工作职能就是分析和研判产业结构变动趋势，研究制定中国的国家产业政策。在时任主管副司长刘鹤的领导下，我参与了 20 世纪 90 年代国家产业政策纲要、汽车产业政策、建筑产业政策，以及为应对亚洲金融危机出台的《当前国家重点鼓励发展的产业、产品和技术目录》等产业政策的讨论、编制和实施。我原本是学数学专业的，后来读了数量经济学专业研究生，主要长于经济模型分析，并无公共政策制定的专业背景和实践经验，跟着领导们参与并共同讨论一些政策和战略话题，对我来说是一个难得的产业政策学习、思考、实践和反思的机会，至今受益匪浅。

作为一个发展中国家，中国产业政策的实践起源于新中国成立后的工业化进程，政府采用中央计划经济手段加速推进工业化。比如，中国的第一个五年计划本质上就是一个以 156 个工业项目为重点的工业化计划，这实际上是不以产业政策为名的产业政策。政府通过中央计划的资源调动能力，将资源优先配

置于计划确定的重点工业项目，这不仅包括资金和土地供给，还包括大学的专业设置和大学毕业生的分配，国家计划项目所需生产和生活资料的配给，甚至还包括配套的专用交通线路的建设。今天我们说的举国体制，是那个年代国家实施重点产业发展或重点项目建设的主要政策机制和手段，算得上名副其实的举国体制。

如果按照更广义的产业政策定义，即政府通过自身掌握的资源配置权影响并改变基于市场资源配置的产业发展路径和模式，中国以工业化为目标的产业政策至少可以追溯到清朝洋务运动前后，那时候清政府不仅有官办的特定产业，甚至还有对私人和外国投资于特定产业的激励政策。但中国真正以产业政策为名开始制定并实施产业政策，是在20世纪80年代中后期。这主要是基于国务院发展研究中心团队对日本产业政策制度的研究、借鉴和建议，他们的研究成果和建议得到了当时国家最高领导人的批示和首肯，认为产业政策是对传统计划模式的一种更市场化的替代。为了贯彻落实领导批示，1988年，原国家计委成立了专门的产业政策司，负责产业政策的制定和实施工作。在时任司长周才裕的领导下，产业政策司研究编制了1989年3月发布的我国第一部以产业政策为名的产业政策《国务院关于当前产业政策要点的决定》。

我在国家计委接触到的第一个产业政策实际案例是1991年参加由副主任芮杏文（曾任上海市委书记）牵头领导的关于若干产业领域重复建设、产能过剩的调研。我参与铝型材小组的调研，专门到广东省佛山市南海大沥镇调研。铝型材加工行业的进入投资门槛和技术门槛都不高，当时很多民营小厂买几台注塑机就可以进行铝型材加工，这些小企业经营灵活，具有明显的成本优势。原有的国有企业设备虽然更好，但因内部机制等原因，结果产能反而得不到发挥，处于亏损状态，因而对南海的民营铝型材加工企业有颇多抱怨，认为它们破坏了市场秩序，产品质量达不到标准。如何看待民营企业进入导致的产能过剩，当时在调研组内部就有不同看法。一种看法是要强化对产能的计划管理，防止民营企业盲目进入导致重复建设和产能过剩，破坏市场秩序；另一种看法认为，在市场经济形成过程中，有一定程度的重复建设和过剩产能是促进市场竞争和产业技术进步的基本条件，不可能通过政府的计划管理做到产能供求完全平衡。让我印象深刻的是，芮杏文副主任作为一名资深的部级领导，在总结讨论时认为，不能因为部分产业放开民营经济的市场准入后存在一定程度的产能过剩，就要对产能实施计划管理，一定程度的产能过剩对促进行业内竞争是有好处的，政府和市场都应该有一定的容忍度。作为从计划经济年代过来的高级领导，芮主任在当时就能有这样的看法真是令人敬佩。最终，国家计委给出的调研结论是整体产能过剩的状况并不严重，引入民营企业促进行业竞争有利于提高产业技术水平和竞争能力，政府需要产业信息披露和投资引导，强化技术标准管理，确保产品质量达标和市场的同质竞争。铝型材加工行业最终的发展结果是，在佛山南海的大沥镇，形成了我国最大的铝型材加工基地，也形成了亚洲规模最大、水平最高的民营铝材加工厂。

进入90年代，特别是经过1989—1991年的“三年治理整顿”和邓小平“南方谈话”后，中国发展和改革进入了新一轮增长周期。为了适应这一趋势，国家计委在编制完成并开始实施国家“八五”计划的同时，开始研究制定面向90年代的新的国家产业政策。1994年上报国务院，最终出台了《90年代国家产业政策纲要》（以下简称纲要）。纲要在深入分析国内需求结构和产业结构变动趋势的基础上，第一次提出了国民经济支柱产业的概念，将汽车、建筑等明确为我国经济的支柱产业，并针对支柱产业的发展，制定了专门的《汽车产业政策》、《建筑产业政策》和《水利产业政策》。特别是汽车产业政策的出台，引起了各方面的广泛关注，这不仅是因为针对我国汽车开始逐步进入家庭的趋势，第一次明确将汽车工业作为国民经济的支柱产业，还因为汽车产业政策在产业组织结构、产业准入、规模经济、合资企业国产化等方面提出的政策举措，引起了国内外媒体、产业界和政府的广泛关注。为了迎接汽车进入家庭时代的到来，《建筑产业政策》还前瞻性地规定城市大型公共建筑和住宅小区，都要规划、设计、建设地下停车场。这些产业政策的出台恰逢中国正在努力进行加入世界贸易组织的谈判，由于美国汽车制造企业的格外关注，美国谈判代表率先提出了讨论中国产业政策的要求。

1995年春，当时的外经贸部国际司易小准处长和张向晨副处长（后分别担任商务部副部长和WTO副总干事）找到我，希望了解我国产业政策的制定情况，并告诉我美方在我国加入世界贸易组织谈判中提出了对我国产业政策的关切。不久后，美国贸易谈判代表办公室（USTR）副代表德沃斯基女士通过外经贸部提出要和我见面，了解中国新颁布的产业政策。考虑到对方是一位美国联邦政府的副部级官员，我请示当时的规划司司长蓝世良，希望他出面牵头会见美方的德沃斯基副代表，我陪同会见。但不知道出于什么原因，蓝司长坚持先由我来会见。最后，我带着处里的一位刚从人民大学毕业的年轻公务员，会见了德沃斯基副代表，回答了她针对中国新出台的产业政策，特别是汽车产业政策提出的问题，并围绕中国产业政策的实施机制和主要政策手段等进行了讨论。从讨论情况看，美方关注汽车产业政策的部分政策手段可能对汽车贸易产生的扭曲性影响，特别是美国汽车进入中国市场，美国汽车企业在中国投资受到的不利影响。此后，因为产业政策问题成为中国加入世界贸易组织谈判的一个议题，我开始作为国家计委的派出成员，正式加入中国入世谈判。1995年6月—1996年7月，我受汉弗莱奖学金资助，赴位于美国首都华盛顿的美利坚大学国际关系学院做了一年研究生访问学习，回国后继续代表国家计委参与相关谈判。

## 二、关于产业政策谈判的主要议题和关注点

从整个谈判议题看，最难的谈判话题并不是产业政策和补贴议题，而是市场准入的相关话题。这包括降低工业制成品关税、取消非关税壁垒、农产品关税和关税配额、信息技术产品零关税（ITA）、服务业市场准入（涉及金融、各类专业服务、批发零售等）。这是因为围绕这些话题的出价（一般被认为是让步或妥协），国内相关部门会存在不同意见，外经贸部在新一轮谈判前协调统一谈判出价和立场都具有较大难度。有时代表团在日内瓦驻地5号（外交部驻日内瓦招待所简称），还不得不为一些出价议题进行内部争吵，立场很难统一。我特别能够理解牵头部门外经贸部特别是谈判代表团负责人龙永图先生的不易，对内对外都需要“打架”以协调谈判立场。在谈判特别胶着且难以取得实质性进展的那段时间，我能感觉出他的焦虑和无奈。有一次晚饭后在日内瓦湖边散步时我问龙部长，我说总书记和总理对中国加入世界贸易组织到底是什么态度？我问这个问题是因为我觉得没有最高领导的政治支持，代表团内部成员和部门之间还存在不同意见，仅靠技术层面对内对外的讨价还价，中国加入世界贸易组织这样的大事件是难以取得实质性进展的。龙部长似乎也没有把握给我一个十分具体的说法，我记得他只是说江总书记喜欢看英文书，他觉得喜欢看英文书的人一般都比较开放，应该会支持中国加入世界贸易组织。后来的事实证明，江泽民总书记和朱镕基总理都对中国加入世界贸易组织谈判给予了强有力的政治支持，在谈判最后阶段都亲自投入时间和精力参与了重大谈判议题的拍板，这是中国最终能够顺利结束谈判的坚强支撑。

相比市场准入的讨价还价，围绕产业政策的磋商并不算特别困难。经过几

次磋商，中国产业政策手段主要有三类：一是关税和非关税措施，主要功能是保护国内产业；二是与贸易有关的投资措施，比如针对外资企业的国产化率（local content）要求，也包括针对国内投资项目的国产比例要求；三是针对特定产业或企业的专项补贴，包括直接财政资助、税收优惠、贷款贴息、价格支持等。前两类议题都有专门的谈判小组负责，但没有专门的工业补贴谈判小组。可能是出于对我的信任，龙永图团长最终决定由我来专门负责工业补贴的谈判。按照当时在代表团内部的分工，补贴领域的谈判主要由张向晨和我负责，他负责农业补贴谈判，我负责工业补贴谈判。

世界贸易组织补贴和反补贴协议对补贴是有明确定义和分类的，对政府补贴有明确的定义，即政府或任何政府机构提供的财政资助即被认定为补贴，主要包括以下几个方面：一是政府涉及的直接资金转移（如赠与、贷款、投股），潜在的资金或债务直接转移（如贷款担保）；二是本应征收的政府收入被豁免或不予征收（如税收优惠和抵免）；三是政府提供不属于一般基础设施的商品或服务，或购买商品；四是政府向基金机构支付款项，或委托或指导私人行使上述列举的一种或多种通常是赋予政府的职权，以及与通常由政府从事的行为没有实质差别的行为；五是政府对企业的收入支持或价格支持。除此之外，协议还定义了专项补贴（professional subsidy）、禁止性补贴（forbidden subsidy）、可诉性补贴（actionable subsidy）、不可诉补贴（non actionable subsidy），以及在何种条件下因补贴导致纠纷，可以通过何种方式解决纠纷或采取反补贴措施。

简单地说，世界贸易组织补贴和反补贴协议禁止成员实施以扩大出口、进口替代为特定业绩目标的补贴，这类补贴属于禁止性补贴；协议把针对特定产业或特定产业主体的政府补贴定义为专项补贴，这类补贴虽然不是禁止性补贴，但由于可能对别国特定产业造成损害，是一种可诉性补贴，在特定情况下会导致争端并面临反补贴措施。除此之外，协议将政府对特定产业主体的直接或非直接研发补贴，在一定条件范围内，视同为不可诉补贴。中国的总体谈判立场是，如果中国作为发展中国家加入世界贸易组织，在允许的过渡期结束后，中国将遵守世界贸易组织反补贴协议的各项规定。

有了上述基本立场，关于工业补贴的谈判不是如何讨价还价，主要任务是梳理国内存在的各类补贴措施并履行通知义务，在此基础上向谈判对象解释各类补贴的含义和范围，解释能力和解释的说服力是关键。为了完成补贴谈判任务，我花了不少时间读懂世界贸易组织的反补贴协议的各项规定，并研究相关国家涉及产业补贴的主要做法，在充分理解的基础上查找梳理我国针对不同工业领域的主要补贴措施并通知世界贸易组织成员。在我接手这项工作时，我们提供给世界贸易组织成员的补贴通知（notification of industrial subsidies）只有4页纸。在谈判时美方代表认为，欧盟成员国提供的补贴通知累计有1000多页，美国提供的补贴通知也有80多页，而中国作为一个非市场经济国家，只提供4页纸的补贴内容肯定是有隐瞒的，完全不具备说服力。在谈判中，美方通过华裔雇员从中国各类官方媒体找到了不少补贴“证据”，并以此作为谈判素材，证明中方没有对国内的工业补贴项目提供足够的通知，这曾经让我十分被动。经过梳理和归纳，我和外经贸部国际司的胡盈之，共同努力提供了一份40多页的工业补贴通知。这些资料散见于中国国内涉及财政税收的各类统计和年报资料中，主要包括针对特定地区和产业的税收优惠政策、国有企业的亏损补贴、预算内研发支出等，大多数是可诉性专项补贴。美方对数据的要求不仅涉及补贴的年度数据总额，还要求落实在不同的产业部门，以便于他们分析中国政府对不同产业的补贴强度。不过，与外方围绕补贴进行的谈判，主要还不是像市场准入谈判那样的讨价还价，更多是解释政府提供各类产业补贴的背景、补贴逻辑、补贴规模、主要做法、未来如何改变等，有时候像是在进行学术探讨而不是在谈判。

与补贴谈判相关的一个话题是国有企业问题。在补贴谈判中，美方代表提出了中国工业部门的国有企业问题。他们认为，中国国有企业本身属于政府出资成立的公司，是政府对企业的资本金或股权支持，符合世界贸易组织补贴和反补贴协议对补贴的定义。此外，他们还认为，中国国有企业相对于民营企业和外资企业而言，利用国有企业具备的政府信用支持，可以从银行享受更低的贷款利率，相当于政府补贴，而且构成了对竞争对手的不合理优势，会导致市场的贸易扭曲。针对外方提出的问题，我根据当时国内国有企业改革的思路和进展，在谈判中进行了如下解释和争辩：一是中国正在对国有部门进行改制，很多地方政府所属的国有企业已经改制为民营企业或混合所有制企业，国有经济还会进一步实施“有进有退”的战略性布局调整，国有经济将逐步收缩在事关国计民生的少数关键领域，特别是提供公共服务和产品的领域，而不是量大面广的竞争性领域；二是中国国有企业从事进口贸易的比重并不大，中国的出口主要是由民营企业和外资企业完成的，国有企业完成的出口占比不到

20%，因此中国国有企业对外国同类产业的直接竞争并不显著；三是国有企业虽然相对于国内民营企业能享受更低的贷款利率，但比境外企业在境外的贷款利率还是要高不少，并没有构成对外国企业直接的财务成本竞争优势。这类解释在当时似乎能得到外方相当程度的理解和接受。

另一个谈判话题是中国作为发展中国家可以享受的过渡期问题。在谈判中，我们坚持中国应该作为一个发展中国家，享有全面履行协议的过渡期安排，但美方似乎对此并不认同。记得有一次在与美方代表讨论这个问题时，美方牵头谈判的官员是曾经负责与日本进行汽车贸易谈判的商务部官员，他当时反驳我关于中国是一个发展中国家的观点时说，虽然中国用人均 GDP 衡量是一个低收入发展中国家，但是在讨论贸易问题时不能完全只看这一个指标，中国的特殊性在于，世界上没有哪个发展中国家有中国这样庞大的制造业体系和制成品出口规模，中国对全球贸易体系的影响是别的规模更小、收入更低的发展中国家难以做到的，所以不能简单地对中国适用针对一般发展中国家的过渡期安排。我当然不能同意他的观点，但他的观点也从一个侧面反映了美国对中国作为发展中国家特殊性的一种看法。

实事求是地说，当时的工业补贴问题并没有成为中国加入世界贸易组织谈判的实质性障碍，我们的谈判对手特别是美国并没有过多纠缠这个话题。我个人认为主要有以下几个原因：一是当时中国各级政府的财力还不足以为国内产业发展提供过多的或者显著的专项补贴，很多政府补贴在当时主要用于国有企业下岗职工的安置，而不是真正用于扶持特定产业的发展，不同行业补贴规模占销售收入的比重也达不到补贴和反补贴协议规定的“显著”标准；二是很多在经济特区、各类开发区实施的税收优惠政策，受惠主体不少是外商直接投资企业；三是中国在西方国家掌握核心技术的高附加值产业方面尚不具备供给能力，或者有供给但还不足以构成竞争挑战；四是美国等西方国家希望将中国纳入多边贸易体系，以规范中国的贸易行为，并没有真正把补贴问题作为阻碍中国加入世界贸易组织的障碍性话题；五是他们更在意的是中国加入世界贸易组织后会按照承诺尽快实现向市场经济体制转轨，遵守补贴和反补贴协议的各项规定，完全取消禁止性补贴，透明实施可诉性补贴和不可诉补贴；六是从国际政治的角度看，西方国家在政治意愿上普遍希望尽快将中国纳入国际多边贸易体系，无意为中国设置太多的谈判障碍。

总体来看，西方国家特别是美国对中国加入世界贸易组织的政治立场和态度对谈判进程起着至关重要的作用。我第一次接触的 USTR 副代表德沃斯基女士，在我们会见后不久就离开 USTR 到日内瓦 WTO 总部工作，多年后一次偶然的机会我了解到，她是因为个人立场上不赞成支持中国加入世界贸易组织而被白宫调离了这个岗位。这说明当时的克林顿政府在政治立场上是支持中国加入世界贸易组织的。在实际谈判过程中，日本作为中国的重要贸易伙伴并在中国有较多合资企业的国家，支持中国加入世界贸易组织的态度也十分鲜明，我们在谈判间隙私下与日本谈判官员接触时，日方成员甚至还会给我们介绍一些日本人如何在谈判中对付美国人的“经验”。与欧盟谈判官员的接触和交流也很融洽，虽然在正式谈判时会因为具体议题争论和讨价还价，但在结束谈判后的交谈中非常友好，我和欧盟的谈判对手在休息时甚至还一起讨论过布莱尔当选英国首相后的英国政治新气象和新面貌，以及在欧盟总部英语和法语的主导性问题，因为毕竟在与欧盟谈判时，工作语言是英语而不是法语。这些谈判工作中的点滴虽多是小事，但能够从一个侧面说明当时围绕中国加入世界贸易组织谈判的国际政治氛围是比较轻松友好的，这有利于加强谈判官员彼此间的信任和营造好的谈判氛围。

2000 年底，围绕工业补贴的谈判和磋商基本结束，我方提供的补贴通知也基本得到认可。由于我在国家计委规划司的主要工作转入了中国第十个五年计划的编制，作为规划起草组核心成员，司领导要求我尽快回归“主业”，如非必要，就不要再参加谈判工作了。虽然我挺想继续参加谈判以更好地了解谈判进程和感兴趣的重要议题，但我还是以自己的主业为重，结束了在谈判代表团的工作，专心投入国家“十五”计划的编制。不过最终我也没有真正从头到尾完成“十五”计划的编制起草工作，2001 年 1 月，受李光耀奖学金资助，我离职一年赴新加坡国立大学李光耀公共政策学院和哈佛大学肯尼迪政府学院攻读公共管理硕士学位。恰恰是在读书期间，中国结束了谈判，正式加入世界贸易组织。当年，肯尼迪政府学院还十分应景地专门围绕中国加入世界贸易组织举办了一场国际研讨会，会议由著名的杰弗里·萨克斯教授主持，我认识的朋友方星海、马骏等中国学者和专家都参加了这次会议。这次会议反响热烈，充分说明中国加入世界贸易组织这一事件的国际影响力。令我记忆深刻的是会上的一段小插曲，一位在哈佛念书的印度学生也参加了会议，他向萨克斯教授提了一个问题，希望他回答印度大概什么时候能够追赶上中国。萨克斯教授迟疑了一会儿后回答：我认为印度的人口总数很快就会追上中国。这个回答引起了会场的哄堂大笑，让我觉得有点意外，让那位印度学生满脸通红，很是尴尬。说实在的，我当时并不喜欢这样的回答，觉得如果教授的回答是个玩笑，这个玩笑也有点过头了。

2002 年，我结束学业回到国家计委规划司工作。商务部易小准与我联系，说是和龙永图副部长商量过，希望邀请我加入商务部新成立的世界贸易组织司，负责政策审议工作。这是一份很专业的工作，需要对国内不同部门的政策机制有足够多的了解，同时还要熟悉世界贸易组织规则，在必要时有能力说服国内的相关政策部门改进政策机制，并对外进行有专业和有说服力的解释。我当时觉得换一个工作领域未尝不可，也感觉自己在国家计委这么多年的历练，有能力胜任这一新岗位的工作，就同意了易小准的邀请。不久后商务部正式给我委人事司发来商调函。由于当时的发改委主要领导、分管领导，以及我所在司司长都不同意，我的调离企图未能成行。2006 年下半年，陈德铭副主任从国家发改委调任商务部部长后，还专门打过一次电话给我，告诉我商务部的事业也很有干头，并希望我找时间去他办公室聊聊。我理解陈部长电话的含义，但考虑到马凯主任刚提拔我担任发改委财政金融司司长，就没好意思过去找陈部长。后来一次和德铭部长聚会时他告诉我，是易小准副部长等建议他把我调过去，他后来也觉得不好意思挖马凯主任的墙脚，此事就此作罢。从此我与世界贸易组织谈判的工作关联就完全结束了。尽管如此，我对世界贸易组织框架下这一领域重要议题的谈判进展却一直保持着敏感和关注，一则是因为对中国经济发展和改革开放有影响，二则是国际规则的变化也会影响中国政府的政策模式和行为手段。

## 三、中国参与并完善国际贸易体制的未来议题

中国加入世界贸易组织 20 年来的发展不仅改变了中国，也在相当程度上改变了世界。在这个过程中，中国与世界的关系、中国与西方的关系、中国与邻国及地区的关系，特别是中国与美国的关系，也相应发生了改变。这些关系的改变毫无疑问对多边贸易体制、区域自由贸易体制与双边自由贸易和投资体制，以及经济全球化进程，都在带来新的影响和挑战。各有关国家都存在一个相互适应变化的过程，并需要重新思考未来的发展道路和体制重建。特别是在新冠疫情后百年未有之大变局的复杂背景下，如何构建国与国之间稳定有序的经济贸易关系，依然是影响国与国之间政治关系的经济基础或“压舱石”，也

是构建人类命运共同体无法回避的话题和挑战，有不少问题值得我们深入思考并明确思路和举措。

### 1. 如何积极参与并完善全球多边自由贸易体制

作为乌拉圭回合谈判的成果，世界贸易组织取代关贸总协定，成为规范全球贸易活动的多边贸易体制，这一体制的核心是谋求基于自由市场经济体制的全球自由贸易和公平竞争。国与国之间通过广泛贸易获得好处的经济学理论基础，经历了从亚当·斯密的基于绝对优势的专业化分工和贸易，到大卫·李嘉图的基于比较优势的分工和贸易理论的演变，各国都可以通过基于市场的自由贸易获得基于生产并出口自身具有比较优势的产品的经济福利。这一多边体制为维护全球自由贸易制定了基本规则、争端解决机制和监督机制，是二战结束后美国主导的国际秩序的支柱之一。但随着全球化的不断深入，贸易规模不断扩大和贸易不平衡格局的演变，这一体制的规则性缺陷和效率低下的弊端也日益显现，对其进行改革完善的呼声日益高涨。多哈回合谈判试图对这一体制进行改革和完善，但由于不同成员间分歧较大，任何具有分歧的议题都很难获得成员“协商一致”的赞成，虽然谈判了20多年，至今未取得任何议题的实质性进展。由于多哈回合谈判迟迟不能在一些议题上取得一致，区域性自由贸易协定越来越成为一些国家解决问题的替代性选择，产生了《全面与进步跨太平洋伙伴关系协定》（CPTPP）、《跨大西洋贸易与投资伙伴关系协定》（TTIP）、《区域全面经济伙伴关系协定》（RCEP）等区域自贸协定等，这些协定不仅覆盖的区域范围不同，涉及的自由贸易领域和标准也有所不同。

从过去几年的变化看，除了原有改革议题的一致性立场外，还有几个关键因素也可能左右未来世界贸易组织改革多边谈判是否能取得积极进展。一是美国对世界贸易组织未来作用的态度，因为在特朗普执政期间，已经基本上甩开世界贸易组织机制，对美国不满的贸易伙伴单独采取提高关税等惩罚行动，并倾向于单独和这些有争端的贸易伙伴通过谈判达成双边协议，表现出对WTO机制的失望和不满。美国上届政府时期国会曾经对WTO改革问题举行过听证会，主要立场和观点包括：WTO改革的第一要务是改革上诉机构，美国在WTO和上诉机构方面总体上得大于失，美国应致力于改革而非摧毁WTO和上诉机构，应由国会而不是美国贸易代表办公室主导美国对WTO的立场和政策，现行破而不立的政策，浪费美国实力，丧失各国信心，不符合美国利益，美国应以上诉机构改革促 WTO 全面改革。但新一届拜登政府如何修正特朗普路线目前尚不明朗，但大致会延续上届政府对 WTO 改革的主要立场，并强调贸易政策要以美国工人阶级和中产阶级为中心，让美国工人阶级和中产阶级从国际贸易中更多受益，并更多关注一些发展中国家获得的不公平特殊待遇问题。二是以美国为首的西方国家不会简单满足于 WTO 原有规则基础上的自由贸易，可能会更在意修改某些现行规则，或增加某些新规则，提高在劳动者权益、环境保护标准（可能涉及碳排放）、知识产权保护、产业补贴、数据安全等方面更高标准的公平竞争基础上的自由贸易。这些立场从几年前 G20（二十国集团）德国峰会宣言中采用公平贸易而不是自由贸易的提法中就已现端倪。最近 G7（七国集团）关于 WTO 改革的宣言，进一步强调了所谓团结民主国家维护自由贸易、关注非市场经济做法对市场的扭曲、强制性技术转让要求等针对中国的议题，具有更多的意识形态和价值观色彩。三是考虑到不少条款的修改或增加具有针对中国的意图，中国政府能在多大程度上接受并做出针对性调整也有相当大的不确定性。四是中国也会提出涉及自身贸易利益和公平贸易的规则修改诉求，比如针对中国的高技术出口限制、市场经济地位问题以及替代国标准问题等。五是发展中国家能在多大程度上形成同一立场，毕竟主要发展中国家之间在贸易关系方面也存在利益差异和同质竞争关系，一些发展中国家可能并不见得会认同中国的所有立场。西方国家能够认同的特殊性待遇，可能只会提供给那些最不发达或低收入国家群体，中国已经不属于这个群体，甚至几年后可能就进入世界银行标准的高收入国家行列，不太可能享受到这一特殊待遇的好处。上述这些不同的议题和因素，在未来的讨论过程中都具有相当的政治经济复杂性，尽管围绕这些议题要达成一致非常困难，但考虑到多边贸易体制的重要性，中国需要有系统的分析、策略和立场，在一些特殊议题上可以考虑在多边一致性和诸边一致性方面做出选择，以便更好地参与、改进、维护更加合理有效的多边自由贸易体制。

### 2. 如何重塑与美国的正常经贸关系

毫无疑问，美国是中国最重要的经济、技术和贸易伙伴，也应该是共同应对全球性挑战的合作伙伴，这不仅是因为两国经济体量巨大，两国间贸易额巨大，中国的贸易顺差主要来自美国，还因为美国是中国主要的高技术来源国，中美两国各自的产业链和技术链相互依赖，并对全球产业链的稳定具有一定影响。正因为如此，中美两国的企业界总体上都希望两国政府能够克服障碍，采取措施稳定两国之间的正常经贸关系。中美过去围绕贸易不平衡问题、知识产权保护问题、反补贴反倾销、汇率操控等问题发生过多次争端和纠纷，但最终都能通过谈判和增加从美国进口等方式予以化解。特朗普政府在对华贸易方面采取了不同于以往的处理方式，开启并升级了全面的关税战，对中国的高技术行业实施了范围日益扩大的技术封锁和关键零部件、设备封锁，从过去传统的与军事用途相关的领域扩大到了民用领域。加之新冠疫情的冲击和蔓延，美国政府采取了在人权、香港、台湾、新疆、病毒溯源、南海等议题上日益敌对的对华政策，中美双边关系正面临改革开放后前所未有的挑战。拜登政府上台后，虽然在双边关系上开展了多次接触，表达了在不同领域与中国开展竞争、合作、对抗的基本立场，但其政策框架并没有完全修正特朗普时期的做法，比较明确的是继续把中国作为战略竞争对手，甚至在南海和台湾问题上更多采取了边缘性博弈手段来挑战中国的核心利益底线，但又明确不希望两国间日益激烈的竞争演变为冲突或新冷战，并希望中美双方能共同加以管控，避免失控。

总的来看，由于政治对经济贸易的干预日益加深，中美经贸关系的好坏依然会受到中美整体外交关系好坏的困扰，这涉及两国在意识形态、政治制度、地缘政治、宗教人权等方面的立场差异，具有相当的复杂性。但从两国经济关系看，美国目前更多担忧的是中国日益增强的产业技术竞争力，以及对美国产业产生的竞争冲击，担心自己诸多领域的技术领先地位会被中国逐渐取代，保持对中国的技术领先已成为他们的首要目标。美国把中国科技和产业升级的成功归结为中国政府实施了日益强化的产业和科技政策支持，得益于中国政府持续强化的进口替代补贴支持。恰恰是出于上述主观理解和部分实证支持，美国政府一方面公开指责中国的产业政策模式，另一方面正在对中国采取日益严格且广泛的高技术产品出口封锁，并试图联合其西方发达国家盟友，共同实施对中国的技术封锁，甚至不惜实施与中国的产业链和技术链脱钩，以阻碍中国产业技术进步和产业升级的步伐，以此保持美国自身的技术领先和竞争优势。从美国和部分西方国家近年来的具体做法看，虽然中国对美国和西方国家的实质性态度和立场并没有发生大的变化，但他们对中国的态度的确发生了很大变化，他们的策略似乎在有意妖魔化中国或抹黑中国执政党和政府，渲染中国对西方世界和国际秩序的挑战，以便在采取敌对中国的政策时获得更有利的国内政治环境。因此，中美政治和经贸关系在政治上已经成为双方政界十分敏感的政治话题，在这种政治环境下处理好中美两国的经贸关系和纠纷，毫无疑问会比过去困难复杂得多。

从美国国内政治对华态度演进趋势和国际环境变化趋势看，美国不太可能满足于通过谈判获取中国通过增加从美国的进口缩小中美贸易顺差的结果，而会以所谓市场经济标准的结构性改革、公平竞争基础上的自由贸易等为由，逼迫中国政府在国有企业、产业政策、政府补贴、劳工权利、气候环境、知识产权保护等领域做出进一步改革并减少市场和贸易扭曲的承诺，强化对双边协议实施的监督。美国智库最近也加大了对中国不同行业产业政策和政府补贴对市场和贸易扭曲的实证性学术研究，并提出了针对中国的所谓“创新重商主义”的新概念，对中国的创新驱动政策进行重商主义归类，并认定中国带有重商主义色彩的创新政策会阻碍全球创新，需要发达国家携手共同应对。这类研究可能会为未来中美贸易谈判涉及的结构性改革议题提供学术支撑或讨价还价的“炮弹”。作为应对，中国智库也需要深化对美国或其他西方国家类似政策的系统研究，在知己知彼的基础上提出我们自己能够主导的谈判议题。因为在贸易投资自由化和公平竞争方面，美国和西方国家政府的做法并非无懈可击，他们在技术创新、军事采购、产业补贴等方面，也有许多各自不同的做法和模式，值得我们认真研究和对待。从公平对等角度看，我们需要在谈判中促使美国和其他西方国家放弃对中国长期实施且范围日益扩大的技术出口限制，如果美国不放弃高技术出口限制，中国就有权实施这些领域的进口替代政策，这本身就是一种对等的竞争博弈。从大的贸易平衡角度看，我们不仅要看中美之间的货物贸易，还要看服务贸易，并从货物贸易、服务贸易的大视角，以及如何更好服务国内消费升级、产业升级、低碳转型，分析判断有利于我国的综合性双边贸易投资框架和相关谈判议题，寻求更综合的双边利益平衡。特别值得研究的是，如何在气候变化合作方面，立足于碳中和目标的实现，推动中美之间在绿色低碳领域技术、产品、服务的贸易自由化和投资便利化，消除跨境交易的任何不合理障碍。

### 3. 如何推进中国的自由贸易区战略

尽管全球不少国家出现了反全球化趋势和贸易保护的民粹浪潮，但专业性主导力量依然相信并坚持自由贸易制度，只是更多强调在公平竞争上的自由贸易体制和投资便利化体制，越来越多地推崇所谓高标准自由贸易体系建设。中国加入世界贸易组织后，通过全球化经营实实在在地享受了自由贸易体制的好处，国家对外开放的方向和目标没有改变也没有必要改变。中国过去的对外开放路径总体上经历了从选择性对外开放、全方位对外开放，到国家“十四五”规划纲要提出的高水平对外开放的演变进程，并开始实施自由贸易区战略，在国内多地进行了自由贸易区试点，在海南全岛实施封闭式管理的自由贸易港制度。这些做法总体上表明了中国政府坚持扩大开放的基本立场和姿态，也就是说不管国际环境如何变化，中国对外开放的大门只会越开越大。但如何更好地适应新的国内外环境变化，更有效地推进中国的自由贸易区战略，还需要进一步厘清思路并有步骤地加以实施。

首先，要看到国内现有自贸区试点示范的局限性。从上海开始的自由贸易区试点示范已经推广到全国多个地区，并扩展到海南自贸港建设。但从试点示范的主要内容看，自贸区试点示范更多体现的是国内自主扩大开放的一种试验，主要体现在货物贸易、服务贸易的市场准入，贸易和投资方面进一步便利化，以及营商环境的国际化改善上，并不涉及与有关国家和地区的双边或区域性的共同关税减让、市场准入扩大以及需要共同遵守的贸易投资和市场竞争规则。这一试点在某种程度上已经成为各省区市极力争取的一种区域政策或区域开放政策，对未来在国家层面构建多边、区域和双边多层次自由贸易协议，很难起到实质性的试验和示范作用。如果要真正让自贸区试点具有推进国家自由贸易战略的试验和示范意义，就必须充实自贸区改革的试点内容，在货物和服务贸易自由化、资本项下货币自由兑换、区内区外市场的便利性对接、政府管理和政策机制与国际规则接轨等多方面开展试验，这样才具备检验是否能在全国推广的实际意义，对推进国家的自由贸易区战略才具有试验试点的参考价值。

其次，要有清晰的多边、区域、双边自由贸易体系的构建策略，形成相互支撑和补充的自由贸易制度安排。总体上看，中国需要努力维护并积极参与改进 WTO 多边自由贸易和投资体系，因为一个稳定的多边自由贸易和投资制度，对中国这样的国家利益分布日益广泛的全球性大国来说是一个稳定有利的制度保障，维护海外经济利益的成本也是最低的。考虑到维护并改进 WTO 体系的日益复杂性，中国需要系统梳理好谈判议题，区分不同议题准备我们的谈判立场，特别是对那些主要针对中国的议题，要前瞻性地做好研究，哪些议题我们可以让步，哪些不能让步。对市场经济标准、替代国标准、出口管制、国家安全、环保和劳工标准等影响自由贸易和公平竞争的话题，也要有我们自己的理论研究支撑和话语引导权。针对美国拉帮结派构建立场联盟的做法，中国也要针对不同国家的立场差异和共同点，构建我们自己参与多边贸易体系改革完善的统一战线，多寻求与不同国家的利益共同点，在此基础上推进 WTO 多边自由贸易体制的改进和巩固。

在此基础上，中国还需要加大区域性和双边自由贸易协定构建的力度。目前，我国已经与 26 个国家和地区签署了 19 个自由贸易协定，覆盖的进出口贸易接近 40%，但还没有与美国、欧洲等大的贸易伙伴签署自由贸易协定。最近我国政府正式提交了加入 CPTPP 的申请，表明了我们愿意按照高标准自由贸易的要求签署新的自由贸易协定，这是一个非常积极而明确的表态，意味着中国愿意为遵守高标准自由贸易协定明确的规则，考虑国内的相关制度改革。这一主动释放的开放和改革信号，不仅对化解外部矛盾具有重要意义，对推动内部市场化改革，也具有对标性引领意义。当然，围绕加入 CPTPP 的谈判绝不会一帆风顺，会比当年加入 WTO 的谈判更难，因为这个区域性自由贸易组织已经带有地缘政治色彩，美国、英国虽然不是成员国，但其影响不可小觑，一定会通过其盟友日本和澳大利亚等，给中国加入该协定的谈判设置种种障碍。

从中国的立场看，在对待加入高标准自由贸易协定的态度和策略上，我们要有更清晰的新战略思考。不要以为一定要等中国的主要产业都足够强大了才能加入高标准自由贸易协定，实际上中国越强大，别人对我们的要求会越苛刻，门槛甚至可能会更高，这是因为成员国会更担心中国加入导致的竞争压力和挑战。以中国产业和企业过去 20 年市场开放后表现出来的竞争力和韧性，只要不受制于内部政治辩论的争议，我们完全有条件做出更开放的市场化改革承诺，谋求尽早与更多国家和地区签署更高标准的自由贸易协定，为中国企业的全球化布局和经营创造一个更好的基于制度保障的国际环境。

### 4. 如何推进中国自身的结构性改革

要更好地融入全球自由贸易体系，推进高水平对外开放，中国需要在制度改革方面按照高标准自由贸易体系的要求推进相应的结构性改革。也就是说，未来的高水平对外开放，不仅仅是对外国产品、服务和技术的市场准入扩大开放，更多会涉及国内制度改革，是一个制度型开放问题。以 CPTPP 为例，这一协定不仅在市场准入方面涉及货物贸易、服务贸易和投资领域，实现了高水平的贸易自由化和宽领域、深层次的服务和投资市场开放，在贸易规则领域，也提出了比WTO以及其他自由贸易协定更严格的纪律要求和新规则，包括电子商务、政府采购、竞争、国有企业、劳工、环境、监管一致性、透明度与反腐败等领域。如果没有国内相应的结构性改革，是难以达到标准并被成员国接纳的。这些结构性改革的实施作为谈判结果或许会被某些人认为是迎合国际规则的一种倒逼效应，心理上或许并不舒适，但其实这是符合中国共产党十八届三中全会提出的社会主义市场经济改革方向的，应该作为一种主动的改革开放行为加以实施，更重要的是这对实现中国的高质量发展将是十分有益的。

从现行高标准自由贸易体制的门槛看，有几个与自由贸易体制有关的改革话题可能是难以避免的。

**（1）政府和国有企业的资源配置**

中国的体制特征决定了政府掌握的资源是十分广泛而庞大的。从生产要素看，城镇建设用地一般由政府从农民手里征用，再由集体农用地变性转换成国有建设用地，而各级政府每年的用地指标实行的是计划额度分配体制，土地资源基本掌握在政府手里，其配置方向也基本由政府左右。从资本要素看，中国的储蓄率虽然有所下降，仍然高达40%以上，但这些储蓄资源大部分掌握在国有控股的银行和保险等金融机构手中，其金融资产占比为70%左右。这些金融机构虽然名义上是商业机构，有自身资产配置的商业化标准，但因为其国有性质及其主要高管的任命方式，依然容易被认为是由政府控制的机构，其资产配置方向要听从政府的指令，并执行国家的产业政策。从技术要素看，中国的研发投入总额虽然已经排名世界第二，达到2.44万亿元，占GDP比重达到2.4%，但政府占比只有不到25%，依然低于美国等部分发达国家的政府投入强度，政府对技术资源的配置虽然有战略方向上的调控和引导，但总体并不显著，且中国政府鼓励政府资助研发项目成果的商业化应用。中国人力资源配置除了在体制内高层和少数核心机密领域还存在人力流动的限制外，已经基本市场化。中国的这一资源配置体制与完全市场化体制的主要差异在于政府有能力对鼓励或支持的部分产业领域，提供条件更优厚的土地供应、资金供应和研发支持，这容易被认为导致不公平竞争和市场扭曲。解决这一问题的出路，对中国来说不可能是私有化土地所有权，也不可能私有化所有金融机构和国有企业，能做的是减少政府对这类资源配置的直接干预，尽可能使土地、资金、研发资源的配置有公开透明的标准、竞争性获取的程序，以及商业化配置的标准，将政策性配置资源的领域，尽可能缩小到具有公共品属性的领域。这样做其实也符合中国共产党十八届三中全会和十九大报告明确的市场对资源配置起决定性作用的改革要求，也有利于提高资源配置的整体效率，符合促进高质量发展的体制构建要求。我们更应该看到的是，在未来高标准自由贸易体制下，政府影响或控制资源配置导致的价格扭曲，特别是要素、产品和服务的低价，比如煤电价格不能联动等，也极有可能被视为一种影响公平贸易的价格补贴行为。

**（2）产业政策和政府的产业补贴**

中国的产业政策总体上带有进口替代的色彩，政策逻辑是先通过进口替代摆脱对国外的依赖并突破技术封锁，更好地满足国内需求，在此基础上出口分享国际市场。这是因为新中国的工业化是在冷战时期开始的，西方集团一直对中国有严格的技术封锁，最开始虽然有苏联集团的技术援助，后因为关系破裂不得不完全追求独立自主。改革开放后，西方国家放宽了对中国的技术出口限制，外商直接投资推动了部分领域的技术转让和技术外溢，但在与军事和国防相关的领域，一直有严格的技术出口管制，近年来在美国的带领下有进一步强化并向民用领域扩散的趋势。中国工业化进程中的历史和现实，使中国政府工业和科技部门的官员在制定科技和产业政策时，一直具有突破海外技术封锁和摆脱海外依赖的意图，这可以理解为一种对等竞争博弈的具体做法，也可以理解为保持产业链和技术链安全的一种预防性做法。随着中国产业技术水平的不断提升和竞争力的提高，中国产业的供给能力不断拓展，技术层次不断提升、竞争能力日益提高，开始在越来越多层次更高的产业领域对发达国家的产业构成竞争挑战，这使美国等西方国家更加关注并研究中国的产业政策、产业补贴等问题。他们认为，中国迅速成为工业大国和制造业出口大国，且能够持续保持贸易顺差，是实施了大量的产业政策和产业补贴的结果。这当然涉及如何评价中国产业政策的成效问题。

关于产业政策成效的争论，最著名的莫过于北京大学林毅夫教授和张维迎教授的公开辩论。产业政策的作用到底如何，国际学术界也一直有不同看法，世界银行在其多年前的报告《东亚奇迹》中也有过研究和评价，但不都是积极的。从学者的争论看，张维迎的观点更多是基于完全自由市场机制做出的，认为政府官员的认知能力和知识的局限性，不能保证他们可以先知先觉地制定出能够引领未来的产业政策，而且现有官僚体系还有可能使官员在明知产业政策已经发生错误时，继续维持错误而不是认错并加以纠正。他认为我国产业技术和竞争力的提高不是政府产业政策的成效，这算是比较偏激的观点。作为产业政策制定实施的参与者，我们也曾分析和反思产业政策的效用，总体感觉产业政策在基础设施、基础产业等领域的成效相对比较明显，依靠政府动员资源的能力，比较快就解决了基础设施和基础产业短缺不足和瓶颈制约问题。但在竞争性领域，政府通过政策明确重点并给予支持的做法并不都是成功的，因为我们在很多领域，政策支持的重点项目或企业最终并不成功，有的甚至最终在市场竞争中消失了，这样的失败案例并不少见。很多被视为产业政策的各类产业规划，往往具有"雷声大雨点小"的特点，毕竟我们的产业领域如此广泛，政府的资源十分有限，不可能为各部门制定的诸多产业政策和规划配置资源予以支持。即便有一些成功案例，如果用投入产出效率分析，也不见得是效率最优的，但或许因能够满足国家的某种战略目标，依然是值得的。

考虑到政府资源的稀缺性且日益繁重的公共品提供职责和投入压力（共同富裕），政府总体上应减少在竞争性领域以实施产业政策为名的直接投入，而应该创造更好的公平竞争环境让更多国内外市场主体通过竞争性参与来实现发展目标，有限的政府资源应该更多聚焦在风险更高、市场投入意愿不强的核心技术、共性技术、基础技术的研究开发，发挥对市场资源的杠杆带动而不是替代作用。

值得关注的是，近年来国外智库也在加强对中国产业政策成效的实证研究。最近流传比较广泛的一篇报告是美国学者（Panle Jia Barwick、Myrto Kalouptsidi、Nahim Zahur，2019）以中国造船业的产业政策为例，对中国产业政策进行了迄今为止最规范的实证研究。他们的研究主要针对两个问题：第一，中国的产业政策如何影响国内和全球产业的演变？第二，不同政策工具的相对成效如何？这包括生产补贴（如补贴材料投入、出口信贷和买方融资）、投资补贴（如低息长期贷款和加速资本折旧）、进入补贴（如低于市场价格的土地价格）和企业合并政策（白名单）等。他们的研究发现：相对于造船业的规模而言，产业政策的规模巨大，2006—2013 年的政策支持相当于 6240 亿元人民币，其中绝大部分用于进入补贴（4310 亿元），其次是生产补贴（1560 亿元）和投资补贴（370 亿元）；这些政策也使得中国国内的造船业投资增加了 140%，进入企业数量增加了 120%，并使其相应的世界市场份额增加了

40%，其中几乎四分之三的份额是通过挤占对手国家的业务取得的。但是该研究还发现，该政策造成了相当大的扭曲，仅为国内生产商带来了1530亿元的净利润，以及2880亿元的全球消费者剩余。该政策吸引了大量低效生产者，加剧了产能过剩的程度，而且从长远看并没有转化为明显的行业利润。这类实证研究并不容易，但或许还会继续增加，因为无论是学术界还是政策制定部门，都需要这样的报告来验证某些结论和猜想，或者为新的决策和贸易谈判提供依据和支撑。

与学术圈的讨论不同，对国内政策制定者来说，问题不在于要不要制定产业政策，关键是要解决制定什么样的产业政策，在哪些领域制定产业政策，设计什么样的政策实施机制，从而使产业政策真正有用并产生效率，使产业政策能被广泛接受而不是成为攻击对象或实施贸易报复和贸易保护的借口等现实问题。

从这个角度看，中国产业政策的确还有较大的改进空间，产业政策应该变得更加聪明。改进的方向大致可以是以下几个方面：一是将选择性产业政策转型为功能性产业政策，重点为不同产业发展营造公平的竞争环境，减少具有所有制、产业和区域歧视的产业支持或限制政策，减少对鼓励类产业的各类补贴，减少因补贴导致的财政预算配置扭曲和各级各类补贴导致的重复投资和产能过剩。二是为非鼓励类产业营造正常经营环境，对非鼓励类产业不能采取一刀切的方式阻断对这些行业的资源配置，因为很多传统产业、非鼓励产业并不是没有市场需求的产业，依然是国家产业体系的组成部分，这些产业依然需要生存、发展和提高，依然需要技术升级方面的投入。三是围绕最核心最薄弱的产业技术环节和技术瓶颈进行扶持，在广泛征求企业和研究机构意见的基础上，明确技术研发重点，以公开招标的方式面向全社会征召研发机构，重点强化对基础性核心技术、共性技术和基础工艺的研发支持。四是在国际贸易谈判中坚持要求发达国家取消针对中国的高技术产品出口限制，如果不取消就坚持我国在这些领域实施进口替代政策的权利，明确这也是公平贸易的内涵，不能让西方国家认为对中国高技术领域的出口限制是一种理所当然的合理存在。五是中国不是产业政策的发明人，只是产业政策的追随者，要系统研究并合理借鉴美国等发达国家普遍存在并行之有效的产业政策做法，形成相互认可、对等可比、相互借鉴的产业政策及其实施机制的基本规则。六是继续开放包括制造、服务、信息、研发在内的国内市场，通过跨境投资、企业兼并更多与先进经济体形成你中有我和我中有你的产业利益格局，继续积极参与全球化产业链和研发链的构建，积极参与相关国际规则的制定，构建稳定可预期的国际化产业链和技术链制度保障。

### （3）国有企业导致的“市场和贸易扭曲”

如果不考虑多边贸易体制和高标准自由贸易体制对国有企业地位和竞争行为的约束，即便站在国内完善社会主义市场经济体制的立场上，国内学术界对国有企业的地位和作用，也一直有不同的观点和争论。改革开放以来，中国的国有企业和国有经济改革经历了几个不同的阶段。第一阶段主要以扩大企业自主权，推行经济责任制为主要内容，目的是改善经营状况；第二阶段主要以“抓大放小”为特征，促进国有企业改革脱困；第三阶段主要以股份制改革为主要内容，建立现代企业制度；第四阶段以混合所有制改革为主要特征，促进股权多元化。当前的国有企业改革，重点是深化国有企业混合所有制改革和推进国有经济布局优化和结构调整。

对于国有企业和国有经济的地位和作用，尽管实施了“有进有退”的战略性布局调整，政府依然强调保持国有企业和国有经济在国计民生和战略性领域的控制力，而且还进一步强调了国有经济作为公有制经济的主体地位，国有企业是中国共产党的执政基础。党的十九大报告将原来一直表述的“做优做强做大国有企业”改变为“做优做强做大国有资本”，在十九届五中全会关于“十四五”规划的建议中，又改成了“做优做强做大国有资本和国有企业”的提法。这说明，在国有企业改革的信号释放方面，决策层可能还在探索、思考，并未最终定型。因此，不管高标准自由贸易体制如何在规则上施加约束，中国不太可能在基本经济制度层面削弱国有经济或国有企业的地位、作用和控制力。既然如此，如何解决西方国家抱怨的国有企业导致的市场扭曲或贸易扭曲，应该是谈判成功的出路所在。

从 CPTPP 对国有企业的相关规则看，协定对国有企业制定的新规则包括以下四个方面：一是加强信息透明度，提供国有企业名单。也就是说应其他缔约方要求，各国有义务提供政府对国有企业的所有权和控制权，以及对企业提供的非商业性支持程度等信息；二是要求确保国有企业经营活动均基于商业考虑，政府对国有企业提供的非商业支持，不得损害其他成员及其产业的利益；三是规定各成员国法院对在其境内经营的外国国有企业拥有管辖权，要求各国政府在企业监管方面保持非歧视和中立性；四是明确国有企业有关规定适用于争端解决条款。考虑到我国越来越多的国有企业已经成为上市公司和正在成为上市公司，本来就需要公开透明并以商业原则作为经营基准，这些条款的规定其实与我国国有企业改革方向并不存在实质性矛盾，承诺这些条款不应该存在实质性障碍。但从谈判前景看，在全球贸易大国中，像中国这么多国有企业和这么大国有经济规模的国家和地区可能也是绝无仅有，因此无论是多边贸易体制改革，还是高标准区域自由贸易体制的谈判，都可能针对中国体制的独特性提出更严格的透明度要求和监督审查机制。

这也意味着为了融入高标准自由贸易体系，中国国有企业和国有经济需要进一步推进市场化改革，未来的改革可能需要聚焦以下几个方面：

一是进一步优化国有经济或国有企业的战略布局。要对国有经济和国有企业的"进退"有更详细、可操作的标准，现有"国计民生"和"战略性"标准还过于笼统，范围偏大。要综合资源配置效率、战略重要敏感性、社会资本进入意愿、公共社会属性、自然垄断特性、竞争充分性、国际规则约束等因素，确定国有经济和国有企业的布局调整标准，在一般竞争性领域，减少国有企业的商业存在，但可以保持国有资本的有效参与。在推进相关改革时，如何取得做优做强做大国有企业和国有经济"有进有退"的战略性布局调整的一致性，是需要做出一些取舍选择的难题。

二是在制度上确保国有企业竞争中性。国有企业"竞争中性"在国际贸易谈判中已经成为一个重要概念和实践准则，许多国际组织开始研究如何推广竞争中性的理念，倡导全球范围内不同形式的企业之间公平竞争，这主要是为了解决国有企业垄断问题，降低其在税收、补贴、贷款以及监管等方面的不正当竞争优势。简单说就是国家在市场竞争中对国有企业和民营企业应当一视同仁。《全面与进步跨太平洋伙伴关系协定》和《跨大西洋贸易与投资伙伴关系协定》，都将国有企业和指定垄断纳入竞争中性的约束范畴，也就是说，"政府享有所有权或控制权"的企业，以及任何政府授予特定垄断权的私人垄断或政府垄断企业也应受竞争中性的约束。美国倡导的竞争中性甚至还含有"要求政府逐渐减少对国有企业的持股甚至最终实现终止控股"的内容，隐含了最终消除国有企业的目标。

为了避免西方国家对国有企业在竞争性领域造成市场扭曲和贸易扭曲的指控，按照竞争中性原则推动相应的改革，其实也有利于促进国内市场形成不同所有制企业公平竞争的市场环境，符合中国国有企业改革的要求。正因为如此，2019 年政府工作报告指出："坚持两个毫不动摇，鼓励、支持、引导非公有制经济发展。按照竞争中性原则，在要素获取、准入许可、经营运行、政府采购和招投标等方面，对各类所有制企业平等对待。"目前需要做的是，把 2019 年政府工作报告关于竞争中性的设想落到实处。从中国的市场现实看，这或许并不容易，但值得决策层认真对待，逐一落到实处。在这个过程中，国有企业或许会因此失去一些"优待"，但有利于为广大民营企业营造更公平的竞争环境，并创造更好的条件加入高标准自由贸易协定，为所有中国企业营造更有制度保障的国际自由贸易和投资环境。

三是进一步完善国有企业公司治理结构。公司治理结构是确保一个公司有效运作、股东权益得到有效保护的基本制度。虽然一直在改革完善，但我国国有企业公司治理结构存在的问题还比较明显，涉及股东结构不合理，所有人、董事会、管理层之间的关系，国有资产管理监督与企业经营独立性的协调，企业内部激励机制的有效性，党委与董事会、管理层之间的领导与被领导关系与企业经营决策机制之间的协调等诸多问题。进一步完善国有企业公司治理结构，的确受较多复杂因素的牵制，需要通过探索和实践规范并制度化，这有利于规范国有企业的经营运作与决策流程，有利于国有企业建立与国际惯例和规则对标的现代企业制度，也有利于我国国有企业在高标准自由贸易体系中接受更严苛的相关监督。

**（4）规范日益兴起的政府产业投资引导基金**

近年来，为了促进产业技术创新和升级，更好地招商引资，各级政府都出资发起设立了名目不同、规模不等、指向各异的产业投资基金和引导基金，包括引导投资早期项目的创业投资引导基金。安徽合肥的"投行政府"模式，算得上典型代表，正备受推崇。这些产业投资基金在贯彻落实政府产业政策和战略意图、促进技术创新成果的产业化、协助地方政府招商引资、推进产业转型升级方面一定会起到程度不同的积极作用。但这一政策工具和手段也带来一些问题。首先，由于这类基金都存在政府出资，尽管政府出资比例各不相同，起到的是撬动市场资本的作用，但也容易被纳入政府产业补贴的范畴，扩大补贴规模和补贴效应的计算。但考虑到这类基金的投资总体上也坚持商业化投资标准，也要收取市场化投资回报，这么简单地被纳入补贴范畴，实在是有点"冤屈"，如果被投企业因此被认定接受了政府补贴，在从事贸易时导致"双反"报复，那就更"冤屈"了。其次，导致一定程度的投资标的估值扭曲。

由于政府出资特别是国有机构负责管理的基金相对于市场化基金更“财大气粗”，在选取投资标的时如果存在与市场化投资机构的竞争，它们更倾向于通过提高估值水平来获得被投企业的接纳，这已经是市场比较普遍存在的估值扭曲现象。第三，地方政府引导基金作为母基金在给子基金出资时，一般都会提出不同比例或倍数的返投要求，这类返投要求往往导致投资管理机构在投资组合配置方面的难题，处理不好会导致风险或投资收益的下降。第四，在市场募资环境比较紧张、募资比较困难的环境下，国有机构发起设立大规模产业投资基金，还在一定程度上挤压了市场化投资管理机构的募资资源，导致对市场化投资机构的挤出效应。为了避免上述问题，还是要更好地规范并改进政府出资发起设立各类产业投资基金的行为和做法。总体上还是要减少各级政府主导的产业引导基金数量和规模，让市场化股权投资基金和创业投资基金更好地发挥作用。政府设立的国家级大规模产业基金应该更多聚焦母基金业务，减轻直投对管理团队的资产配置压力，更好地发挥市场化管理团队的资产配置和投后管理能力。政府设立的各级引导基金应该更多配置于可能存在市场失灵、市场化机构风险回避的早期投资领域，通过引导基金撬动引导创业投资机构更多投资风险更大的早期投资项目，为创新创业提供早期融资支持，孵化更多的创新型实体企业。

总而言之，在加入世界贸易组织 20 年后，中国获得了成功，但成功后也面临新的挑战。当前国际经贸体系正在进行艰难的重构和改善，在这个过程中，中国需要以更积极的姿态参与其中，更深入地融入其中，为我国企业的全球化经营和资源配置创造可预期和有制度保障的国际环境。但这远不是你情我愿那么简单，而是要通过广泛深入的谈判磋商消除障碍和分歧，更需要通过国内的结构性改革达到相应标准并迈过门槛。这可能比加入世界贸易组织更复杂、更艰难，但障碍并非不可逾越，需要用更大的政治勇气和战略魄力加以推动，以更专业精细的谈判策略和政策制度改革加以落实，值得有关各方为之付出持续努力。

## 参考文献

刘鹤著，《结构转换研究》，北京：中国财政经济出版社，2002 年。
刘鹤和杨伟民，《中国的产业政策——理念与实践》，北京：中国经济出版社，1999 年。
丹尼·罗德里克主编，《探索经济繁荣》，北京：中信出版社，2009 年。

阿部武司编著，《日本通商产业政策史（1980—2000）：通商和贸易政策》，北京：中信出版集团，2021 年。

周建军，《赶超的阶梯——国企改革和产业升级的国际比较》，北京：中信出版集团，2019 年。

江飞涛等，《理解中国产业政策》，北京：中信出版集团，2021 年。

大野健一著，陈经伟译，《学会工业化——从给予式增长到价值创造》，北京：中信出版社，2015 年。

郑文通和王雪佳，《中国竞争政策与结构性改革》，《比较》2020 年第 5 辑，中信出版集团，2020 年。

Barwick, Panle Jia, Myrto Kalouptsidi, and Nahim Zahur. 2019. "China's Industrial Policy: An Empirical Evaluation." NBER working paper 26075.

Myrto Kalouptsidi, 2017. "Detection and Impact of Industrial Subsidies: The Case of Chinese Shipbuilding," CEPR Discussion Papers No 12080.

Robert Atikinson, 2021. "Industry by Industry: More Chinese Mercantilism, Less Global innovation", ITIF (Information Technology and Innovation Foundation).

# 以提升人力资本为核心扩大中等收入群体

刘世锦

## 扩大中等收入群体规模的难处何在

中等收入群体的界定是一个学术性较强的问题，学界已有不少深度研究成果。流行的界定方法有绝对标准和相对标准。所谓“绝对标准”是指采用收入或支出等客观指标界定中等收入群体。例如，世界银行经济学家米兰诺维奇和伊扎基（Milanovic and Yitzhaki，2002）在分析2002年世界各国的收入不平等情况时，以巴西和意大利的年平均收入为标准，将其分别界定为中等收入群体划分标准的下限和上限，同时又按世界银行估算的2000年购买力平价进行转换，得出人均每天收入10美元到50美元区间为中等收入群体的划分标准。卡拉斯（Kharas，2010）以每日人均消费10—100美元作为标准来界定发展中国家的中产阶层群体，并对中产阶层结构进行分析。美国皮尤研究中心（Pew Research Center）在2015年的全球中等收入群体研究中，将按购买力平价计算的人均每天收入10—20美元作为划分中等收入群体的标准。① 国家统计局也提出了一个绝对标准，即把家庭年收入在10万—50万元之间的群体定义为中等收入家庭，并按该标准测算，2018年我国中等收入群体约占总人口的28%，这就是目前我们常提到的我国中等收入群体约4亿人的来源。通过上述研究可以看出，不同研究采用了不同的绝对标准，对中等收入群体的界定标准有比较

① 转引自李培林和崔岩，《我国2008—2019年间社会阶层结构的变化及其经济社会影响》，《江苏社会科学》2020年第4期。

大的差别，依据不同标准估算出的中等收入群体规模也不一致。

与之相对应，“相对标准”则是以中位数收入为中心，通过设定上下浮动的一定比例，界定中等收入群体边界的上下限。例如，格拉姆等人（Graham et al.，2000）选取人均收入中位数的 125% 和 75% 作为划分中等收入群体的上下限。普里斯曼（Pressman，2015）则采用收入中位数的 67%—200% 作为标准来界定中等收入群体。① 国内对中等收入群体界定标准的研究中也有采用相对标准的。例如，李培林等人以收入分位值为标准，把城镇居民收入的第 95 百分位界定为中等收入群体上限，下限则为城镇居民收入的第 25 百分位。按这一标准，我国城镇中等收入群体在 2006 年、2008 年、2011 年和 2013 年的占比分别为 27%、28%、24% 和 25%。

从上述研究可以看出，以绝对标准测量中等收入群体，在不同发展水平和收入结构的国家会遇到一些问题，因为按照这样的绝对标准，发达国家的居民可能 80% 甚至 90% 以上都是中等收入群体。所以，在国际比较中，学术界更倾向于使用相对标准。通常的做法是，把全国居民收入中位数的 75%—200% 定义为中等收入群体。但是，按这种相对标准定义的中等收入群体受收入差距的影响很大。换句话说，如果一个国家和社会的收入差距不能缩小，尽管其居民收入在普遍不断提高，但其中等收入群体的规模和比例可能不仅不扩大，反而会缩小。从我国情况看，如果将居民收入中位数的 75%—200% 定义为中等收入群体，那么，近 10 年来我国中等收入群体占比一直维持在 40% 左右。

扩大中等收入群体规模之所以重要，首先与能否跨越中等收入陷阱、进入高收入社会相关。世界银行和国务院发展研究中心 2013 年在题为“2030 年的中国：建设现代、和谐、有创造力的社会”的报告中指出，在 1960 年的 101 个中等收入经济体中，到 2008 年只有 13 个成为高收入经济体，87% 的中等收入经济体在将近 50 年的时间跨度里，无法成功突破中等收入陷阱，进入高收入阶段。陷入中等收入陷阱的国家多数是拉美国家，如阿根廷、巴西、墨西哥等，也有马来西亚等亚洲国家。这些国家在 20 世纪 70 年代就达到中等收入水平，但此后几十年无法突破瓶颈稳定地进入高收入国家行列。对这些国家而言，人均 GDP 1 万美元就像一道魔咒，跨越了还要倒退回来。与此形成鲜明对比的是采用“东亚模式”的日本和亚洲“四小龙”，它们用了 10 年左右的时

① 同上页脚注①。

间就实现了从中等收入经济体到高收入经济体的跃升。

陷入中等收入陷阱的原因甚多，其中一个重要变量就是收入差距过大，没有形成足够规模且稳定的中等收入群体。反之，日本、韩国和中国台湾，在跨越中等收入陷阱的过程中都保持了较低的收入差距。由此，李培林等人提出了双重中等收入陷阱的命题，认为如果不能解决中等收入群体占主体的问题，就无法成功跨越中等收入陷阱。

对中等收入社会向高收入社会的跨越期来说，扩大中等收入群体的意义首先是增加消费需求，为经济持续增长注入新的动能。这一时期经济增长已由高速转入中速，投资、出口对增长的重要性下降，消费和服务业逐步转为主导性增长力量。中等收入群体作为边际消费倾向高（相对于高收入群体）、消费能力强的部分，成为扩大消费容量进而拉动增长非常重要的力量。

中等收入群体扩大、消费扩容，前提是能够实现收入增长，使这部分人从低收入行列脱颖而出。有论者谈论如何增加低收入阶层的消费意愿，似乎低收入阶层消费水平低是由于他们不愿意消费。这种情况并不符合实际，主要限制因素仍然是收入水平低。低收入阶层增加收入可以有多种途径，比如通过再分配，但在总体和长期层面，低收入阶层增加收入并进入中等收入行列，要靠他们自身创造财富能力的提升。所以，在增长视角下，对有潜力进入中等收入群体的那部分低收入人群来说，他们首先是生产者、创新者，创造出社会财富、提高收入水平，进而作为消费者增加消费，并为下一轮生产和创新营造条件，从而在这几种身份之间建立起可持续的循环。

这样一种循环的形成和提升并非易事，中等收入群体扩大的难度正在于此。已有的高收入和中等收入者，在既有的发展空间和制度约束下，显然最有条件抓住和利用提高收入水平的机会，成为先富起来的那部分人，这里姑且先不讨论这种先富一步是否合理的问题。而较低收入人群，或潜在的中等收入人群，对既有发展空间和制度条件的分享可能性显然是偏低的，甚至是可望而不可即的。他们要跻身中等收入阶层，就要打破多个层面的既有约束，形成一组新的发展空间和制度条件。

二战以后工业化的历史经验表明，摆脱传统社会的低水平增长陷阱，启动现代增长进程是一场苦战，但相比于此后由中等收入阶段转向高收入阶段，似乎还要容易一些。如果把现代经济增长看成火箭发射入轨的过程，摆脱传统社会低水平增长陷阱是一次启动，摆脱中等收入陷阱、成功转入高收入社会则是二次启动。二次启动的难度显然大于一次启动。几十个经济体进入现代经济进程，而只有少数经济体跻身于高收入社会的事实，提供了有说服力的佐证。坦率地说，我们对二次启动的难度有多大并不很清楚，而这也恰恰是研究扩大中等收入群体的难点和重点所在。

## 增长型收入差距与衰退型收入差距

中国的收入差距扩大伴随着改革开放推动的经济高速增长出现并发生波动。收入差距扩大对经济社会发展的影响要放到经济转型、制度变迁的架构下考量，并不存在简单的结论。如何扩大中等收入群体的逻辑和政策，也要在这一过程中加以分析。

李实等人把改革开放以来的收入差距变化大体分为两个阶段。第一阶段，从 1978 年到 2008 年，收入差距逐步扩大。这一阶段可以分为三个时期：第一个时期，是从 1978 年到 1983 年，收入差距并没有扩大，反而有所缩小。由于农村改革率先启动，农村土地联产承包制的实施带来了农民收入的快速增加，城乡之间收入差距一度从 1978 年的 2. 6 倍下降到 1983 年的 1. 8 倍，并带动了全国收入差距的缩小。全国收入差距的基尼系数在 1981—1983 年下降了近 3 个百分点，直到 1986 年才上升到 1981 年的水平。第二个时期，是从 1984 年到 1994 年，出现了收入差距全面持续的拉大。80 年代中期，城镇市场化改革启动，增长加快，而农村改革的第一波增长效应下降，城乡之间的收入差距再次拉大，同时城市内部和农村内部的收入差距也开始拉大。第三个时期，是从 1995 年到 1997 年，收入差距出现了短期下降，主要是由于政府大幅提高了农产品收购价格，对农民收入增长起到了积极作用。此后随着涨价效应的减弱，又重回收入差距扩大的轨道，到 2008 年达到一个高位。世界银行专家估计，1981 年中国全国收入差距的基尼系数为 0. 31，到 2008 年上升到 0. 491。

第二个阶段是 2008 年以后，收入差距高位徘徊或有所下降。从 2008 年以后，国家统计局公布的全国收入差距的基尼系数出现了逐年下降的势头。但 2015 年以后又有小幅回升，如 2015 年为 0. 462，2017 年达到 0. 467。全国收入差距出现变化的一个重要原因是城乡之间收入差距缩小。最新研究发现，城乡收入差距在全国收入差距中所占的比重从 2007 年的 40% 下降到 2013 年的 15%。这一时期城乡收入差距趋于稳定，且某些时段有所回落，主要得益于若干因素的影响：如农村劳动力向城镇的持续转移，刘易斯拐点出现后农民工工资水平的上升，新农保、新农合、最低社会保障等社会保障体系在农村的建立和完善等。

回顾改革开放以来收入差距的演变历程，可以引出两组重要概念。

一组是“增长型收入差距变动”和“衰退型收入差距变动”。所谓“增长型收入差距变动”，是指收入差距变动与经济增长同时发生，而且收入差距变动成为经济增长的动因，更具包容性的情景是，各个阶层的收入均有增长，只是增速不同引起收入差距变动。相反，“衰退型收入差距变动”是指收入差距变动与经济衰退同时发生。这里的衰退也可以区分为绝对衰退和相对衰退，前者是指经济规模的收缩或负增长，这种情况少有发生；后者则指经济增速虽然维持了正增长，但显著低于潜在增长率。

另一组概念是“增效型收入差距变动”与“减效型收入差距变动”。前者是指收入差距变动有利于提高效率，如资源由低效领域向高效领域的流动，通过改进激励机制降低成本、增加产出，通过创新拓展新的增长空间等。而“减效型收入差距变动”则指收入差距变动带来效率下降，如腐败、行政性垄断引起的收入差距效应。增效型与减效型收入差距变动的一个根本性区别是前者创造社会财富，后者只是在转移社会财富。现实生活中，二者有时是同时发生的，如改革初期的双轨制，就是在提供部分市场激励的同时，也产生了不少腐败。

把上述两组概念结合起来，就会形成多种组合。一种典型且较为理想的组合是增效型与增长型收入差距变动的组合，效率提升成为增长的主因，各个阶层的收入都能增长，差距主要表现在增速的不同上，经济增速达到或非常接近潜在增长率。另一种比较极端的组合是减效型与绝对衰退型收入差距变动的组合，收入差距变动伴随的效率下降使经济处于收缩状态。

在这两种组合之间，还会看到诸多更接近现实的组合。增效型与减效型通常并存，区别在于哪种类型居主导地位。一种典型情景是，尽管不同程度存在减效型因素，但增效型依然为主，经济增长接近潜在增长率水平。另一种情景是，减效型因素超过增效型因素，经济增长处在远离潜在增长率的相对衰退状态，如拉美一些长期增长停滞的国家、中国改革开放前的某些时期。

改革开放以来，中国大体属于增效型主导、经济增长接近潜在增长率水平的收入差距变动状态。改革开放初期，农村改革驱动了低收入阶层增效增收，使收入差距有所收缩。此后出现的收入差距扩大，大体上与中国经济的高速增长相对应，表明更多是增效型差距扩大在起作用。减效型因素也普遍存在，例如，与行政权力相关联的腐败、行政性行业垄断、不公平的市场准入和市场竞争、基本公共服务分享不均，都不同程度地拉低了经济增长水平。问题的复杂性在于，作为转型期的经济体，增效和减效有时是混在一起的，并非泾渭分明，如多种形态的双轨制。

经济增长过程中的收入差距变动是否有规律可循，学术界仍存争议。一度流行的库兹涅茨曲线，认为随着经济增长和收入水平的提高，收入差距呈倒 U 形变化，即先低后高，达到某个峰值后，再由高到低。但是这一假说的逻辑不甚清晰，也缺少实证基础。如果这样的倒 U 形变动确实存在，可能暗含的一个逻辑是，在现代增长过程的初期，高生产率部门的人群收入率先加快增长，在收入差距拉大的同时也推动了经济增长。但达到一定限度后，增长会减缓。如果此后低收入人群生产率提升，带动其收入增长相对加快，就会在缩小收入差距的同时，也为经济增长提供新的动力。简单地说，第一阶段先富起来的那部分人拉大收入差距，第二阶段后富起来的另一部分人将缩小收入差距。这两个阶段均具有增效型与增长型收入差距变动的特征。

不过，这种比较理想的格局并不具备必然性。另一种可能出现的情景是，第一阶段先富起来的那部分人增长乏力后，低收入人群无法提高生产率，难以启动后富起来的第二阶段。于是，经济可能陷入收入差距居高不下、增长相对衰退的状态。还有一种可能的情景是，全面压制先富阶层，在“劫富”的同时，也使其不再具有增效积极性，这样收入差距有可能缩小，但无可避免重蹈改革开放前平均主义加普遍贫穷的困境。

从这样的角度看，现阶段中国应当力争的是第一种情景，避免后两种情景。尽管出现第三种情景的可能性较小，但走回头路的社会基础亦不应低估。更具挑战的是如何避免第二种情景。在此意义上，扩大中等收入群体的重要性、紧迫性就更显而易见。

## 实现中等收入群体倍增目标的意义和重点人群

邓小平在改革开放初期提出：“一部分地区、一部分人可以先富起来，带动和帮助其他地区、其他的人，逐步达到共同富裕。”① 经过四十多年的发展，

① 邓小平 1985 年 10 月 23 日会见美国时代公司组织的美国高级企业家代表团时的讲话。

中国已经进入实现共同富裕目标的第二阶段，也就是通过另一部分人先富起来，带动全体社会成员的共同富裕。从本文前面的讨论可以看出，第二阶段的难度和不确定性都要大于第一阶段。试图后富起来的群体在人力资本、发展机会和发展条件上总体差于先富起来的群体，而且向前走或向后退的可能性都是存在的，落入中等收入陷阱的国家已有先例。从国内看，前段时间受疫情冲击，部分地区劳动者收入和消费水平下降，有数据显示，中等收入群体规模出现阶段性收缩。

在这个时间节点上，有必要提出一个中等收入群体倍增的目标，在已有的4亿中等收入群体的基础上，再用10—15年时间，推动这个群体再增加4.5亿人，达到8—9亿人，占到总人口的60%左右。提出并实施这一目标可以有如下一些考虑。

首先，中等收入群体倍增对扩大内需、提高生产率和社会政治稳定都是不可替代的，中等收入群体的规模和实现倍增的时间都具有重要意义。规模不足或时间拖后都将直接影响经济增长速度和稳定性。对此缺少认识很可能付出全局性代价。其次，提出目标本身就是有意义的，有利于形成全社会共识，调动各方面的积极性和创造性，而这正是中国的制度优势之所长。

实现这一目标具有可行性。根据我们研究团队的测算，① 假定2019—2030年实际GDP平均增长5.0%左右，平均通胀率为2.5%，名义GDP年均增幅7.5%，居民可支配收入名义增速与名义GDP增速匹配。同时根据不同收入群体内城乡居民分布的加权计算，低、中和高收入群体收入增速分别为7.7%、7.1%和6.9%，到2030年，我国中等收入群体比重上升至51%，低收入群体比重下降至45.5%，高收入群体比重则上升至3.3%。中等收入群体规模达7.5亿，与2018年相比，有3.7亿人由低收入阶层上升至中等收入阶层。按照大体相同的变动速度，到2035年以前，中等收入群体规模有可能达到8亿—9亿人，实现倍增的目标。

另一个相关议题是实现这一目标所涉及的重点人群。从我们团队的研究成果看，到2030年有可能进入中等收入群体的3.7亿人，主要对应的是2018年家庭年收入介于4万—6万元、6万—8万元和8万—10万元的低收入家庭，也就是我们需要重点分析的潜在中等收入群体。在这个群体中，城镇居民占比

---

① 参见“实现中等收入群体倍增的潜力、时间与路径”，中等收入群体倍增研究课题组。

为57%，乡村居民占比为31%，外来务工人员占比为11%。其中的外来务工群体，从数量和定义上，更接近进城农民工群体。农民工是指在异地以非农就业为主的农业户籍人口。国家统计局数据显示，2017 年我国农民工数量达到2.87 亿人，外出农民工1.72 亿人，外出农民工中进城农民工1.37 亿人。外来务工群体的定义为“来自农村地区、户口不在本城镇社区的人员”，2018 年外来务工群体占比为9.7%，人口数在1.35 亿人左右。从数量上看，外来务工群体大体接近于进城农民工。

与2013 年相比，2018 年外来务工人员中属于中等收入群体的部分占总人口的比重从2.2%提升至4.1%，占中等收入群体增量的27%，贡献率相当可观。这里所说的外来务工人员，基本上属于劳动年龄人口，非就业人口不多。而在乡村居民中，相当多的人口属于外来务工人员的子女和父母，其收入状况直接依赖于外来务工人员。此外，农村人口就地城镇化的比重逐步提高，相当多的农民是在户籍所在地“被城镇化”的。所以，处在城镇化进程中的农村人口规模要明显大于上述外来务工人员。从现阶段我国城乡结构转型、收入增长的特征看，广义上的“进城农民工”是未来扩大中等收入群体需要着力关注的重点人群。

从调查数据看，以外来务工人员为主的进城农民工家庭平均支出强度显著高于农村家庭，但由于无法同等享受城镇户口的相关社会保障和公共服务，其储蓄避险意愿较高，使得外来务工家庭平均消费强度与城镇家庭仍有很大差异。外来务工人员的受教育水平明显高于农村居民，基本接近城镇居民水平；其就业分布与城镇居民有明显差异，外卖、出租车和快递等新型就业场景吸纳了数量可观的“新型农民工”就业，外来务工人员以10%的人口占比贡献了20%的新型就业，远超城镇和乡村居民。外来务工人员更多就职于私有部门，机关企事业单位就业占比较低，面临收入不高、就业不稳、社保不全等一系列制约其收入和消费稳定增长的因素；他们也无法享受完善的城镇社会保障和公共服务，医保和养老保险覆盖率明显低于同样居住在城镇的居民；相当一部分外来务工人员尤其是其中的较高收入者，有明确定居城镇的需求。应当从进城农民工的这些特点出发，采取针对性强、务实有效的战略和政策，推动更多的进城农民工进入中等收入群体。

## 实施以提升人力资本为核心的倍增战略

进入共同富裕的第二阶段后，扩大中等收入群体战略和政策的核心是促进机会均等，着力提升低收入群体的人力资本，缩小不同群体之间的人力资本差距，以增效带动增长的方式缩小收入差距。一个简单的逻辑是，在剥去种种社会关系的外衣后，人们之间的能力差距，远没有现实世界中收入分配和财产分配差距那么大。如果能够创造一个人力资本公平发展的社会环境，将人们的积极性、创造力普遍而充分地发挥出来，公平和效率就可以互为因果，在提升社会公平的同时促进经济增长。

依照这种思路，下一步实施中等收入群体倍增战略，应以提升进城农民工人力资本为重点，采取针对性、可操作性强的多方面政策措施，力争在不长时间内取得显著成效。

一、对农民工及其家属在城市落户实行负面清单制度。目前中小城市和部分省会城市已取消落户限制，对仍有限制的城市改为实行负面清单制度，即由规定符合何种条件能够落户，改为不符合何种条件不能落户。积极创造条件，加快缩短负面清单。对北上广深和其他特大型城市的城市核心区与非核心区域、都市圈内的中小城镇等实行差异化政策，采取不同的负面清单，适当放宽后者的落户限制。

二、建设面向农民工为主的安居房工程。以大城市尤其是几大都市圈、城市群为重点建设安居房，着力解决能够稳定就业、对当地发展做出贡献、就地缴纳社保的低收入农民工住有所居、安居乐业的问题。以40—60平方米的小户型为主，降低建造成本，把安居房价格控制在与农民工购买力相适应的水平。降低购买资格门槛，不歧视无户籍、无学位人口。由政府主导筹措土地资源、设计运行规则、加强监管，在政策框架内实行市场化运营，形成商业可持续机制。

三、与农村人口进城落户、提供安居房相配套，加快推进教育、医疗、社会保障等基本公共服务的均等化，健全财政转移支付同农业转移人口市民化挂钩机制，继续推进并扩展义务教育等基本公共服务随人员流动可携带的政策，打通农村社保、医保和城镇居民社保、医保的衔接。实行以居住证为主要依据的农民工随迁子女入学政策。

四、提供就业基本公共服务，鼓励吸收农民工就业。对有劳动能力和就业需求的进城农民工，持居住证可在常住地公共就业服务机构享受就业基本公共服务。全面加强农民工职业教育培训，逐步将职业教育培训作为一项基本公共服务加以提供。推行农民工新型工匠培训计划。鼓励各类技工院校、职业学校、就业训练中心等参与农民工职业技能培训，给予一定的财政补贴。鼓励企业对农民工员工开展职业技能培训，并在财税、信贷等方面采取必要的激励措施。国家对吸收农民工就业、安居较多的城市，在财政补助、基础设施投资等方面给予相应支持。

五、加快推进农村集体建设用地入市和宅基地流转，增加农民工的财产性收入。落实十八届三中全会的要求，推动农村集体建设用地进入市场，与国有土地同价同权、同等入市。创造条件允许宅基地使用权向集体组织外部流转，积极稳妥务实地解决好小产权房问题。农地入市、宅基地流转获取的收入应优先用于完善相应地区农村人口的社保体系，使他们与城里人一样不再依赖于土地保障，在提高土地利用效率、增加收入的同时，由更有效和稳定的社会安全网托底。

六、促进机会公平。进一步打破不当行政性管制，疏通社会流动渠道，防止社会阶层固化。改变有些地方对低收入农民工的歧视性做法，在大体相当的条件下，在就业、升学、晋升等方面，给低收入阶层提供更多可及机会。

七、各级政府要制定规划、完善政策，定期督查，确保落实。对农民工落户、住房、基本公共服务、就业和职业培训等，要纳入“十四五”规划和年度规划，明确有关部门的任务和职责，定期检查落实情况，做出进度评估，向各级人大报告。同时要根据经济社会转型升级和就业状况变化，对相关规划政策做出必要调整改进。鼓励各地从实际出发积极探索创新，并将好的经验和做法在全国范围内推广。

**参考文献**

李实、朱梦冰，《中国经济转型40年中居民收入差距的变动》，《管理世界》2018年第12期。

李实，《我国低收入人群有多少?》，经济日报－中国经济网，2020－09－03。

李培林，《中国跨越“双重中等收入陷阱”的路径选择》，《劳动经济研究》2017年第5卷第1期。

国家统计局，《中国拥有全球规模最大中等收入群体》，《人民日报》2019年01月21日。

世界银行和国务院发展研究中心联合课题组，《2030年的中国：建设现代、和谐、有创造力的社会》，北京：中国财政经济出版，2013年3月。

中等收入群体倍增研究课题组，《实现中等收入群体倍增的潜力、时间与路径》，《新倍增战略》，中信出版集团，2021年。

李春玲，《中国特色的中等收入群体概念界定》，《河北学刊》2017第37卷第2期。

杨修娜、万海远、李实，《我国中等收入群体比重及其特征》，《北京工商大学学报》（社会科学版）第33卷第6期。

王阳、常兴华，《当前我国中等收入群体的规模、范围及扩大路径》，《经济纵横》2018 年第 9 期。

Graham, C., Pettinato, S., Birdsall, N., "Stuck in the Tunnel: Is Globalization Muddling the Middle Class?", LIS Working Papers, 2000, 277, LIS Cross-National Data Center in Luxembourg.

Kharas, H., "The Emerging Middle Class in Developing Countries", OECD Development Center Working Paper, 2010, No. 285.

Milanovic, B., Yitzhaki S., "Decomposing World Income Distribution: Does the World Have a Middle Class?", *Review of Income and Wealth*, 2002, 48 (2), pp. 155 – 178.

Pew Research Center (2015a), "Are You in the Global Middle Class?", http://www.pewresearch.org/fact-tank/2015/07/16/are-you-in-the-global-middle-class-find-out-with-our-income-calculator.

Pew Research Center (2015b), "China's Middle Class Surges, While India's Lags Behind", http://www.pewresearch.org/fact-tank/2015/07/15/china-india-middle-class.

Pressman, S., "Defining and Measuring the Middle Class", American Institute for Economic Research Working Paper, 2015, No. 7.

# 政策评论

Policy Review

Comparative

# 金融市场预期管理

## 正在进行的央行革命

缪延亮　唐梦雪　胡李鹏

20 世纪 90 年代以来，中央银行（以下简称央行）理论与实践发生了一场静悄悄但影响深远的革命。央行从最初的保持神秘、不愿与公众沟通，到逐渐增加政策透明度、谨慎发声，再到主动频繁发声、积极管理金融市场预期。预期管理甚至已被一些经济学家视为现代央行的主要职责（Blinder et al.，2008）。央行与金融市场的关系也变得日益复杂，相互依赖。这一革命仍在进行之中，但也一直面临争议。随着央行与市场关系更为紧密、对金融条件的调控增强，关于央行管理市场预期的合理性和有效性的质疑也在增多。央行为什么要管理金融市场预期？理论上如何影响市场预期，实践中效果如何？又面临着哪些挑战？这些都是亟待深入研究的前沿问题。

本文尝试通过回顾央行预期管理理念和实践的演变，揭示央行预期管理革命的根本原因，并基于理论和实证文献，对央行管理市场预期的渠道与效果进行系统性梳理，进而创新性地提出了央行、市场和基本面互动的新机制以及可能面临的挑战。

本文研究发现，央行预期管理理念上受益于经济学理性预期革命和对货币

---

* 缪延亮，北京大学国家发展研究院，本文源起于作者的博士论文，是中国金融四十人论坛课题《央行如何有效管理金融市场预期?》的文献综述部分。作者感谢何建雄、易纲和赵先信的宝贵建议。本文仅代表个人观点，文责自负。唐梦雪和胡李鹏均供职于中央外汇业务中心。

政策传导“黑箱”的再认识，在实践上则是央行独立性不断提升的必然要求。理性预期革命和20世纪70年代美国大“滞胀”表明，央行的“神秘”虽然给予其“相机抉择”的政策自由度，但会引发“时间不一致”问题。解决这一问题则需要央行加强沟通，明确货币政策目标和规则，并依规行事。央行具有明确的目标和80年代以来央行独立性的提高，使央行“永不解释，永不道歉”变得不再可能，央行需要对自己的行动和行动的结果负责。进一步地，随着央行对长端利率、信贷渠道和财富渠道在货币政策传导机制中的重要性的认知不断加深，愈发关注通过有效预期管理间接影响长端利率、信用利差和其他金融资产价格，提高政策传导效率。在2008年全球金融危机后，主要发达经济体政策利率纷纷触及零下限（ZLB），货币政策更加依赖通过预期管理影响整体金融条件实现传导。此外，危机后政策界和学术界对金融不稳定的成本和理性预期范式的再思考，也推动央行加大对金融市场预期管理的关注。

理论上，央行可以通过“创造信息”、“减少噪声”和“信号效应”三大渠道影响市场预期，实证研究表明，其效果显著。央行管理市场预期主要通过沟通。传统上，央行沟通的内容主要包括政策目标、经济前景展望、政策会议决议和未来利率路径四个方面。央行较少直接针对资产价格水平进行沟通，但央行对政策面和基本面的沟通可以通过“创造信息”、“减少噪声”和“信号效应”渠道，影响市场对远期政策利率和风险溢价的预期，进而作用于金融资产价格及波动率（Blinder et al.，2008）。在不同的经济和市场环境下，以上渠道的侧重点会有所不同，或有所取舍。在正常利率的经济环境下，央行通过“创造信息”引导利率预期的空间更大，而在利率零下限的情况下，央行不得不更加关注“减少噪声”和“信号效应”渠道，试图通过降低风险溢价强化货币政策传导。实证研究普遍证明，央行沟通可以显著影响市场预期，对利率和汇率市场预期影响尤其显著，① 但央行沟通对股票市场的影响存在不确定性。

本文进一步构建了央行、市场和基本面互动机制模型，归纳总结央行预期管理理念和实践的演变以及传导机制。传统上，央行－市场－基本面的互动关系是单向慢传导的。央行从基本面获得信息，据此制定货币政策，再通过市场

---

① Kohn and Sack（2004），Reeves and Sawicki（2007），Musard-Gies（2006），Fratzscher（2006），Beine et al.（2009），Leombroni et al.（2021）.

化机制间接传导到实体经济。央行在与市场的关系中占据绝对主导，部分央行甚至将市场视为对手，希望通过制造意外来驱动甚至“欺凌”市场。而在零下限的情况下，基于利率的总需求曲线失效，演变为基于金融条件的总需求曲线，央行调控目标也由政策利率转变为整体金融条件，沟通成为重要的政策工具，央行与市场成为更亲密的伙伴关系。对预期重要性的认知增强，使央行－市场－基本面两两之间更多呈现双向互动，互有反馈。但这一新机制的演进也伴随着质疑。央行主动调控金融条件、影响风险溢价可能产生“政策底”预期，滋生资产泡沫，并产生道德风险。反之，“政策顶”违背了传统上央行不提前干预金融稳定的共识（Mop-up doctrine）。央行沟通并非万灵药，也可能存在成本。例如，央行说得过多或让市场短期预期过于一致，就会降低市场有效性（Morris and Shin，2002），并产生“回声”效应。因此，尽管央行加强沟通、提高透明度是一条单行道，但对于央行如何实现有效沟通，尤其是和金融市场的沟通，仍需要政策界和学术界进一步探索。

本文结构如下：第一节将回顾央行预期管理理念和实践的演变，并回答央行为什么要管理金融市场预期的问题；第二节聚焦实践中央行如何管理市场预期，研究央行与金融市场的关系，预期管理的内容、方式和风格；第三节将基于理论和实证文献，重点分析央行沟通影响市场预期的渠道和实证效果；第四节创新性地提出央行、市场与基本面互动的新机制，并分析这一新机制下央行沟通面临的挑战。

## 一、央行为什么沟通？央行预期管理理念和实践的演变

自 20 世纪 20 年代时任英国央行行长蒙塔古·诺曼提出“永不解释，永不道歉”（Never explain，Never excuse）之后，各国央行均将这一法则奉为圭臬。其中最具代表性的莫过于美联储前主席格林斯潘的名言，“如果你觉得我说得非常清楚，那你一定是误解了我的意思”。但也正是格林斯潘开启了美联储提高透明度、加强沟通和预期管理的新篇章。格林斯潘的继任者伯南克更是将透明度和预期管理的重要性提升到了前所未有的高度。伯南克（2015）认为，货币政策 98% 要靠沟通（talk），只有 2% 是行动（action）。总体上，央行沟通实践在过去 30 年经历了两次重大转变。第一次转变发生在 20 世纪 90 年代到 2008 年全球金融危机之前，主要央行普遍提高政策透明度，加强与公众沟通，背后的原因主要是提高货币政策传导效果，以及央行独立性的提高和随之

而来的问责要求（Blinder et al.，2001）。第二次重大转变是在2008年全球金融危机之后，政策利率受制于零下限，货币政策传导主要依靠金融市场的资产价格和金融条件的变化。这时，央行沟通不再只是用来增强货币政策传导，以前瞻指引（forward guidance）为代表的预期管理本身就是一项独立的货币政策工具，甚至是最重要的工具之一。

### 1. 神秘的央行永不败

20世纪90年代以前，央行普遍保持神秘，奉行“模糊”传统。央行被认为是一门深奥的艺术，能真正掌握并运用这门艺术的仅限于少数精英，而且这门艺术的深奥本质还在于它的内涵天生就不可能用大家都能理解的直白词语来阐述（Brunner，1981）。央行因而长期保持神秘，保密一度成为中央银行的格言（Blinder，2004）。中央银行家甚至以“含糊其辞”的语言风格而沾沾自喜。例如，格林斯潘就说自己练就了“非常清楚地说胡话”（mumble with great clarity）的本领。从实践看，主要央行对其货币政策目标、经济预测甚至利率决议都保持模糊。一直到1993年，美联储都不会立刻公布其货币政策决议，市场参与者不得不猜测美联储是否调整了政策利率。

央行的保密文化甚至还得到了最高法院的豁免。1975年美联储被起诉未执行1966年的《信息自由法案》，被要求及时公布货币政策决议和会议纪要，该案最终上诉至美国最高法院，但美联储赢得了终审诉讼。古德弗兰德（Goodfriend，1986）总结了美联储对其保密文化的五条辩护意见：一是大型市场参与者将获得不公正优势；二是货币政策决议存在模糊的成分，公开后可能更加误导市场，从而造成不合意的市场波动；三是增加财政部的发债成本；四是公开纪要可能会导致美联储提前承诺，降低货币政策操作的灵活性；五是利率容易出现跳升和跳降，而不是平滑调整。在理性预期革命之前，这些辩护意见没有受到太多的挑战。

寻求最大决策自由度以及避免问责是央行奉行“模糊”传统的主要原因。首先，保证最大的决策自由度。在没有言论和清晰的承诺时，央行可以不受自己之前言论的限制，根据经济情况实施相机抉择的货币政策。根据理性预期理论，只有未预期到的货币供给才能影响实际产出。为了制造“意外”，央行应该保持神秘（Cukierman and Meltzer，1986）。其次，行动不透明就不需要承担责任，不独立的央行也无法承担责任。20世纪80年代以前，主要央行决策都容易受到政治干预的影响，独立性较低。美联储成立于1913年，但是直到1951年，美联储才与财政部达成协议（Treasury-Federal Reserve Accord），结束了二战时美联储压低利率以支持财政部低成本融资的安排。美联储虽然可以自由设定利率，但在调整利率时仍需与财政部积极沟通（Bernanke，2012a）。1997年以前，英国央行一直是英国财政部的一个部门。再次，神秘有助于增加央行光环，营造“央行永不败”的氛围。弗里德曼就曾不无讽刺地说，央行维持神秘一方面是避免被问责，另一方面是为了获得公共声望。

### 2. 透明的央行更有效

20世纪90年代以来，中央银行经历“静悄悄的革命”，重视提高政策透明度。布林德等人（Blinder et al.，2008）指出，中央银行在90年代后的“大缓和”时代经历了理念上的革新，抛弃了保密文化，透明度显著提升，不再坚守“沉默是金”的信条。伍德福德（Woodford，2001）在杰克逊霍尔（Jackson Hole）会议上称，货币政策的本质是预期管理的艺术，透明度对货币政策的有效传导意义重大。以“含糊其辞”著称的美联储前主席格林斯潘在2003年也借助前瞻指引来管理利率预期。① 以美联储为例，美联储自1994年起逐渐增加了与市场的信息沟通，提高其透明度和政策的可预测性：1994年，联邦公开市场委员会（以下简称FOMC）首次在会议之后公布联邦基金目标利率；1999年，公布关于货币政策未来变化的倾向性评估；2002年前后，在每次会议结束后立即公布FOMC会议投票记录；2005年2月起公布会议纪要；2007年起增加了经济预测发布频率，并拓展预测内容和期限（Blinder et al.，2008）；2012年引入FOMC内部对未来利率路径预测的点阵图。普尔（Poole，2005）认为，货币政策透明度和可预测性的提高是格林斯潘时代的显著特征之一。其他央行，比如英国央行、挪威央行、瑞典央行和欧洲央行比美联储更早提升了透明度（Blinder et al.，2008）。

央行走向沟通的原因在于，“相机抉择”的长期效果不及“依规行事”和由此带来的货币政策传导效率的提高。经济理论和实践都证明，“模糊”传统虽然给予央行最大的决策自由度，但相机抉择会产生“时间不一致”问题（Kydland and Prescott，1977；Calvo，1978；Bernanke，2012a）。理论上，试图

① 格林斯潘称，联邦基金利率将在相当长的一段时间内（considerable period of time）维持低位。

通过相机抉择，用不断的货币宽松刺激经济和降低失业，在长期只会导致更高的通胀水平和波动率，经济产出和就业并不能增加。理性预期学派也证明，一旦市场预期到央行所谓的相机抉择不过是以不断的宽松刺激经济，那么这种被预期到的宽松货币政策就只会推升通胀预期和通胀，难以有效刺激实体经济的表现，最终导致低增长和高通胀并存，即“滞胀”。当然，由于现实中价格并不都能实时调整，所以新凯恩斯主义在理性预期基础上纳入了价格粘性，也就是说，即使完全被预期到，货币政策仍能在短期影响经济增长。理性预期革命的影响不仅停留在理论层面，在实践上，美国也恰好是在20 世纪 70 年代陷入“滞胀”。这一事实成为理性预期革命最有说服力的证据：正是美联储缺乏规则的相机抉择导致货币政策收紧过晚，通胀预期螺旋式上升。

解决时间不一致问题主要依靠央行沟通，可以是引入某种形式的货币或利率规则，央行宣布这一规则然后依规行事。例如，为克服两位数的高通胀，沃尔克就曾在 1981—1983 年引入货币数量规则。但引入规则也有很多缺点，包括经济中存在大量的不确定性和冲击，央行也不一定有完美的经济模型，实际货币政策制定更多是一定规则之下的相机抉择。通胀目标制就是规则和相机抉择权衡的产物，通过明确通胀目标约束央行的行动，同时也给私人部门稳定的预期，便于投资和消费决策。20 世纪 80 年代以来，通胀目标制在主要国家推广，并取得巨大成功，通胀水平和波动率均出现下降。透明度提升是通胀目标制发挥作用的最重要因素。缪延亮（2009）将通胀目标制划分为灵活性（flexibility）、透明度（transparency）和明确性（explicitness）三个连续的维度，对 21 个实施通胀目标制国家的历史数据分析显示，透明度提升是通胀水平和波动率下降的最主要原因。那么，央行提高透明度如何改善货币政策的传导效率?

20 世纪 90 年代以来，央行政策制定者认识到影响经济的不仅是短期利率，长期利率更为重要，而政策透明度提高有助于加强央行对长端利率的控制。长端利率可以拆分成实际政策利率预期、通胀预期和期限溢价，央行沟通对这三部分均有不同程度的影响。央行让公众理解货币政策反应函数，向公众提供其对基本面的判断，可以引导公众对未来实际政策利率的预期，并有助于央行更好地预测市场对货币政策的反应（Blinder et al. , 2008）。通胀目标的确立则能够更好地锚定通胀预期，稳定长端利率。20 世纪 70 年代高通胀的部分原因就是通胀预期不稳定，跟随历史通胀变动。80 年代以后，通胀预期逐步回落，随后保持稳定。美国密歇根大学的调查显示，居民部门长期通胀预期从 20 世纪 80 年代近 10% 的高点逐步回落至 2000 年初的不到 3%，随后长期保持稳定。通胀和增长波动率的下降还帮助降低了期限溢价。历史上高通胀和经济增长不确定性较高时期，期限溢价往往更高（Bernanke，2015；Adrian et al.，2015）。缪延亮等人（2020）发现，20 世纪 80 年代至 2008 年金融危机前，通胀预期下行以及期限溢价下降主导了长端名义利率的下行。

除了利率传导渠道外，央行货币政策传导机制的“黑箱”被打开，货币政策信贷渠道和财富渠道的重要性得到重新认识。1994 年，伯南克等人（Bernanke、Gertler and Gilchris，1994；Bernanke and Gertler，1989，1995）正式提出了金融加速器理论。该理论认为，由于信贷市场存在信息不对称，企业外部融资成本高于内部融资成本，即存在外部融资溢价，该溢价的大小主要取决于企业净值和抵押物价值。在企业遭受冲击时，其净值和抵押物价值也会发生改变，影响外部融资溢价和信贷成本，并最终影响生产和投资决策，这种由信贷渠道带来的周期放大效应被称为金融加速器机制。根据金融加速器理论，货币政策变化会改变企业和居民净值以及抵押物价值，再通过信贷渠道强化货币政策对实体经济的影响。此外，资产价格上涨还会带来财富效应，影响居民消费倾向。而央行沟通能够提高政策可预测性，降低经济以及金融资产价格的波动，通过风险溢价影响资产价格（Poole and Rasche，2003；Lange、Sack and Whitesell，2003；Swanson，2006）。

此外，在通胀目标制下，政府为央行设定数量化的通胀目标或者更明确的价格稳定要求，央行独立决定货币政策以实现价格稳定目标，这加强了对央行的问责。例如，1997 年美联储的货币政策目标被明确为最大化就业和价格稳定。通胀目标制的实施也伴随着主要央行独立性的不断上升。英国央行 1997 年从财政部独立出来，获得独立性；日本央行 1997 年获得操作独立性，降低了日本财政部对货币政策的干预程度，提高日本央行货币政策的自主性。独立性的提升客观上要求加强对央行的问责，即独立的央行有义务对公众解释其目标，并保持其货币政策操作的透明。

### 3. 零下限的央行 98% 靠预期管理

2008 年全球金融危机以来，央行沟通频率进一步提高。2008 年金融危机影响持续，主要央行在降息至零、政策利率空间被用尽后，纷纷推出量化宽松、前瞻指引和紧急定向信贷支持等非传统货币政策工具，并大大提高了沟通频率。2008—2010 年，美联储官员讲话频率明显上升，美联储主席每年公开演讲的次数由 2008 年前的每年约 40 次上升为约 50 次，地方联储主席的讲话频次也大大增加（Kliesen et al.，2019）。危机后，随着金融市场和实体经济逐步企稳，央行的宽松行动逐步停止或退出，但频繁沟通仍然持续，“货币政策 98% 要靠沟通，只有 2% 是行动”（Bernanke，2015）成为新常态。危机前仅偶尔使用的沟通工具——前瞻指引，在危机后成为常备的货币政策工具。前瞻指引是指央行通过对未来货币政策立场与公众进行沟通，以影响未来利率的预期。美联储 2003—2004 年就曾使用过前瞻指引，但 2008 年后使用更频繁，并不断调整其表述，2011 年 8 月一度推出基于时间的前瞻指引，2012 年 12 月又调整为基于数据的前瞻指引。美联储 FOMC 会议声明内容也随之越发丰富（图 1），并通过增加 FOMC 会后记者会的口头沟通次数进一步加强对货币政策会议的解读。2018 年底，美联储将 FOMC 会后记者会由一年四次增加至一年八次，且每次会后都召开记者会。

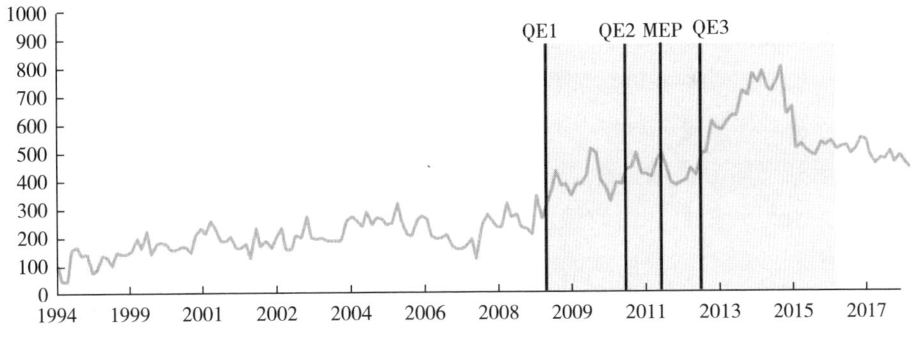


**图 1　美联储会议声明总字数**

资料来源：Kilesen et al.（2019）。

除了沟通频率上升，央行沟通的重点也由危机前的提高政策透明度、明确货币政策目标和规则，转向加强金融市场预期管理、调控整体金融条件。2013 年以来，主要央行缓慢开启货币政策正常化进程，央行在政策行动前均小心预热，待市场充分预期后再行动，极力避免货币政策行动给金融市场带来较大扰动，例如，耶伦执掌美联储时，每次加息行动都是在市场充分预期后进行。而随着央行和市场的关系越发紧密，还发生过多次在金融条件剧烈收紧时，央行或主动或被市场“倒逼”出面沟通，以稳定市场情绪甚至调整货币政策行动的案例。2018年四季度随着中美贸易摩擦升级，美国经济不确定性上升，叠加美联储货币政策持续转紧，美国整体金融条件快速收紧。2018年10月股票市场开始下跌，11月美联储主席鲍威尔沟通开始边际转向宽松，但信号混杂，未能被市场理解。12月股票市场再度大幅调整，美联储加强沟通，释放更为明确的政策宽松信号，以避免金融条件过度收紧导致实体经济陷入衰退。2019年7月在距上次加息仅7个月之后，美联储转向降息。

央行加强沟通并转换沟通重点的根本原因在于，零下限大大约束了传统货币政策空间。在利率零下限的情况下，短期利率被锚定在零，传统的短期利率变动向长期利率传导的路径受限。在利率零下限初期，货币政策通过影响未来利率预期降低长期无风险利率的效果相对显著，但随着利率零下限的持续，市场逐步形成了利率长期位于低位甚至永久位于低位的预期，政策利率预期下行的空间越发受限，前瞻指引效果呈现边际递减。与此同时，随着金融深化的加剧，金融加速器作用更为明显，实体经济对信用利差、股票市场等风险资产的敏感度上升（Bernanke et al.，2004；Eggertsson and Woodford，2003）。在此背景下，央行货币政策更加依赖压低期限溢价、利差、风险溢价或汇率贬值等渠道影响实体经济。市场机构则将信用利差、股指和汇率等央行主要关注的资产价格，与长、短端利率进行加权平均，构建出了金融条件指数，以描述金融市场融资环境总体的宽松程度（Hatzius et al.，2010）。

基于利率的总需求曲线失效，演变为基于金融条件的总需求曲线，与此相对应，央行调控目标由政策利率转变为整体金融条件。以美国为例，危机前，基于利率的总需求曲线总体成立，仅在1995—2000年由于技术革命的供给冲击出现短暂背离。但2008年金融危机以来，美国产出缺口对实际政策利率的敏感度显著下降，与金融条件指数相关度显著上升，在资本市场承压较大时期更是如此（图2）。分部门看，美国企业危机后利用低利率窗口大幅发债，债务融资总规模迅速超过银行贷款规模，宏观数据上则反映为企业投资增速与公司债利差而非绝对利率水平的相关度上升。美国居民消费决策与美股的“共振”也在增强，2015—2016年美股大幅调整期间，美国消费增速剧烈下滑，背后原因或在于居民部门资产中股票财富占比不断上升。此外，在前期经济、金融全球化浪潮的影响下，发达国家经济和金融市场对外部环境和汇率的敏感度亦上升，不仅体现在出口依赖度较高的欧元区和日本，以内需为主的美国亦是如此。2015 年美元迅速走强带来的“紧缩”效应成为美联储推迟加息的重要原因。货币政策通过金融条件的传导要快于传统的利率渠道。美国金融条件的变动在 1—2 个季度后即会影响实体经济，而长端利率的传导通常需要 1—2 年。总需求曲线的变化意味着货币政策中间目标也将随之改变，一定程度上由调控利率转向调控整体金融条件，并由此带来了央行沟通重点的变化。

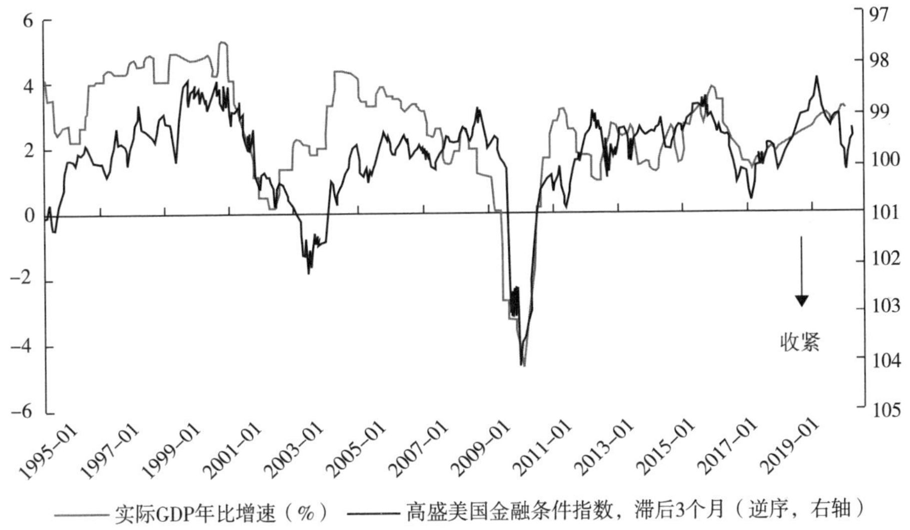


**图 2　美国金融条件指数与实际 GDP 增速**

政策界和学术界对金融不稳定成本以及理性预期范式的再思考，进一步推动央行加大对金融市场预期管理的关注。2008 年全球金融危机前，央行大多反对使用货币政策来应对金融稳定风险。主流观点认为，资产泡沫很难在事前被发现，即使发现，由于泡沫是非理性行为驱动的，利率工具也不一定有效；即使货币政策工具有效，它也可能会错杀其他不存在泡沫的资产。但是，2008 年全球金融危机凸显了金融稳定的极端重要性（Bernanke，2012b），提议货币政策也应在应对金融稳定上发挥作用的声音开始增多（Eichengreen et al.，2011；Adrian and Liang，2018），很多国家的央行成为金融稳定的主要监管者。2008 年全球金融危机的演化还显示，经济主体的预期形成并非完全理性，但也不是直接线性外推，而是呈现诊断型预期的特征（Gennaioli and Shleifer，2018）。① 2008 年全球金融危机之前，投资者长期维持房价上涨的乐观预期，忽视尾部风险，而 2008 年雷曼兄弟破产后，市场预期突然剧烈反转，信心全面崩溃，引发房地产市场和整体金融市场严重衰退。由此可见，预期并非理性，预期的调整会非常突然和剧烈。同样的经济基本面数据，根据市场的风险偏好可以有完全不同的解读（见表 1）。金融危机往往是信念危机（crisis of belief），因而央行对金融市场预期越发关注，以避免由于预期剧烈调整引发金融不稳定的风险，以及由此带来对实体经济的负面冲击。

**表 1　同一信息在不同市场环境下的相反解读**

| 客观数据 | 导致市场上涨的乐观解读 | 导致市场下跌的悲观解读 |
|---|---|---|
| 增长数据好 | 宏观经济改善 | 美联储将加速加息 |
| 增长数据差 | 美联储可能降息 | 宏观经济恶化 |
| 油价涨 | 全球经济总需求改善 | 企业生产成本上升 |
| 油价跌 | 消费者购买力增强 | 全球经济总需求走弱 |
| 美元涨 | 提振本国企业海外购买 | 不利于出口 |
| 美元跌 | 提振出口 | 不利于本国企业海外购买 |
| 银行盈利 | 商业条件改善 | 好消息已落地 |
| 银行亏损 | 坏消息已落地 | 商业条件恶化 |

资料来源：作者整理。

① Kahneman and Tversky（1972）提出了代表性直觉（representativeness heuristic），当某一特征在给定人群中出现的概率比在参照组中大时，人们通常会过度高估这一特征出现的概率。基于代表性直觉，Gennaioli and Shleifer（2018）提出诊断型预期理论，预期取决于人们如何处理信息，人们在形成预期时，会受到过去信息的影响，具有外推型预期（extrapolative expectation）特征，但又不只是根据过去信息的简单外推，对代表性直觉的依赖会放大某些具有“代表性”的信息的权重，忽视其他结果的可能性。例如次贷危机前，人们倾向于将房价快速增长的趋势过度外推，并忽略杠杆率高、金融体系脆弱等潜在风险，房地产泡沫急剧膨胀；而雷曼破产暴露出金融系统性风险远超预期，此前被忽视的左尾风险成为代表性问题，此时市场开始放大金融风险，过度反应导致出现市场恐慌和挤兑。

## 二、央行在实践中如何管理市场预期

### 1. 央行与市场：从对手到伙伴

对货币政策传导渠道的再认识以及对金融稳定关注度的不断提高，推动全球主要央行越发重视金融市场预期管理，央行与市场的关系似乎逐渐走向“亲密”。但在政策实践中，央行与市场的关系并未呈现统一形态，而是在“对立”与“合作”、“主导”与“跟随”之间不断寻求平衡点。

央行与市场，对手还是伙伴？在大缓和时代之前，部分央行将市场视为对手，希望通过制造意外来驱动甚至“欺凌”市场（Blinder，2004）。在大缓和时代后，随着央行独立性和透明度的提升，“制造意外”的突袭策略不再是主流。不过，在当前的实践中我们仍能看到采用“制造意外”方式的央行，其中以日本央行最为典型。日本央行现任总裁黑田东彦尤其偏爱突袭战术，2013年4月在上任“首秀”上就出其不意地放出大招，2013年和2014年两轮量化宽松出台的时点和规模均超出市场预期（详见专栏1）。黑田东彦“制造意外”的突袭策略在其执政前期取得了明显效果，日元转向贬值，助力日本金融条件进一步放松。但是，当隐藏信息“制造意外”成为常规操作时，其预期管理的效果就开始大打折扣。2016年，当黑田东彦再次超预期地推出负利率工具时，反而加剧了市场对经济基本面恶化和货币政策空间不足的担忧，导致日元升值。将市场视为对手、频繁“制造意外”的预期管理方式无法持续有效的原因在于，央行与市场不是一次性博弈，而是长期互动、重复博弈的过程，市场会不断学习央行的反应函数，央行很难持续“制造意外”。如果央行频繁释放有偏信息，如对经济前景持续偏乐观，反而会致其信誉受损，最终会被市场无视。因此，央行把市场当作对手的做法在单次博弈中或可行，但难持续。越来越多的央行在与市场的重复博弈中选择了与市场成为“伙伴”，也就是说，市场既是央行政策目标（即维持金融稳定）的一部分，也是央行实现目标（即市场作为货币政策传导的渠道）的一种手段。

## 专栏1 黑田东彦的突袭术

日本央行现任总裁黑田东彦是货币宽松的忠实拥趸，素有“火箭炮”之称（Kuroda Bazooka），善用突袭战术制造意外。2013年4月4日，黑田东彦就任日本央行总裁的“首秀”便在意料之外。会前市场机构完全未预期到日本央行会将公开市场操作目标由隔夜利率彻底改为基础货币，这一转向为央行后续的一系列操作奠定了基础。央行资产购买规模也大超预期，并将风险资产纳入购买篮子。自此，市场机构开始意识到黑田东彦主政后的日本央行已不同以往，以经济财政大臣甘利明为代表的政府官员亦对黑田东彦的大胆举措大加肯定。2014年10月31日，黑田东彦再度放出大招，年购债规模由50万亿日元加大至80万亿日元，上市交易基金（Exchange Traded Fund，简称ETF）购买规模扩大3倍至3万亿日元，资产购买力度前所未有。此前市场依旧未料到央行新政，反映出黑田东彦对颠覆预期以产生意外效应的依赖。与沟通平抑波动相反，突袭策略往往会放大波动，甚至可能会引发羊群效应，带来自我加强的循环效应。黑田东彦正是期望从政策引发的汇率超调中获益，上述两轮量化宽松便是成功案例。更重要的是，连续突袭策略让市场相信日本央行穷尽一切对抗通胀的决心。投资者开始重新审视日本经济、重拾对日本经济的信心，日股在两轮量化宽松推出后大幅上涨。日元亦逆转了多年走强的局面，对美元汇率由93日元一度贬至125日元左右。

但上述美好图景在2016年前后发生反转，直接导致了黑田东彦于2016年1月29日再出猛招，超预期祭出负利率武器。黑田东彦此前并未放出任何宽松信号，反复驳斥负利率降息的可能性，1月21日参加达沃斯论坛的前一天更是明确表示，“没有实施负利率的计划”。但一周后的29日，日本央行出现180度大转变，最终扣下负利率“扳机”。然而，负利率的意外祭出并未像前两轮量化宽松那样提振信心，反而被市场视为坏消息，加剧了悲观预期。一方面，市场认为日本央行拥有更多基本面的相关信息，担心央行史无前例的举措意味着经济实际表现比原先预期更差。克里斯坦森和斯皮格尔（Christensen and Spiegel，2019）的研究表明，日本在引入负利率政策后通胀预期出现显著下降。另一方面，负利率政策出台前夕，日本央行国债持有总量占市场存量的比重便已接近40%，市场普遍预期日本央行每年80万亿日元的债券购买无法持续。日本央行由量化宽松到负利率的转变间接印证了市场猜测，货币政策趋近极限的担忧进一步发酵，宽松空间不足的预期推动日元仅下跌两日便转为升值，对美元汇率甚至曾短暂突破100日元关口。

回顾黑田东彦突袭策略，可以总结出以下经验：

一是突袭策略出于竞争考量，视同行和市场为博弈对手。突袭策略的意图是在双方交战时抢占先机。对日本而言，汇率渠道是货币政策传导的关键，而汇率战往往是两国此消彼长的零和博弈。日本央行视海外同行为竞争对手，寄希望于采取突袭策略率先实施宽松，进而在国际博弈中抢占汇率贬值的先机，有一定合理性。然而，如若货币政策传导更多依赖利率、信贷、组合再平衡等国内渠道传导，突袭策略意味着更多将国内金融市场和机构视为对手而非伙伴，届时使用突袭策略需更加谨慎。正如布林德等人（2001）强调的，央行需要提高政策透明度和可预见性，但外汇市场干预是唯一的例外。

二是突袭策略"含糊其辞"，难以配合争议性政策的实施。不被市场理解并接受的政策往往更有可能失败甚至逆转，此时更需要事前铺垫，强化市场对相关信息的理解。日本、欧洲负利率政策自推出伊始引发的争议便远超其他非常规货币政策，不少货币政策掌舵者对负利率政策保持警惕，认为它和正利率有本质的区别。面对未经沟通的争议性政策冲击，一方面市场极易产生"穷途末路"的悲观预期，陷入不必要的猜测与疑虑，增大不确定性；另一方面国内公众和金融机构毫无准备，震惊之后对政策本身的怀疑情绪骤增。日经调查显示，超过一半的受访者不看好负利率政策，黑田东彦同年出席国会的传召次数大大高于以往，充满"敌意"的政治环境反过来对央行后续行动构成约束。

三是突袭策略短时有效，但会在信誉至上的重复博弈中处于劣势。沟通不是一次性博弈，而是与沟通对象长期互动的过程。信誉是建立良好的重复博弈关系的基石，一旦丧失，很难重新建立。黑田东彦的突袭战术尽管获得了短期收益，但同时造成市场对其信任度的持续显著下降。当隐藏信息的突袭策略被市场证伪，后续沟通亦可能被视为操纵或者粉饰信息，最终导致央行丧失沟通这一政策工具。比如，日本央行货币政策报告的通胀预期长期过于乐观、偏离实际，其信息披露便无法成为反映政策立场、引导居民通胀预期的有效工具，增加进一步沟通的难度。

在央行与市场的伙伴关系中，谁为主导？一个极端是央行完全听从市场，以芝加哥学派的有效市场假说为代表。在该情景下，央行从资产价格中获取金融市场对增长、通胀以及政策利率的预期，并完全跟随。这种做法的弊端在于市场往往是短视，并且会过度反应，存在很强的羊群效应。布林德（2004）

提出了一个“经验法则”：当新信息出现时，市场反应的方向通常是对的，但程度会放大 3—10 倍，市场平静时为 3 倍，波动时则高达 10 倍。而马克斯（Marks，2011）进一步指出，市场反应的方向也存在不确定性。同一信息在不同市场环境可能被赋予完全相反的解读，甚至出现“坏消息变成好消息，好消息变成坏消息”的情景。因此，完全跟随市场将导致央行也变得极其短视且易变，伤害央行的独立性和信誉。另一个极端则是市场完全听从央行，以前瞻指引为代表（前瞻指引是指央行通过对未来货币政策立场与公众进行沟通，以影响未来利率的预期，详见专栏 2）。但央行没有“水晶球”，在经济预测上并不比市场表现更好。尤其在经济发生结构性变化的环境中，美联储、英国央行等都经历过被过于明确的前瞻指引“打脸”的经历，同样损害央行信誉，这也是前瞻指引近年来逐渐被政策制定者淡化或模糊化的重要原因。此外，市场过于听从央行还会产生“回声”问题。如萨缪尔森（Samuelson，1994）的比喻，此时如果央行试图从市场获取信息，便如一只猴子对着镜中自己的动作采集信息。①

## 专栏 2　前瞻指引：央行透明度的极限

### 一、前瞻指引的本质与形式

20 世纪 90 年代以来，央行逐步提高透明度以加强货币政策传导，开始出现央行与市场沟通未来政策利率路径的零星尝试，即前瞻指引。例如 2003 年，美联储前主席格林斯潘曾使用前瞻指引管理利率预期。2008 年全球金融危机后，随着政策利率触及下限，传统政策空间消耗殆尽，前瞻指引日益成为独立的工具，甚至是最重要的工具，以影响未来利率的预期，这被戏称为新时代的“公开市场操作”（Open Mouth Operation，OMO）。

在实践中，前瞻指引可分为定性、基于日期和基于数据三种形式。定性的前瞻指引相对模糊，在金融危机前应用较多。例如 1999 年日本央行宣布将政策利率保持在零直至经济紧缩压力消除，2003 年美联储声明宽松的货币政策会维持较长时间。基于日期的前瞻指引更明确易懂，在金融危机期间广泛

① Paul Samuelson（1994）：“a monkey discovers his reflection in the mirror and thinks that by looking at the reactions of that monkey—including its surprises—he is getting new information.”

应用。例如2011年8月美联储宣布将至少维持政策利率在超低水平至2013年中期。基于数据的前瞻指引旨在向公众沟通央行的反应函数，逐渐为更多央行采纳。例如美联储（2012年）、英国央行（2013年）都曾以失业率降低作为政策利率调整的前提条件。前瞻指引是一种特殊形式的沟通，根据沟通风格，前瞻指引可划分为“奥德赛”式前瞻指引和“德尔斐”式前瞻指引。“奥德赛”式前瞻指引是指央行对未来的政策利率路径做出承诺（Campbell et al.，2012）。“德尔斐”式前瞻指引则着重沟通央行对未来基本面和政策利率的预测，而不给出任何承诺。定性的前瞻指引通常都是“德尔斐”式的，基于日期的前瞻指引通常都是“奥德赛”式的，而基于数据的前瞻指引则介于两者之间。

## 二、主要央行使用前瞻指引的实践

加拿大央行经历了对前瞻指引由“接纳”到“放弃”的立场反转。受2008年美国次贷危机蔓延拖累，加拿大经济陷入严重衰退并面临通缩风险，加拿大央行连续降息至0.25%，传统货币政策空间已捉襟见肘。为强化政策宽松效果，2009年4月加拿大央行推出基于日期的前瞻指引，承诺在2010年二季度前维持政策利率不变。这一前瞻指引压低了长端利率，有力地支持了加拿大经济的复苏。随着复苏和通胀回升快于预期，加拿大央行在2010年4月即开始预热退出宽松，最终年内加息75个基点至1%。行长波洛兹（Poloz，2014）认为，利率脱离零下限后，政策制定者面临的不确定性更多，且难以用模型衡量和计算，前瞻指引虽然提供了确定性，但是容易导致市场单方面押注，出现头寸过度集中，市场波动加大。退出前瞻指引将使市场与央行共同面对不确定性，有助于更好地发挥市场的价格发现功能。加拿大逐渐淡化前瞻指引，并于2013年10月完全取消。

英国央行因误判经济前景而被迫修改前瞻指引。2013年8月，随着英国经济复苏，英国央行面临加息压力。但是，由于失业率仍徘徊在8%的历史高位附近，英国央行希望能够继续维持宽松。此时政策利率已降至0.5%的下限，英国央行正式引入基于数据的前瞻指引，即失业率降至7%以下前不会启动加息。英国央行希望通过前瞻指引在经济不确定性中为市场提供政策确定性。彼时英国央行预计失业率需两年半才能降至目标水平，但半年左右的时间失业率已跌至7%以下。但此时产出缺口规模仍较大，且生产率增速持续低迷，英国央行不愿加息，不得不调整前瞻指引，指出需待产出缺口显著收窄后才能启动加息，导致市场质疑其公信力。

美联储也曾因经济形势快速变化而调整前瞻指引。2008年金融危机后，传统货币政策空间受限以及经济面临高度不确定性等因素促使美联储频繁使用定性的前瞻指引。为更明确政策意图，美联储于2011年8月开始使用强有力的基于日期的前瞻指引，宣布将至少保持政策利率在超低水平到2013年中期，并两次延期至2015年中期。伯南克（2013）认为，前瞻指引虽然取得效果，但未能明确经济前景的变化将如何影响未来货币政策，而且前瞻指引推后导致公众无法判断未来政策路径。2012年12月美联储转向基于数据的前瞻指引，强调在失业率低于6.5%前不会加息。但市场将6.5%的失业率门槛误读为加息门槛。随着2014年初失业率快速降至6.7%，为避免市场预期政策过早紧缩，美联储于2014年3月放弃基于数据的前瞻指引，转为沟通货币政策的反应函数，即评估经济是否在向充分就业和2%的通胀目标水平运行。

## 三、经验与启示

在利率零下限的情况下，前瞻指引成为非常有效的政策工具。当政策利率处于零下限时，央行传统货币政策工具无法提供更多宽松空间，前瞻指引成为重要的政策选择。前瞻指引可通过将加息时点推后，有效降低市场短端利率预期，压低长期收益率，从而扩展货币政策工具箱，用于长期维持货币宽松（Eggertsson et al.，2003）。在金融市场方面，前瞻指引使政策路径明朗化，短端利率的可预测性增强、不确定性下降（Swanson，2017），同时压降风险溢价（BIS，2014）。相较于直接降息，前瞻指引常用于维持更长期的宽松货币政策，为市场提供确定性，压降中长期收益率的效果更好，并且在利率零下限时期其对股票回报的影响更显著（Swanson，2017）。在宏观经济方面，前瞻指引改变利率对经济变动的敏感性，利率预期对部分前瞻指引中强调的指标变化更敏感（BIS，2014）。前瞻指引对宏观经济的影响存在争议，部分研究显示前瞻指引可提振就业和通胀（Fed，2015；Hansen and Mcmahon，2016）。前瞻指引还能通过预期渠道影响家庭对房贷、实际利率、失业率等的预期，从而调整消费行为（Coibion et al.，2020）。

但前瞻指引是一把双刃剑，要慎用。一方面，央行并没有“水晶球”，可能误导市场并致使信誉受损。经济面临高度不确定性时，央行预测的准确性并不强于市场参与者，经济基本面变化速度可能快于央行预期，政策反复将导致市场质疑央行的可信度。另一方面，市场倾向于将央行条件性的前瞻指引解读为承诺，误解沟通意图。央行推出前瞻指引时常伴随着定性或定量门槛，并提示这仅为货币政策调整的前提或条件，但公众往往将此作为央行需无条件遵守的承诺。例如英国央行和美联储曾在前瞻指引中明确引入失业率作为货币政策调整的前提条件，但市场则粗暴地将其理解为政策转向的拐点，曲解央行意图。

前瞻指引的使用方式尚需进一步探索和完善。一方面，前瞻指引的使用应因时制宜。研究显示，基于日期的前瞻指引会降低利率对宏观数据的敏感度，并在经济意外变化时使央行陷入次优政策和信誉损失的两难境地，而采用基于数据的前瞻指引则相对较好，有助于厘清央行的反应函数（Stein et al.，2014）。但好坏并非绝对，需要视情况而定。例如当政策利率处于零下限时，强有力的基于日期的前瞻指引远比基于数据的前瞻指引更有效。在危机期间，“奥德赛”式前瞻指引扭转市场预期的能力更强劲，有效提振经济活动和通胀（Campbell et al.，2016）。另一方面，前瞻指引应当更简化、易于沟通。前瞻指引发挥效用的前提条件是能够清楚沟通、公众解读符合央行意图（BIS，2014）。例如，前瞻指引中若明确提供有关政策利率的预测路径，则很容易被市场简单理解为无条件的政策承诺，故而使用前瞻指引时需更强调经济面临的风险和相应的政策调整，避免被市场误解（Feroli et al.，2017）。

在实践中，央行与市场的伙伴关系是位于这两个极端之间的连续分布。一方面，央行对市场信息非常重视，如通胀连接债中隐含的市场通胀预期、利率衍生品市场隐含的加息预期以及股票市场中隐含的增长预期等，均是央行监控的重点指标以及重要的决策依据。以美联储为例，其政策声明会及时更新关于市场通胀预期的评述，并将此视为政策行动的重要考量之一，例如在2015年的加息周期中，耶伦执掌的美联储充分关注市场对每次会议的加息预期；又如，在2019年美债收益率曲线出现倒挂时，美联储也多次在会议纪要、官员讲话中对其可能指示的经济衰退风险进行回应。2015年欧洲央行推出量化宽松的一个重要原因是市场隐含的长期通胀预期出现明显下降。另一方面，央行并非完全依照市场预期行事。例如，面对市场预期的极为缓慢的加息计划，美联储并未完全遵循，而是通过事前引导的方式在加息行动前让市场预期向政策意图靠拢，从而发挥主导作用。2021年6月为纠正市场对欧洲央行过早放缓疫情购债计划（PEPP）的预期，欧洲央行多位委员密集发声，推动市场预期的调整。但是，央行这种主导地位往往在市场发生剧烈波动、出现金融稳定风险时出现动摇，“央行看跌期权”的存在甚至愈发普遍，就是央行屈从市场的一种表现。实际上，越是在金融稳定面临严峻挑战时期，央行越要明确自己与市场关系的底线所在。市场信息固然是央行“仪表盘”的重要组成部分，但方向盘仍然握在央行手中，如布林德（2004）指出的，央行应始终保持对市场的引导，而不应盲目跟随。如果我们根据央行对市场的主导程度由弱到强从左至右画一条坐标轴，那么在常态时期，央行应保持在坐标轴的中间偏右位置，在金融稳定风险上升、市场陷入恐慌时期，则要更偏向右侧，加强对市场的预期管理。

### 2. 预期管理的定义及载体

明晰央行与市场的关系可以帮助我们更好地界定什么是预期管理。“管理”反映了央行的主导地位，管理的对象是“预期”，则需要通过聆听市场获得。预期管理的过程是央行通过多种工具影响预期，其目标是为了提高货币政策的传导效率。央行的沟通和行动都可以影响预期，但有效的沟通可以节省其他工具的空间，让金融市场帮助央行干活，因而成为央行管理预期的首选，也是本文研究的重点。

从主要央行已有的政策实践看，央行常态化沟通的内容主要包括政策目标、经济前景展望、政策会议决议和未来利率路径四个方面。（1）披露政策目标。政策目标主要是指通胀目标。当前实行通胀目标制的主要发达国家央行，大多选择2%作为通胀目标。部分央行还会采用双目标或多目标制，例如美联储是增长和通胀双目标，我国央行货币政策目标则相对更加多元。（2）经济前景展望。美联储、欧洲央行和英国央行等主要央行均会发布对未来通胀和产出的预测，如美联储每季度会发布公开市场委员会对美国经济增长、通胀、失业率以及政策利率的预测结果，即“经济预测摘要”（Summary of Economic Projections，SEP）。一些央行（包括新西兰、挪威、瑞典等）甚至会公布产出缺口的预测。（3）政策会议决议。目前大多数央行都会在货币政策会议后立刻公布会议声明，美、欧、日、英央行还会在会议当天召开记者会，解答市场对货币政策决策的疑问。（4）公布未来利率路径。例如，美联储会公布FOMC的利率预期（即点阵图），瑞典央行会基于其宏观经济预测给出未来政策利率的路径。但有部分学者认为，公布政策利率路径可能会使委员会的决策制定更复杂（Mishkin，2004；Goodhart，2001）。

以上沟通内容分别作用于四大类预期：一是引导市场对当前经济数据和市场状况的解读。美联储、欧洲央行等发达经济体央行公布的货币政策决议均包含对当前经济数据和市场状况的解读，央行也会在当天召开的记者会上进一步做出解答。例如，2021 年上半年美国通胀连续超预期，美联储主席鲍威尔在记者会上指出疫情导致的供需错配等因素导致通胀被推高，但通胀的快速回升是暂时性的，由此成功稳定了市场预期。二是引导对未来经济和市场前景的预期。美联储、欧洲央行等主要央行每个季度都会公布其经济预测，这些预测的准确度通常高于市场预测，有助于引导市场预期。例如，研究发现美联储内部的经济预测比市场预测更加准确，背后的原因可能是美联储内部工作人员对未来货币政策路径的理解要更好。但是，随着美联储透明度的提高，其优势有所下降（Guisinger et al.，2019）。三是引导对未来政策的预期。相对于市场，央行对自身反应函数和货币政策路径更有优势，市场通常会向其靠拢。实践中，央行通过讲话等常态化沟通方式向市场释放信号，引导市场对未来货币政策路径的预期。美联储和瑞典央行等部分央行甚至会定期发布其对未来政策利率的预测。例如，2021 年 6 月美联储发布的“经济预测摘要”（SEP）中将 2023 年的政策利率预测上调 50 个基点，市场随之将首次加息时点提前至 2022 年末。但是，由于央行对经济前景的判断并不总是优于市场，市场对未来政策路径的预期经常会与央行预期不一致，且可能更加准确。例如，2015 年初美联储点阵图预期全年加息两次，而市场预期仅加息一次，最终受到外围经济走弱、美元走强、金融条件剧烈收紧等多重因素影响，美联储仅在年底加息一次。四是引导对未来风险分布的预期。主要央行通常都肩负金融稳定职能，会定期公布金融稳定报告，央行官员也会就金融稳定发表讲话。这些沟通都有助于提示市场风险，降低资产价格泡沫风险。伯恩等人（Born et al.，2014）发现，央行对金融风险的沟通能够降低市场参与者预期的异质性，使资产价格更加接近基本面指示的水平。但央行在沟通中如果过度强调积极因素，淡化下行风险，可能导致市场忽视风险因素，最终加剧金融不稳定的风险。例如 1996 年格林斯潘执掌的美联储对“非理性繁荣”的模糊警告，以及 2008 年美国房地产泡沫破灭前，美联储并未提示房地产泡沫的风险。以上分析显示，实践中四种引导的结果各不相同。市场相对最关注央行对政策利率的引导，如果可信，市场会相应更新预期。发达经济体央行对未来经济前景预测的准确度并不绝对优于市场，尤其是在短期，因此市场会将央行的预测作为参考，但并非完全依赖。而在部分发展中国家，央行的预测可能隐含未来政策取向，对市场预期的影响力可能更大。对于当前的经济状态，市场往往有自己的判断，会忽略央行的解读，除非这种解读里暗含政策走向。对于风险提示，央行需要在稳定信心和提示风险之间寻求平衡，这既考验央行的判断力，也考验其沟通技巧，在预期引导中难度相对最大。

央行沟通的方式包含书面沟通和口头沟通。各国央行会通过定期发布公告、会议纪要、出版物等方式与市场进行书面沟通，形式上较为正式。例如，美联储会发布 FOMC 会议声明和会议纪要、半年度的货币政策报告以及金融稳定报告，欧洲央行会定期公布经济分析公报、英国央行会每季度公布货币政策报告等。口头沟通是央行主动通过讲话、新闻发布会、媒体采访等方式向公众和金融市场传递货币政策信息，沟通内容和时点的选择更为灵活，通常与当下市场最关注的经济和政策议题密切相关，因此受到金融市场的高度关注。

央行沟通的风格主要分为“奥德赛”式和“德尔斐”式。“奥德赛”一词出自荷马史诗《奥德赛》①，“奥德赛”式沟通指的便是央行对未来的政策利率水平给出承诺，像奥德修斯一般将未来货币政策绑在了自己的承诺上。例如在利率零下限的情况下，央行承诺未来通胀回暖以后仍将维持宽松的货币政策，以抵御可能的加息“诱惑”。“德尔斐”一词则取自德尔斐神谕②，“德尔斐”式沟通形容央行只给出了对经济前景与政策利率的预测，而不给出任何承诺。典型例子如 2008 年 12 月美联储 FOMC 会议声明中的“开放式”前瞻指引：“委员会预计疲弱的经济环境将导致货币政策利率在低位上维持一段时间”。③

## 三、央行沟通如何影响金融市场预期

### 1. 央行沟通影响市场预期的渠道

央行沟通主要通过“创造信息”、“减少噪声”和“信号效应”三大渠道

---

① 传说奥德修斯在穿过海妖之海时，为了抵御海妖歌声的诱惑而将自己绑在船的桅杆上。

② 德尔斐神谕是刻在希腊德尔斐神庙的阿波罗神殿前的三句铭文，分别是“认识你自己”“凡事勿过度”“妄立誓则祸近”。

③ “The Committee anticipates that weak economic conditions are likely to warrant exceptionally low levels of the federal funds rate for some time.”

影响市场预期（Blinder et al.，2008）。“创造信息”主要指央行通过沟通修正政策利率预期，侧重的是未来政策利率水平的指引。“减少噪声”则主要指央行通过沟通提高货币政策的可预测性，降低金融市场波动率，更多对应金融资产的价格，即所谓的降低风险溢价。如果我们将金融资产的收益率分解为：$R_{t,t+n} = \frac{1}{n}\sum_{i=0}^{n-1} r^{e}_{t+i} + TP_{t,t+n} + RP_{t,t+n}$，其中 $r^{e}_{t+i}$ 为对未来短端名义利率的预期，$TP_{t,t+n}$ 和 $RP_{t,t+n}$ 分别为对应期限内的期限溢价和风险溢价，那么“创造信息”渠道侧重于影响未来利率预期，而“减少噪声”旨在压低期限溢价和风险溢价，推升今天的资产价格水平，并降低企业和家庭部门的融资成本。在这两个渠道外，央行沟通还可能通过“信号效应”影响市场预期。作为金融市场的重要参与者，央行的货币政策决策，如利率调整、资产购买计划等不仅直接影响资产价格，还会释放出关于未来利率路径的信号，既影响未来利率预期，也影响期限溢价和风险溢价。例如，美联储缩减量化宽松（Taper）的决定会影响到加息时点（即未来利率预期），还会影响到美联储持有的国债总规模（这会影响到期限溢价）。

以上渠道的相对重要性在不同的经济环境下存在差异。我们可以把央行面对的经济环境分成两种：一种是正常的货币政策空间，主要是中国和大多数新兴经济体面对的情况；另一种是利率零下限，主要是发达经济体面对的情况。在正常的货币政策空间下，央行沟通侧重于“创造信息”渠道，即引导政策利率预期。此时央行需要明确其目标及反应函数，强调政策利率要随经济基本面的变化而变动，即由数据和状态驱动。当经济基本面发生变化时，市场就会预期央行可能有逆风而行的操作，这时金融条件就会相应放松或者收紧。而在利率零下限时，央行沟通更多侧重于“减少噪声”渠道，即平抑金融市场波动。此时，沟通往往采取奥德赛式承诺机制。在利率零下限的约束下，$r^{e}_{t+i}$ 下行空间大幅受限，货币政策不得不通过影响期限溢价、风险溢价以及广泛的资产价格来强化货币政策传导。这时央行不会太在意因为波动率下降带来的金融市场杠杆率提高。实际上，杠杆率提高正是资产价格上涨的原因，金融风险上升正是在利率零下限时央行为了刺激经济不得不付出的代价。在利率零下限的约束下，主要央行通常都实施了资产购买，央行的沟通将同时影响未来政策利率水平和期限溢价，信号效应也变得更加重要。

## 2. 央行沟通影响金融市场预期的实证效果

实证研究显示，央行沟通可以较为显著地影响利率市场和汇率市场预期。在利率市场预期影响方面，实证研究发现，美联储前主席格林斯潘的证词（Kohn and Sack，2004）、英国央行的会议纪要和通胀报告（Reeves and Sawicki，2007）、瑞典央行提前公布的通胀预测（Musard-Gies，2006）等央行口头或书面沟通，均可显著影响市场参与者的政策利率预期以及市场的短期和长期利率。2013 年美联储关于缩减量化宽松的沟通失误引发美债市场剧烈调整，也为央行沟通对市场利率的影响效果提供了佐证。更多的研究发现，央行调整政策利率对中长端利率的影响有限，而沟通则通过改变利率预期和风险溢价显著影响中长端利率，货币政策的传导更多是“言胜于行”，而不是“行胜于言”。例如，有研究（Leombroni et al.，2021）发现，欧洲央行的利率决议只会影响短端利率，对长端利率几乎没有影响，但随后召开的记者会上对未来货币政策的沟通则显著影响中长端利率，并且前者的影响是短暂的，而后者的影响更加持久。对汇率市场预期影响方面的研究（Fratzscher，2006）发现，主要发达经济体央行的汇率沟通能够影响 6 个月的远期汇率，并可以降低汇率的波动性和不确定性，而央行对外汇市场的干预行动反而会提升汇率的波动性和不确定性。进一步的研究（Beine et al.，2009）发现，央行对汇市干预行动进行解释沟通，可以提高干预的效果，平稳汇率市场的波动。缪延亮（2019）认为，中国央行与市场沟通的增强，能够帮助市场逐步强化对人民币双向浮动的预期。但也有人（Jansen and De Haan，2005）发现，欧洲央行的口头干预对汇率影响较小，且是短期影响。

央行沟通对股票市场的影响存在不确定性。央行沟通包含了货币政策、经济增长和风险偏好三类信息。对美联储的研究发现，后两类在政策声明中占比达 40%（Cieslak and Schrimpf，2018）。央行沟通可以通过无风险利率和风险溢价影响股票定价，但股价还受到公司盈利预期、情绪面和资金面等其他因素的影响，因此央行沟通对股市的作用并不确定，具体取决于沟通方式。部分实证研究指出，央行沟通对股票回报率影响显著。罗莎（Rosa，2011）发现，美联储未预期到的沟通变化可以解释标普 500 指数 90% 的变动，这表明央行沟通不仅能够显著影响股票的回报率，而且重要性高于央行行动，原因可能在于股票是长久期资产，其价格更多受未来利率预期而不是当期利率变动的影响。

一些研究认为，沟通主要通过风险溢价渠道影响股价。有研究（Schmeling and Wagner，2019）发现，欧洲央行的语气变得更加积极时，股市平均上涨0.25%，即央行沟通影响股价的原因主要在于积极的语气降低了市场风险溢价，而不是预期利率下降或者预期盈利改善。这一结果与对美股的结论一致。FOMC 会议前美股有非常明显的超额收益（Lucca and Moench，2015）。克伦克等人（Kroencke et al.，2021）发现，75%的股票收益波动可被 FOMC 会议对风险溢价的冲击解释。伯恩等人（2014）发现，央行发布正面的金融稳定报告能够带来长期正向的股市回报，且降低股市的波动率，但是央行关于金融稳定的讲话和采访等口头沟通对股市回报率和波动率的影响较小。回顾历史案例，美联储在 1987 年“黑色星期一”时的沟通应对成功稳定了股市恐慌，但前主席格林斯潘和耶伦对美股高估值的口头警示对股价影响则非常有限。

当金融市场出现明显预期偏误、呈现较强的羊群效应时，央行沟通效果更佳。羊群效应又被称为从众效应，通常是指个体放弃私人信息，跟随其他人的选择（Banerjee，1992；Bikhchandani et al.，1992）。金融市场羊群效应广泛存在，在新兴经济体的金融市场和危机时期尤其常见（Chiang and Zheng，2010）。羊群效应导致金融市场预期更加非理性，相较基本面的偏误显著加大，市场信息的噪声增强。此时央行的有效沟通有助于减少市场噪声，提振整体金融市场的信心，稳定金融条件。实证结果显示，金融危机期间，不论是债券市场还是股票市场，央行沟通对市场的影响都比正常时期更大（Hayo et al.，2012）。例如 2012 年欧债危机期间，外围国家收益率大幅攀升，市场呈现较强的羊群效应，导致欧元和欧债偏离基本面指示的水平。2012 年 7 月，时任欧洲央行行长德拉吉发表讲话称，欧洲央行将不惜一切代价拯救欧元，这一表态提振了市场对欧元和欧债的信心，逆转了欧债危机。

## 四、央行、市场与基本面互动新机制下的沟通挑战

本节尝试总结以上央行预期管理实践理念的演变以及背后的推动因素，在此基础上构建央行、市场与基本面互动机制的系统性分析框架，并对三者互动机制的演进和面临的挑战进行具体分析，进而提出探索央行预期管理策略应聚焦的重点问题。

### 1. 央行－市场－基本面三角模型

我们将上文描述的央行、市场与基本面互动机制的演变归纳为“一个模

型、三个问题、六个方程”。一个模型是指“央行－市场－基本面三角模型”（如图3所示）。该模型中两两之间的关系围绕着三个问题展开：央行的目标是什么、面临什么样的约束、采取什么样的工具实现这些目标。而对以上问题的回答最终被提炼为六个方程。

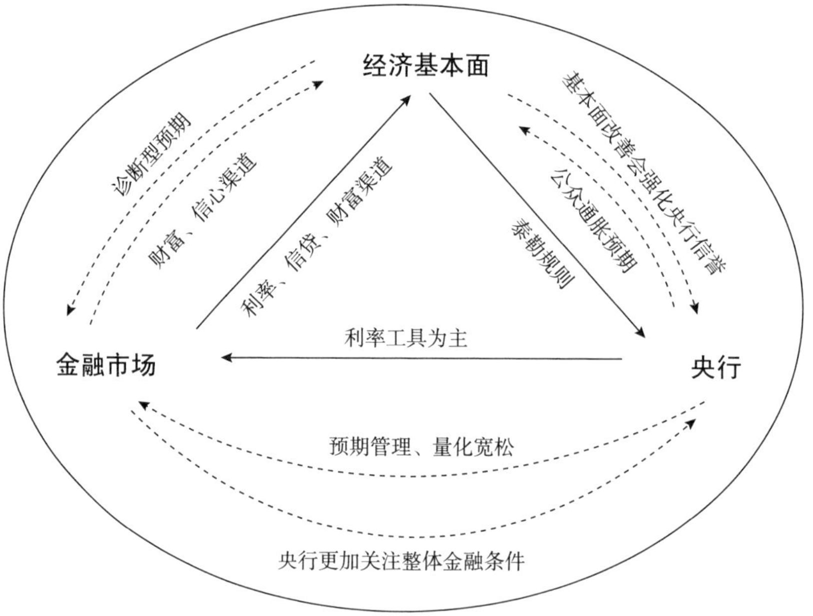


**图3　央行－市场－基本面的三角模型**

注：图中实线为正常货币政策空间下央行、金融市场与基本面互动的传统渠道，即“慢渠道”；虚线为零下限时三者互动的新机制，即“快渠道”。

资料来源：作者整理。

传统上，央行－市场－基本面的互动关系是单向、慢传导的。图3中实线表示的是传统上的央行－市场－基本面的互动关系，即央行从基本面获得信息，据此制定货币政策，再通过市场化机制间接传导到实体经济。由于传导链条较长，在该渠道下，从政策利率到基本面的传导通常存在1—2年的政策时滞。这一互动机制背后反映的实则是大缓和时代以来央行对货币政策框架的共识。

在货币政策目标方面，各国央行货币政策目标虽有差异，但可以一般性地归纳为尝试最小化通胀波动和产出波动带来的损失，即：

$$L=(y-y^{*})^{2}+\lambda(\pi-\pi^{*})^{2} \tag{1}$$

在央行的约束方面，主要在供给端，失业率不能被无限制推升，通胀对其形成约束，即菲利普斯曲线：

$$\pi_t = \pi_t^e + \beta\ (y_t - y_t^*)\ + \varepsilon_t \qquad (2)$$

在工具选择方面，如果选取利率作为工具，利率影响商品市场出清的投资和储蓄曲线，即 IS 曲线：

$$y_t - y_t^* = a - \gamma\ (R_t - \pi_t)\ + u_t \qquad (3)$$

方程（1）至方程（3）决定了央行的货币政策规则（如泰勒规则）。进一步地，影响私人部门投资和消费决策的长端利率不仅由央行的短端利率和政策利率预期决定，还受到期限溢价和风险溢价的影响，即：

$$R_{t,t+n} = \frac{1}{n}\sum_{i=0}^{n-1} r_{t+i}^e + TP_{t,t+n} + RP_{t,t+n} \qquad (4)$$

以上各式中，$y$ 为总产出，$\pi$ 为通胀，$y^*$ 为潜在产出，$\pi_t^e$ 为通胀预期，$\lambda$ 是央行对通胀波动的权重，$r_t^e$ 为政策利率，$R_t$ 为长端利率，$n$ 为利率期限，$TP_t$ 和 $RP_t$ 分别为期限溢价和风险溢价。

利率零下限时，央行－市场－基本面呈现双向互动，传导也更为迅速。传统利率工具失效、经济结构性变化以及对预期重要性认知的加深，引发央行对“采取什么样的工具实现货币政策目标”的新思考，具体体现为：

一是 IS 曲线发生变迁，及由此引发的政策中间目标由政策利率向金融条件的演变：

$$y_t = D\ (F_{t-1} - F_{t-1}^*,\ F_{t-2} - F_{t-2}^*) \qquad (5)$$

其中 $F_t$ 为金融条件，$F_t^*$ 为均衡金融条件。

二是央行调控金融条件的工具更加多元，沟通成为影响金融条件的重要工具：

$$F_t = H\ (y_t,\ \pi_t,\ r_t,\ \sigma_{y_t^e},\ \sigma_{\pi_t^e},\ \sigma_{r_t^e} \cdots s_t) \qquad (6)$$

其中 $s_t$ 为央行沟通信号，$\sigma_{y_t^e}$，$\sigma_{\pi_t^e}$，$\sigma_{r_t^e}$分别代表未来产出、通胀和利率预期的波动。

三是对预期重要性的认知增强，即三角模型中两两之间更多是双向互动，而非单向传导。危机后，政策制定者逐步认识到，由于“诊断型预期”的存在，经济基本面的变化可能引发市场过度调整，甚至导致“信念危机”，因此市场预期与金融条件的变化成为除基本面外影响央行决策的重要信息。此外，虽不是本文的研究重点，但危机后由于对“通缩”风险的担忧加剧，央行对公众预期的关注度也在上升。主要央行加大与公众的直接沟通，对宽松货币政策传导机制进行解读，可以提振公众对实体经济的信心，进而稳定通胀预期。这种尝试一定程度上可视为央行对基本面的直接影响。央行对通胀预期的有效锚定又可以强化央行信誉，形成正向循环。总体看，在新机制下（图3中虚线所示），央行加强了对整体金融条件的直接调控，强化了对基本面的直接沟通，而不再是传统上通过市场机制的间接传导，央行与市场的互动更为紧密，货币政策向基本面的传导速度也更加迅速。

## 2. 新机制下的沟通挑战与有待研究的问题

央行－市场－基本面互动新机制中最显著也最具争议的变化是货币政策中间目标的改变。理论上，关于央行是否应调控金融条件仍存在较大分歧。“政策底”可能会滋生资产泡沫，并产生道德风险。“政策顶”违背了传统上央行不提前干预金融稳定的共识。实践中，央行试图将金融条件维持在“合理区间”很可能是“玩火”。政策目标的改变意味着货币政策松紧度的标尺也从均衡利率（$r^*$）变为均衡金融条件（$F^*$），后者无疑更难评估。而且相比利率工具，央行只能间接调控金融条件，政策效果的不确定性更高。如果央行过于频繁地干预市场预期，还可能导致市场丧失价格发现功能或产生“抗药性”。而沟通作为央行直接影响金融条件的重要工具之一，尽管在实践中效果显著，学术界对此一直存在争议。随着央行与市场的关系更加紧密、对金融条件的调控增强，对央行沟通的质疑声也进一步增大。

在对央行沟通的质疑观点中，最具代表性的是“莫里斯－申铉松效应”（Morris-Shin）。莫里斯和申铉松（Morris and Shin，2002）发现，央行沟通可能导致市场短期预期过于一致，降低市场的有效性。他们认为，如果考虑到“凯恩斯选美”效应的存在，投资者有动机模仿和预测他人的投资行为，如果央行提供的公共信息精度相对较低，加强沟通可能会使投资者大幅增加对该信息及其隐含噪声的使用。这时，央行沟通对市场效率带来的正面影响，不足以弥补该信息中含有的噪声被过度利用所引发的负面影响。我们将央行加强沟通反而可能伤害社会福利的现象称为“莫里斯－申铉松效应”。进一步地，如果央行依赖金融条件指数判断未来增长和通胀前景，而市场预期又由央行提供的信息主导，这将导致央行在市场中只能听到自己的“回声”。央行决策与市场定价之间还可能出现正反馈，导致利率偏离最优水平，带来金融稳定风险。此外，伊辛（Issing，2005）还指出，如果央行之后的政策行为与沟通的内容不一致，可能会损害央行的可信度，带来声誉成本。而斯文森（Svensson，2006）认为，莫里斯和申铉松（2002）结论的成立只会发生在央行沟通的信噪比低于私人信息的情况下，而这在现实中很难成立。美联储副主席克拉里达（Clarida，2020）指出，实践中美联储在货币政策决策中不会过度依赖金融市场信号，而是会综合考虑实体部门预期以及经济模型提供的信息。

上述争论的启示在于，央行沟通既非越多越好，也非越少越好，而是存在边界。毕竟沟通是双向的，既要说，也要听，说得太多，则可能造成回声效应，总是听而不说，又可能形成“镜厅效应”（Hatzius，2019），无法有效主动管理预期。但以上讨论多集中在央行对基本面和政策面的沟通，随着货币政策决策对金融市场预期和整体金融条件的关注度上升，央行是否可以直接对资产价格进行沟通，其效用和成本又如何？对此，相关学术文献研究较少，并且争议较大。一方面，如前文提及的，利率零下限时，货币政策传导更加依赖整体金融条件，央行口头干预特定市场可能更直接、更快地传导到某类资产价格上（Jansen and De Haan，2005），尤其在市场羊群效应较强、市场预期偏误过大时，有助于货币政策传导和维护金融稳定。伯克哈德和费希尔（Burkhard and Fischer，2007）认为，央行对汇率的干预是政策利率触及零下限后的工具补充。但另一方面，央行对资产价格直接进行沟通的成本可能更高。对于金融资产估值，央行相比市场的信息优势有限，具体的沟通可能反而增加噪声，加大市场波动，产生更为显著的“莫里斯－申铉松效应”。如果资产的价格走势不符合央行预测，则会使央行声誉受损；如果资产走势符合预期，金融市场则可能形成“政策底”预期，会滋生资产泡沫，并产生道德风险。因此，相比于货币规则、政策目标的沟通，央行对资产价格沟通的效用与成本需要更加谨慎的权衡。

## 参考文献

Adrian，T.，R. Crump，and E. Vogt，Nonlinearity and flight to safety in the risk-return trade-off for stocks and bonds，Federal Reserve Bank of New York Staff Report，2015，723.

Adrian T，N Liang.，“Monetary Policy，Financial Conditions，and Financial Stability，” *International Journal of Central Banking*，2018，14.

Banerjee，A. V. “A simple model of herd behavior，” *The Quarterly Journal of Economics*，1992，107（3）：797－817.

Born Benjamin, Michael Ehrmann, Marcel Fratzscher, "Central Bank Communication on Financial Stability," *Economic Journal*, Royal Economic Society, 2014, 124 (577): 701 – 734.

Beine, M., Laurent, S., Palm, F., "Central bank FOREX interventions assessed using realized moments," *Journal of International Financial Markets Institutions and Money*, 2009, 19 (1): 112 – 127.

Bernanke B., Why Are Interest Rates So Low?, Brookings Institute, 2015.

Bernanke, Ben S. Inaugurating a New Blog, Brookings Institution, March 30, 2015.

Bernanke, Ben and Mark Gertler, "Agency Costs, Net Worth, and Business Fluctuations," *American Economic Review*, vol. 79, no. 1, pp. 14 – 31, March 1989.

Bernanke Ben S. and Mark Gertler. "Inside the Black Box: The Credit Channel of Monetary Policy Transmission," *Journal of Economic Perspectives*, Fall 1995 volume 9, issue 4: 27 – 48.

Bernanke B S., Gertler M., Gilchrist S. The financial accelerator and the flight to quality. Finance and Economics Discussion Series, 1994.

Bernanke, Ben S. and Reinhart, Vincent R. and Sack, Brian P., Monetary Policy Alternatives at the Zero Bound: An Empirical Assessment, September 2004.

Bernanke, Ben, "Central Bank Independence, Transparency, and Accountability," speech delivered at the Institute for Monetary and Economic Studies International Conference, Bank of Japan, Tokyo, Japan, 2012a, May 25.

Bernanke, Ben, "Fostering Financial Stability," speech delivered at the 2012 Federal Reserve Bank of Atlanta Financial Markets Conference, Stone Mountain, Georgia, 2012b, April 09.

Bernanke Ben S., "Communication and Monetary Policy," speech delivered at the National Economists Club Annual Dinner, Herbert Stein Memorial Lecture, Washington, D. C., November 2013.

Bikhchandani, S., Hirshleifer, D., and Welch, I., "A theory of fads, fashion, custom, and cultural change as informational cascades," *Journal of Political Economy*, 1992, 100, 5, 992 – 1026.

Blinder A. S., Ehrmann M, Fratzscher M., et al. Central Bank communication and monetary policy: a survey of theory and evidence. Working Paper Series. 2008.

Blinder A S. The quiet revolution-Central Banking Goes Modern, 2004.

Blinder A. S, C. A Goodhart, Hildebrand P M, et al. "How do central banks talk?" Geneva reports on the world economy, 2001.

Brunner, Karl. "The Art of Central Banking," Center for Research in Government Policy and Business, Graduate School of Management, University of Rochester, Working Paper No. GPB 81 – 6, June 1981.

Burkhard Lukas, Andreas M. Fischer, "Communicating policy options at the zero bound," *Journal of International Money and Finance*, 2009, Volume 28, Issue 5: 742 – 754.

Calvo, Guillermo A. "On the Time Consistency of Optimal Policy in a Monetary Economy," *Econometrica*, vol. 46, no. 6, 1978, pp. 1411 – 1428.

Campbell, J, C Evans, J Fisher, and A Justiniano (2012), "Macroeconomic effects of Federal Reserve forward guidance," *Brookings Papers on Economic Activity* 2012 (1): 1 – 54.

Campbell J R, Fisher J, Justiniano A, et al. "Forward Guidance and Macroeconomic Outcomes Since the Financial Crisis," NBER Macroeconomics Annual, 2016, 31 (1): 283 – 357.

Chiang, T. C. and Zheng, D., "An Empirical Analysis of Herd Behavior in Global Stock Markets," *Journal of Banking & Finance*, 2010, 34, 1911 – 1921.

Clarida, "Financial Markets and Monetary Policy: Is There a Hall of Mirrors Problem," speech delivered at the 2020 U. S. Monetary Policy Forum, sponsored by the Initiative on Global Markets at the University of Chicago Booth School of Business, New York, 2020, Feb. 21.

Coibion O, D Georgarakos, Y Gorodnichenko, et al. Forward Guidance and Household Expectations. Working Papers, 2020.

Cukierman A, Meltzer A H. The Credibility of Monetary Announcements, 1986.

Eggertsson Gauti B. & Michael Woodford, The Zero Bound on Interest Rates and Optimal Monetary Policy. Brookings Papers on Economic Activity, Economic Studies Program, The Brookings Institution, 2003, vol. 34 (1): 139 -235.

Eichengreen B, Prasad E, Rajan R. , "Rethinking central banking," 2011.

Feroli M, Greenlaw D, Hooper P, et al. "Language after Liftoff: Fed Communication Away from the Zero Lower Bound," *Research in Economics*, 2017, 71 (3) .

Gennaioli Nicola, Andrei Shleifer. *A Crisis of Beliefs: Investor Psychology and Financial Fragility*, Princeton University Press, 2018.

Goodfriend M. "Monetary Mystique: Secrecy and Central Banking," *Journal of Monetary Economics*, 1986, 17 (1): 63 -92.

Goodhart, Charles A. E. , Monetary Transmission Lags and the Formulation of the Policy Decision on Interest Rates, Federal Reserve Bank of St. Louis, 2001: 165 - 181.

Hansen, S. , and M. Mcmahon. "Shocking language: Understanding the macroeconomic effects of central bank communication," *Journal of International Economics*, 2016: S114 - S133.

Hatzius, J. , Hooper, P. , Frederic, P. , Schoenholtz, K. L. , Watson, M. , "Financial Conditions Indexes: A Fresh Look after the Financial Crisis," *NBER Working Paper*, 2010, No. 16150.

Hatzius, "Hall of Mirrors Revisited", 20190820.

Hayo Bernd, Ali M. Kutan, Matthias Neuenkirch, "Communication matters: US monetary policy and commodity price volatility," *Economics Letters*, 2012, Volume 117, Issue 1: 247 -249.

Issing, O, "Communication, transparency, accountability—Monetary policy in the twenty-first century," *Federal Reserve Bank of St. Louis Review*, 2005, 87 (2): 65 -83.

Jansen, David-Jan and de Haan, Jakob, Were Verbal Efforts to Support the Euro Effective? A High-Frequency Analysis of ECB Statements, DNB Working Papers, 2005.

Kliesen, Kevin L. , Brian Levine and Christopher J. Waller, "Gauging Market Responses to Monetary Policy Communication," *Federal Reserve Bank of St. Louis Review*, Second Quarter 2019, pg. 69 -91.

Kohn D. L. , Sack B. P. , Central bank talk: does it matter and why?, Finance and Economics Discussion Series, 2003, 55.

Kroencke, T. A. , M. Schmeling, and A. Schrimpf. "The FOMC Risk Shift," *Journal of Monetary Economics*, 2021.

Kydland F E, Prescott E. Rules rather than discretion: the inconsistency of optimal plans, 1977.

Lange, Joe, Brian Sack, and William Whitesell. "Anticipations of Monetary Policy in Financial Markets," *Journal of Money, Credit, and Banking*, 2003, 35, 889 -909.

Leombroni Matteo, Andrea Vedolin, Gyuri Venter, and Paul Whelan, "Central bank communication and the yield curve," *Journal of Financial Economics*, 2021, Volume 141, Issue 3.

Lucca, D. O. , and Moench, E. , "The Pre-FOMC Announcement Drift," *Journal of Finance*, 2015, vol. 70, no. 1.

Miao Y. In Search of Successful Inflation Targeting: Evidence from an Inflation Targeting Index. IMF Working Papers, 2009, 09 (9/148): 1 -35.

Miao, Yanliang, "China's Quiet Central Banking Revolution," *Project-Syndicate*, 2019, March 06.

Mishkin Frederic S. , "Can Central Bank Transparency Go Too Far?" RBA Annual Conference Volume, in:

Christopher Kent & Simon Guttmann (ed.), The Future of Inflation Targeting Reserve Bank of Australia, 2004.

Morris, Stephen, and Hyun Song Shin, "Social Value of Public Information," *American Economic Review*, 2002, 92 (5): 1521 - 1534.

Musard-Gies, Marie, Do european central bank's statements steer interest rates in the euro zone?, Manchester School, 2006.

Poloz Stephen S., Integrating Uncertainty and Monetary Policy-Making: A Practitioner's Perspective, 2014.

Poole, William. How Predictable Is Fed Policy?, 2005, 87 (6): 659 - 668.

Poole W., R. H. Rasche, The impact of changes in FOMC disclosure practices on the transparency of monetary policy: are markets and the FOMC better "synched"? Federal Reserve Bank of St. Louis, 2003, vol. 85 (Jan): 1 - 10.

Reeves R., Sawicki M., "Do financial markets react to Bank of England communication?" *European Journal of Political Economy*, 2007, 23 (1): 207 - 227.

Rosa, Carlo., "Words that shake traders: The stock market's reaction to central bank communication in real time," *Journal of Empirical Finance*, 2011, 18 (5): 915 - 934.

Samuelson, P. "Goals, Guidelines and Constraints Facing Monetary Policymakers," Panel remarks, Federal Reserve Bank of Boston Conference, 1994, Conference Series 38, Jeffrey C Fuhrer (ed). Schmeling, M and C Wagner, Does central bank tone move asset prices?, 2019 CEPR Discussion Paper 13490.

Stein, Jeremy C., "Challenges for Monetary Policy Communication" speech delivered at the Money Marketeers of New York University, New York, 2014, May 06.

Svensson, Lars E. O. "Social Value of Public Information: Comment: Morris and Shin (2002) Is Actually Pro Transparency, Not Con." *American Economic Review*, 2006, 96 (1), pp. 448 - 452.

Swanson, Eric T., "Federal Reserve Transparency and Financial Market Forecasts of Short-Term Interest Rates." *Journal of Money, Credit, and Banking*, 2006, 38 (3): 791 - 819.

Swanson, E.. "Measuring the Effects of Federal Reserve Forward Guidance and Asset Purchases on Financial Markets", Meeting Papers Society for Economic Dynamics, 2017.

Woodford Michael, "Monetary policy in the information economy," Proceedings-Economic Policy Symposium-Jackson Hole, Federal Reserve Bank of Kansas City, 2001, 297 - 370

缪延亮、唐梦雪、胡李鹏,《低利率：成因与应对》,《比较》, 2020 年第 107 辑, 第 234—254 页, 中信出版集团。

# 债务积压下的财政与货币政策

秦勇

过去40年全球主要国家债务水平都不断攀升，近20年又发生了三次全球性危机，各国在应对危机的时候都实施了更激进的财政和货币政策，因此主要国家的非金融部门杠杆率均大幅攀升。从非金融部门杠杆率水平的统计数据可以看出，到2000年，大多数发达国家的非金融部门杠杆率都已经达到或者接近200，经历了2020年的疫情后日本的非金融部门杠杆率已经达到419，法国达到374，主要发达国家都接近或者超过300。从美国杠杆率的变化看，1980年以前政府有明显的去杠杆表现，到2000年政府杠杆率则稳定在一个平台，2000年之后美国企业杠杆率震荡上行，居民显著去杠杆，而政府杠杆率则持续上升。从一定意义上，2000年之后美国只发生了部门间杠杆率的转移，并没有去化。

自加入WTO开始，中国的杠杆率平均增速也在不断提升，到21世纪10年代的后半段，也就是金融危机救治后的政策退出阶段，杠杆率抬升的速度略有回落，但是仍处于高位。新冠疫情暴发后，中国与大多数西方国家都实施了拉动经济复苏的积极财政政策，西方国家直接补贴消费者与企业，中国则仍靠基建和房地产行业拉动。进一步看，自2015年开始中国的社会融资规模规律性地重复两年高增长、一年修整的模式①，未来这种模式是否会持续？财政和货币应该如何搭配？为了保证财政的可持续性，是否应该建立更有效的中央与地方财政纪律？

---

① 秦勇，《稳定杠杆率与提高经济增长质量》，FT，2021年7月10日。

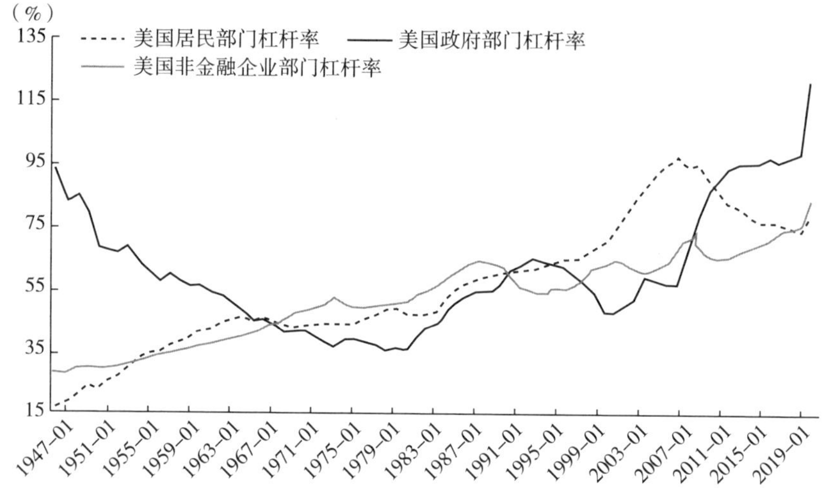


**图 1 美国的杠杆率：分部门**

资料来源：CEIC。

我们选取了有较长时期杠杆率数据的美国和印度与中国进行比较，并且以每 5 年为阶段，从比较中可以看出，自 20 世纪 80 年代以来美国和印度杠杆率并不是一味上升的，即使在 2000 年后面临着两次大的经济危机，杠杆率也有调整的阶段；财政也仍然保持逆周期调节，即“在经济繁荣的时候快速进行财政整固，以积累财政空间”（见图 2）。

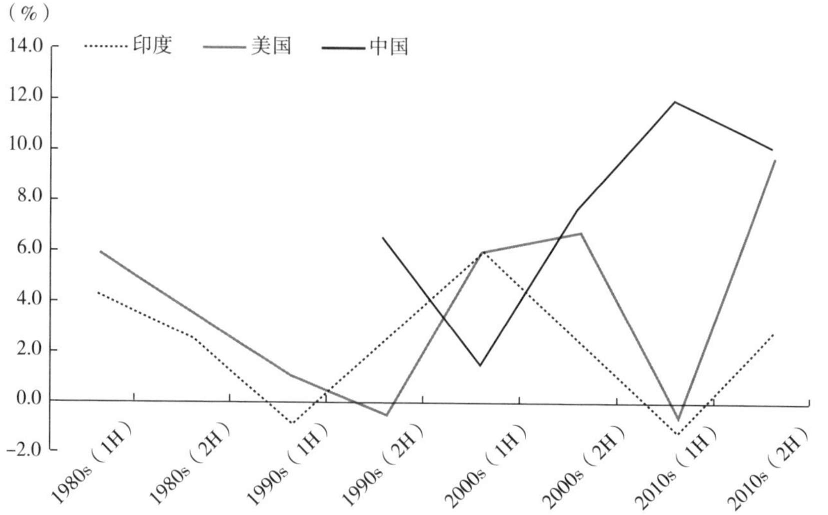


**图 2 国家赤字率的比较**

资料来源：CEIC。

本文试图讨论在当前债务积压的背景下，财政政策与货币政策将发生什么变化。第一节简要回顾了美国、欧盟和日本追求财政平衡的历史，可以看到，凯恩斯主义兴起的数十年时间并没有改变西方国家维持财政平衡的观念，但是财政平衡实现程度与不同经济体的政治制度有很大关系，因此在三个经济体中的结果也有很大差异。第二节，我们看到在凯恩斯把政府积极干预引入经济救助甚至作为发展经济的手段后，有大量的研究评估财政支出对经济的乘数拉动效应的大小，作为对财政政策有效性的反思。从经济学的角度看，经济价格才是评价一项政策的根本原则。第三节比较了中美财政和货币的相对关系，指出未来将以货币为主，追求财政平衡可能是解决债务危机的必然选择。第四节，中国也面临着债务问题，未来也需要重新审视财政平衡的重要性，并对树立有益的中央与地方财政关系提出一些建议。

## 一、财政平衡的国际比较

从历史上看，降低杠杆率的方法主要有：（1）通过经济增长消化高债务；（2）财政整固或者财政平衡，包括支出和收入的调整；（3）私有和公共债务的公开违约与重组；（4）通胀的突然和大幅上升，从而减少债务的真实价值；（5）金融压抑，通过政府政策把资金引向持有公共债务。除了财政整固外，其他几个方面本身就是造成当前债务水平高企的原因，或者即使还可以一定程度地减轻债务压力，也仍然是把短期问题长期化，无法从根本上切断债务循环。例如，金融压抑某种意义上就是政府用于“购买”偿债可信度的政策组合，包括明确和隐性的利率上限，跨境资本流动管制；政府和银行间更加紧密的联系，包括直接控股或者“道德劝诫”，借此保证政府可以继续在市场上举债，通过这些“隐晦”的方式让银行主动持有更多的政府债务，进而给市场传达政府有偿债意愿的信号。这些“隐晦”的手段就包含在当前的宏观审慎监管框架中，以强监管的名义降低银行的风险偏好。政府需要越来越多的债务来维持其债务漩涡，意味着将消耗更多的社会资本，并拉低社会整体的风险偏好，流入风险投资的资本相对减少，社会全要素生产率增长放缓，进一步拉低经济增速，因此，这种方法只是延迟了将经济拖入债务悬崖的时间。

我们认为财政整固与财政平衡可能在某个时候将重新成为必然的选择。在20世纪的大部分时间里，大多数发达国家的杠杆率都维持在较低的水平，各个国家也都相对讲究财政纪律。如果再往前拉长历史，我们可以看到，前现代国家停止了对外征伐扩张，内部分裂不再成为威胁，能够建立足够有效的征税机构，才有可能花费更多的时间和资源设立政府机构并积累物质和人力资本来发展经济。简要回顾美国、欧盟和日本追求财政平衡的历史可以看到：一方面，通过严肃的财政纪律追求财政平衡，是逐步建立国家信用的过程；另一方面，追求财政平衡的历史并不遥远，当前的债务积压已经导致财政的货币化，货币政策的独立性失去了坚实的基础，日益宽松和激进的货币政策将使金融稳定恶化，未来可能还需要通过财政平衡来根本解决债务问题。

### 1. 美国的财政平衡历史

美国联邦政府财政史以及它与各州和地方政府的演化过程可以分为5个阶段：（1）亚历山大·汉密尔顿在1789年成立新的联邦政府后即刻开启的改革；（2）州政府在19世纪40年代出现的违约；（3）内战后州和地方政府的一系列违约；（4）20世纪30年代的大萧条；（5）1970—2010年间零星的违约。①

**亚历山大·汉密尔顿的财政改革**

汉密尔顿是美国第一任财政部长，1790年之前，美国独立战争期间的大部分债务都违约了，当时没有银行体系，也没有证券体系，甚至缺乏统一的货币。当时联邦政府主要依靠13个州征缴并分享税收收入。但是依照《联邦条例》，联邦政府没有执行机构、司法部门和税务当局。这些困局推动了1787年的宪法改革。华盛顿就任总统后，财政部长汉密尔顿依据对英国和荷兰金融机构的研究推动了一系列改革，包括建立美国银行（the Bank of United States）②、铸币厂，开立证券市场，并由联邦政府承担州政府债务，这一设计让联邦政府债务负担大大增加，遭到国会反对。但汉密尔顿的设计主要想达到几个目的：（1）把发债与税基相联系，让联邦政府在宪法下保留对收税的权利，而不是留在各个州；（2）保证联邦政府债务持有人以及基于此发展起来的银行体系与联邦利益相统一；（3）迫使各州服从联邦。

① Henning C R, Kessler M. "Fiscal federalism: US history for architects of Europe's fiscal union," Peterson Institute for International Economics Working Paper, 2012 (2012-1).

② 1791年美国银行在亚历山大·汉密尔顿的提议下建立，作为联邦基金的储蓄行和政府财政的代理机构。由于受到各方反对，特许权于1836年到期后关停。

### 19 世纪 40 年代建立起“不救济”法则

作为汉密尔顿的一项改革，承债计划也成为美国财政金融体系的重要部分，1790 年联邦政府开启的承债先例持续了数十年，1812 年第二次独立战争后联邦政府再次承接州债务，并在 1836 年承接哥伦比亚特区（District of Columbia）① 的债务，使得这一段时间联邦政府救济地方政府变成市场的合理预期，导致道德风险广泛存在。这种模式随着 19 世纪 40 年代有 9 个州违约而终结。除了 1812 年美英战争期间，19 世纪早期联邦政府作用有限，几乎没有发行什么债务，也没有多少征税，此间政府收入主要来自卖地、发银行券和各种投资。问题出在 19 世纪 20 年代到 30 年代，西进运动需要大量基础设施建设，包括运河和收费公路，只能借债融资。当时借债还没有和税收挂钩，还款来源理论上来自费用和项目收入，但是随着 1837 年金融恐慌和 1839—1843 年的衰退，大量举债无法偿还。深陷债务的州援引了之前的大量先例，要求国会承接债务，此时 70% 的债权由英国和荷兰人持有，他们也联合向联邦政府施压要求其履约，他们指出虽然没有担保，但是州政府债务隐含了联邦政府的信用担保。1842 年联邦政府被踢出了欧洲融资人俱乐部，而且当时还面临战争威胁，即便如此，国会仍然拒绝了承债请求，原因是：（1）发债主要是为地方性而不是全国性项目融资；（2）国内持有的债务并不是美国银行体系持有的资产盘的主要成分，违约不会有很大的影响；（3）金融稳健的州远比负债的州要多；（4）美国经济已经成熟，不再像过去那样依赖外国资本，而 1790 年时，外债对汉密尔顿的计划至关重要。不过在这些州重回债务市场的前提之下，最终全部或者大部分债务都得到了偿还。

国会的拒绝开创了不救济的先河，建立了联邦政府的准则，也开启了州财政自立的准则，虽然这既没有写入宪法也不在联邦法律中。

1840—1850 年，州政府纷纷采取了预算平衡法案，以州宪法或者州立法条款的形式形成有效约束，最终有四分之三的州接受了这一限制。不过到 1860 年内战前夕，州总债务水平已经非常高，而且还有几个州没有实施预算平衡法案。

### 重建债务的违约

内战后，美国面临把南方各州融入联邦体系和复兴经济的重任，各州和地

---

① 即 Washington，DC.

方政府发放了大量债务，大部分是州债券或者担保铁路公司债券，1870 年，大量地方政府债务出现违约。当时的美国资本市场已经和国家资本市场连通，大部分债务都由海外债权人持有，偿债的税收来源则主要是本地的高收入居民。联邦政府仍然坚持了不救济准则，这让所有州修改了它们的宪法，进行自我限制，有些州还加强了自行举债的约束。虽然这一时期财政压力大，财政纪律十分严格，但只有一只市政债的违约纪录。

**大萧条和财政转移**

20 世纪 30 年代的大萧条，又出现一波地方政府违约，从 1920 年到 1930 年地方政府投资翻番，这些举债由财产税作为收入来源，但大萧条时期税源崩塌，到 1935 年 12 月地方政府大面积违约。此时的债务主要由本国居民持有，但州政府和联邦政府均没有救济。州政府和联邦政府提供了大量财政转移，联邦政府接管了部分地方政府功能，在地方政府削减开支的前提下提供了直接支持。这期间总体政府债务结构发生了变化，1932 年地方政府支出占 50%，州政府占 20%，联邦政府占 30%；1940 年地方政府支出占 30%，州政府占 24%，联邦政府占 46%。大萧条后联邦政府相对州政府崛起，同期罗斯福奉行相对保守的财政政策，加上联邦政府层面逆周期需求调节，最后一次州违约发生在 1933 年。到 1943 年大部分违约债务再融资，州政府自此又重建了举债能力。

**1970—2010 年仍有零星的市政破产**

直到 2008—2009 年危机，美国再没有出现破产潮，只有零星的市政债出问题。1970—2009 年间有 54 只市政债券的发行人违约，1988—2009 年发生了 170 起司法审判破产。① 很多破产风险都由州政府成立救济公司的方式渡过难关，但是州政府不直接提供资金。只有两例救济的例外（新泽西州救济卡姆登市，阿拉巴马救济杰斐逊县）。

联邦层面的救济例外就是 20 世纪 90 年代的哥伦比亚特区②，但这个例外设定了新的规则。国会接管了特区财政，注入资金，设立了哥伦比亚特区金融管理委员会，严格执行财政纪律，四年后哥伦比亚特区产生财政盈余。

---

① Wyplosz，Charles. *Fiscal policy*：*institutions vs. rules*. Graduate Institute of International Studies，2002.

② 即 Washington，DC.

### 2. 日本的财政平衡历史①

在20世纪50年代到60年代的高增长时期，日本中央政府的财政总体是健康的，50年代后，赤字货币化遭到禁止，因此战后的日本直到1965年才开始有政府债券。与此同时，360日元兑1美元的固定汇率从1949年持续到1971年，随着日本的劳动生产率快速提高，工资和物价都快速上升。由于固定汇率，货币政策不独立，财政盈余主要是贸易盈余，经济一过热，日本央行就会提高短期利率，而日本企业对银行贷款的依赖度很高，因此银行提高利率直接影响企业投资，一直到60年代中期，日本都奉行这种“财政天花板政策”。

直到1970年中期财政刺激启动，通过政府债券融资，先以10年期债券为主，后开始发行短期债券，公共债务才开始迅速累积。70年代，日本央行为了维持日元汇率，在公开市场买入美元资产，私人部门持有大量日元，货币供给增加，与此同时，1972年首相田中角荣实施了“日本列岛重建计划”，财政也在扩张，宣布了大规模的公共投资，比如高速公路建设，连接城市和乡村的新干线，财政激进主义者催生了经济繁荣和公路沿线的土地投机，但是由于石油危机冲击，重建计划被放弃，货币政策也开始有所收紧。

日本央行受到批评后开始转向货币学派，即以稳定的货币供给为目标。另一方面，80年代日本大藏省倡议财政整固，目标是收紧预算，削减激进的政府开支，提出了财政和政府改革，成立了第二届行政改革特设委员会，主要包括官方开发援助和增加军队开支以提高国际影响力，与此同时大力削减公共支出，鼓励私人投资。

但很快，到1986—1987年，时任首相中曾根康弘的一个私人咨询部门提出了《前川报告》（Maekawa Report），建议财政扩张和货币政策配合刺激国内需求，放松管制，降低贸易盈余以避免与美国的冲突。财政扩张加上资产泡沫，到80年代末财政平衡得到极大改善，但1990—1991年泡沫破裂，经济陷入衰退。90年代先后尝试了一系列财政刺激，并且规模一轮比一轮大，公共债务又开始不断攀升。

---

① Ohno, Kenichi. “The economic development of Japan: The path traveled by Japan as a developing country.” GRIPS Development Forum, 2006.

20 世纪 90 年代早期资产泡沫破裂后，那些中小企业和房产开发项目放贷的企业陷入困境，衰退和公司破产加剧了坏债问题，地价和股价下跌进一步损害资产负债表，日本的银行要求用土地作为借款抵押，企业之间则互相持股，随着两类资产价格大幅下挫，不良借款激增，银行无法满足《巴塞尔协议》的安全资本要求。到 1997 年底，对银行违约的担忧加剧。1997 年桥本龙太郎内阁在大藏省支持下试图整固财政，将消费税率从 3% 提高到 5%，经济随后很快回落，到 1997 年末就有不少银行倒闭，随之引发了全国范围的银行危机和信贷崩溃，财政整固计划失败。日本山一证券和北海道拓殖银行破产，银行纷纷开始减持风险资产以满足《巴塞尔协议》要求，银行贷款，尤其是给中小企业的贷款减少，实体部门信贷崩塌，进一步造成银行资产质量恶化，恶性循环不断加剧。到 1998 年，市场上流传的“日本溢价”说法，就是基于对日本各银行的不信任。

为应对 1997—1998 年的银行危机，日本政府于 1998 年 10 月成立了金融监督委，12 月成立金融重组委员会，2000 年合并为日本金融厅。政府拿出占 GDP12% 的“公共基金”来解决坏账问题，给银行注资，并关闭管理资质弱的银行。日本央行的应对就是提供大量流动性，1999 年 4 月，日本央行开始采取零利率政策，其控制的银行间短期利率降到接近于零。虽然 2000 年 8 月日本央行想要结束这一政策，但时逢互联网泡沫经济进一步恶化，又不得不恢复。

20 世纪 90 年代开始日本的官方贴现利率不断下行，从 1990 年的 6% 降到 1993 年的 1.75%，2001 年已经降到 0.1%。1998 年初金融恐慌虽然有所缓解，但是衰退一直延续到 20 世纪头 10 年。由于利率无法为负，日本央行的政策似乎用尽，但是仍在寻找空间：（1）更加激进地增加货币供给，在公开市场买入非传统资产，包括银行和公司债、外国债、抵押债券，此前日本央行只购买政府债券；（2）设立通胀目标，宣布未来 2—3 年的通胀预期。

表面上看日本对货币政策的使用过于激进，但实际上是因为它的财政政策一直过于激进，并没有真正进行过财政整固。在日美贸易摩擦期间，为了应对美国压力主动增加对美国的需求，同时为了稳定总需求还实施了激进的财政政策，导致 20 世纪 80 年代成为日本历史上杠杆率上升最快的 10 年。虽然我们认为，日本在应对日美贸易摩擦时主动进行的结构调整是积极有效的，但是与此同时追求经济增速，让日本之后在应对全球化阶段更大的经济波动时陷入被动。

进入20世纪90年代后，日本的财政政策仍然保持扩张，到2004年政府债务已经占到GDP的155%，在所有主要工业化国家中是最高的。政府一直在财政刺激和财政整固之间疲于应付。在政治压力下，日本政府不断运用财政刺激政策，但是财政政策的有效性受到质疑。有人开始批评传统的政府支出无效，造价高昂的高速公路、桥梁和机场利用率低，致使国家债务不断攀升，导致国家的财政更加脆弱和不健康。

### 3. 欧盟财政平衡历史

战后大多数工业化国家的财政赤字和公共债务都是上升的，也因此面临着不断上升的公共支出压力，但是这个趋势在1992年出现了一些逆转，这些国家的财政整固主要是通过支出限制，欧洲国家则伴随着加税，尤其是法国和德国。① 欧盟的成立是趋势扭转的契机。

《马斯特里赫特条约》② 为欧洲货币联盟提供了制度性框架，它通过三个步骤逐步实现，首先是创立欧洲央行，然后是塑造财政政策纪律的一系列措施，最后是禁止欧洲央行从发行人手中直接购债的不救助原则。

把《马斯特里赫特条约》制度化的是1997年6月欧洲议会在阿姆斯特丹最终敲定的《稳定与增长公约》（Pact of Stability and Growth），这个公约明确了过度赤字程序（Excessive Deficit Procedure），它要求在正常经济环境下财政状况必须平衡或者有所盈余，这样自动平衡因子可以起作用。它要求严格监控中期财政状况，要警示有可能超过3%的赤字目标的风险。更重要的是它明确了在什么条件下，货币联盟的成员国可以突破3%的赤字上限，而不会被认定为过度举债，具体为：（1）当GDP下跌超过2%，过度举债是暂时并且有限的；（2）当GDP下跌介于0.75%和2%之间，也可以免于被认定为过度举债，但必须取得部长会议的一致同意；（3）对于衰退情况更轻微的，通常会被认定为过度举债，并会被强制储蓄，即减少支出，并且如果在两年内过度负债没有被填平，将会受到罚款。

《稳定与增长公约》比《马斯特里赫特条约》更加透明，也更加严格，

---

① Di Bella, Mr Gabriel, et al. *Rules-based fiscal policy in France, Germany, Italy, and Spain*. International Monetary Fund, 2003.

② Eichengreen, Barry, and Charles Wyplosz. "The Stability Pact: more than a minor nuisance?" *Economic policy* 13.26 (1998): 66–113.

《马斯特里赫特条约》只是笼统地要求政府赤字不得超过 GDP 的 3%，一旦超过，只要赤字明显且持续回落到参考值附近，或者只是一种例外情况并且是暂时的，以及不得已而为之的，都是可以接受的。而《稳定与增长公约》没有提供这些弹性。

《稳定与增长公约》起到了一定的约束作用，因为大多数国家会主动限制自己的债务而不至于被处以罚款，这同时也符合欧盟的利益，因为处以罚款会让这些国家的财政状况进一步恶化，反过来会受到成员国的指责，并影响欧盟的统一。而且罚款让拥护欧盟的政客难以平复国内政治的反对声音。但是，《稳定与增长公约》通过后，各国并没有推行足够的结构性改革，而增长速度又纷纷放缓，这样公约反而变得越来越有约束力。于是，自动稳定因子反而加大了产出波动，进一步抑制增长。有人认为，这可能是导致欧盟陷入低水平均衡陷阱的原因。造成这种状况的原因也有各国政客的政治资源有限，他们必须要合理分配，不会完全用于财政整固和劳动力市场改革，因此《稳定与增长公约》对各国财政纪律的实际影响可能是有限的。

### 4. 总体评述

欧盟并没有因为严格的财政纪律而摆脱债务危机，21 世纪反而还发生了严重的债务危机。除了上面分析中指出，由于各国内部政治平衡的原因，财政纪律可能并没有发挥实际作用外，财政纪律形式上的平等，反而限制了财政政策发挥正面作用。一体化并没有发挥联盟互保的作用，而是以等同于独立个体的标准统一要求所有成员国，但是经济一体化可能改变了国家间的经济结构，且在这个过程中经济受益程度是不平衡的。

可以将欧盟与美国做对比，美国各个州政府都主动约束其公共债务和赤字水平，州长需要提交平衡预算或者预算需要立法通过；还有一些州则直接禁止赤字进入新的财政年度；或者由宪法和立法规定债务限额，以此限制政府发行公共债务。从财政约束对债务水平、赤字率、借贷成本的影响，以及财政政策对稳定经济效果来看运转顺利。由此看出，欧盟受制于它的机制设计，一体化受益不均，迫于维系联盟体系，又不能很好地贯彻财政整固，财政纪律变成“软约束”，才是债务危机的真正根源。

财政约束的作用体现在哪里？美国在各个不同州的情况显示，财政约束可以降低因未来借贷需求激增导致违约率上升的概率，从而降低一般债务的风险溢价，并且这种正面作用可能随着债务水平的上升有所增大。具体体现在，在没有严格财政约束的州，债务GDP比率在较低的水平就可能对融资能力形成实质性约束，而当实施了严格的财政约束，这些约束条件就会有所放宽，对这些州来说，只有在债务GDP比率达到更高水平时融资能力才受到限制。① 可以看出，财政约束对市场来说是偿债的保障，不仅影响发债的成本，还会让市场放宽对债务负担的容忍度，从而增强政府的债务融资能力。

日本也是一个财政没有树立好有效约束的实例，但是日本的债务问题到目前为止还能够通过超低利率与国内居民持债的方式保持稳定。经济学界并没有发展出一种普遍认可的财政可持续性的指标。② 波恩（Bohn，1998，2008）指出，可持续性准则是用基本财政盈余对公共债务和其他控制变量的相关性分析，无论是财政审慎还是财政铺张都不可能是仅针对当期的一种判断，它包含了财政纪律以及是否严格执行财政纪律的相关判断。有一种视角比较了实际基本财政盈余与稳定当前债务GDP比率所需的基本财政盈余，看财政立场是审慎还是过度。通过分析55个国家1800—2011年间的面板数据发现，这些国家保持基本财政平衡应对政府债务水平变化的能力仍然差异很大，它与长期真实GDP增速以及长期国债的借债成本有很大关系。潜在经济增速回落不一定被当下的政策制定者观察到，因此在经济繁荣期改善基本财政平衡的力度不够，而当经济增速下行时债务GDP比率本身就会恶化。另一方面，当经济增速不可避免地下台阶后，只能通过央行不断降低债务成本的方式保持偿债压力不变。

## 二、财政政策有效性的评估

即使在凯恩斯主义兴起后，西方国家维持财政平衡的基本观念并没有改变，有大量研究评估财政支出对经济的乘数效应的大小，作为对财政政策有效性的反思。

---

① Eichengreen, Barry, and Tamim Bayoumi. "The political economy of fiscal restrictions: implications for Europe from the United States." *European Economic Review* 38. 3 – 4 (1994): 783 – 791.

② Mauro, Mr Paolo, et al. *A modern history of fiscal prudence and profligacy*. International Monetary Fund, 2013.

### 1. 财政乘数的基本含义

财政刺激的逻辑就是政府通过支出增加总需求，进而增加就业并提高工资水平，劳动者的收入提高进一步刺激消费，然后进一步提高总需求，再进一步增加就业和收入。乘数效应衡量的就是政府支出增加1单位，政府支出最初增加再加上间接增加的私人消费总量。财政乘数效应包括两个部分：（1）产出由需求决定，这样政府支出增加首先刺激总需求，隐含的假设包括价格粘性，企业首先会通过扩产来满足需求，但这还不是对均衡产出的最终影响，因为价格并不会始终不变；（2）实际上假设消费者对由财政刺激引起的暂时收入增加有更高的消费倾向，这样才会引起间接效应，即劳动需求、收入到消费的传导效应。对直接效应和间接效应的估计完全取决于对居民和企业行为的经验假设。

在实证研究中，对价格粘性的假设、对代表性消费者的假设直接关系到这两个途径的效果发挥。如果价格没有粘性，直接效果就得不到体现；如果代表性消费者的行为类似永久收入者，那么对暂时性收入的冲击也不会改变消费习惯，这样间接效果也得不到体现。

简单地看，如果政府支出的GDP弹性系数大于1，即政府支出1元，GDP增加大于1元，这样的政府支出是相对有效的。克里斯蒂娜·罗默和贾雷德·伯恩斯坦（Christina Romer and Jared Bernstein，2020）指出，这种测算是相对片面的，政府支出的挤出效应可能包括在政府支出的弹性测算里，但是政府支出的弹性大小可能不仅体现在当期。由于政府支出需要发债支持或者征税相抵，它的影响可能持续很长时间，货币财政环境又会影响到发债成本，进而影响未来若干期的金融稳定，那么其效果的评估就更要谨慎。

征税也是一样，它会在未来很长时期内影响企业的盈利和资本开支意愿，再考虑到如果经济危机的频率提高，无论是经济整体的债务水平不断攀升还是企业的纳税负担越来越重，企业的投资冲动都会越来越受到抑制，长期负面影响可能被严重低估。即便货币政策鼓励企业借贷，但是对整体经济形势的估计会影响银行的实际借贷意愿和企业的生产意愿，因此，无论货币政策是否配合，财政政策的效果都会大打折扣。在现实经济中，这种情形被认为是货币政策的失误，因为人们观察到的是银行和企业借款意愿的回落，而造成这种情况的源头则是财政政策大幅提高了社会整体的债务水平，全社会的金融稳定趋于脆弱。当然，从金融稳定的角度看，货币政策也难辞其咎，毕竟每一次危机财政和货币政策都没有缺席。

影响不同国家的乘数效应的结构性因素还包括：（1）贸易的开放性，开放程度低的经济体财政乘数反而高，因为进口漏出的需求相对小；（2）劳动力市场刚性大，财政乘数也较大，因为工资刚性大，产出对需求冲击的反应会被相应放大；（3）自动稳定因子的规模越大，财政乘数因子越小，因为税收和转移支付的自动响应会抵消初期的财政冲击，因此降低了对 GDP 的提振效果；（4）汇率体制越灵活，乘数效应越小，汇率变化会抵消主动财政开支的效果；（5）债务水平越高，乘数越小，财政整固对需求和利差水平有更高的置信度和信心效果（Ilzetzki et al.，2013）；（6）公共支出的管理和收入征管效率越低，财政乘数越低。

还有一些并行的影响因素：（1）经济周期所处的位置，财政刺激在经济扩张时的效果往往较经济衰退期小，主要原因是供给约束是不对称的，在经济上行期财政政策效果受到资源供给弹性的限制，当完全就业时，资源供给完全没有弹性，在经济回落时则没有这种束缚，政府可以调动更多的资源；（2）货币政策对财政冲击的配合程度，降低利率等扩张性的货币政策可以减小需求收缩的冲击，如果货币政策的使用或者传导有限，比如零利率下限，财政政策的乘数效应更大。有不少文献发现，财政政策的冲击在零利率下限时的乘数效应远大于正常时期。但这里也有一个反作用，财政支出的力度越大，经济在零利率下限停留的时间越短，财政乘数反而越小。

从财政当局使用的工具看，直接税、政府支出和转移支付只有短期效果，而公共投资和企业税的变化效果更持久，它们的乘数效应从第一年起逐年上升。这主要是因为公司所得税会让长期资本存量减少，因此，经济总体的产能下降，相应降税能产生长期正面效果。货币政策如果不对冲财政政策的效果，乘数效应也更持久。

### 2. 考虑金融部门和债务可持续性的财政乘数

上面的理论与模型设定只考虑了政府、企业和居民三个部门，这适合全球和各国债务负担相对适中、财政不存在可持续性问题、债务融资也不存在困难，或者金融体系的稳健性较强，政府信用得到市场普遍认可时的研究框架。但是 20 世纪 70 年代之后，世界各国的债务负担不断加重，金融体系开始对政府债务能力产生重大影响，讨论财政政策有效性就必须考虑金融部门。

考虑金融部门可以把政府债券看作私人部门的净财富，并以此解释公共债务存量的变化。政府债务是假设私人部门的收入超过未来税收负担的现金流贴现。政府发债会引起居民未来净财富增长的预期是财政政策发挥扩张作用的关键。这就是财政政策扩张效应背后的理论框架。巴罗（Barro，1974）① 使用有限生命和跨期迭代模型，只要存在一个可操作的跨期转移机制，此时私人部门的行为和无限生命是类似的，而政府预算必须持续保持再平衡，这样政府债务并没有边际的净财富效应。净财富效应与私人资本市场的不完美以及政府垄断了流动性提供的服务有关（Mundcu，1971），它来源于未来利息与税收现金的贴现率不同，净财富效应假设政府在信贷市场与流动性提供中边际上更有效率。但是，如果引入政府交易成本以及政府发债隐含的税收征缴的预期，净财富效应可能为负。②

不仅如此，阿莱西纳等人（Alesina and Ardagna，1998）认为，财政的扩张效应甚至可能来自紧缩性财政，成功的扩张性财政紧缩强调削减政府转移支付、福利待遇和公务员劳务报酬等支出，与工会达成工资节制共识，在财政紧缩前货币快速贬值。财政整固的扩张性效果主要通过需求侧和供给侧发生作用。

从需求侧看：（1）消费者的财富效应，政府紧缩财政会使消费者认为未来的税收负担减少，一生的可支配收入增加，但这种财富效应的大小要看消费者的流动性约束，在金融市场发达的国家，消费者有更多中期配置的手段，财富效应更明显。相反，增税通常会打击需求，从而产生紧缩效应，但是如果增税改变了人们的预期，认为未来不会再增税，也有可能产生扩张性效应。（2）利率变化的可信性效应。如果财政整固被认为是永久且可以成功的，就会带来实际利率的下降。因此，财政紧缩的扩张性效应在有财政压力时更明显，因为财政压力会迫使采取财政整固措施。

供给侧主要看劳动力供给的收入效应和替代效应的关系。劳动力供给的替代效应就是当税收提高时劳动力供给减少，且当增税是暂时性时替代效应更显著。如果增税是永久性的，那么劳动力供给的收入效应更显著，此时消费和闲暇需求均减少，劳动供给反而增加。财政政策的供给侧效应又与工会的力量多

---

① Barro，Robert J. 1974. "Are government bonds net wealth?" *Journal of Political Economy* 82（6）：1095 – 1117.

② Mundell，Robert. "Money，debt，and the rate of interest." *Monetary theory*（1971）：5 – 13.

大程度上可以影响工资的调整密切相关。与劳动市场不完美竞争性质不同，在工会化的劳动力市场上，劳动税收增加会减少税后实际工资，因此工会将要求更高的税前实际工资以补偿增税，如果垄断性的工会达到了这个目标，税前工资上涨，劳动成本上升，致使相对于贸易伙伴失去竞争力。此时工会的结构很重要，如果工会的力量强大，甚至可以有力影响政府的预算约束，那么面对增税，它们可能要求小幅的工资调整。但如果工会无法影响政府预算约束，那么它会尽力传导增税的影响，然后对劳动成本产生很大影响。这时，如果利润增长，也可能带来更高的私人投资。

理论上，财政紧缩也有可能产生扩张效应，实践中政客都不太愿意推动这样的改革，虽然政治经济学研究发现财政紧缩并不必然导致竞选失败，但是会改变政府的受欢迎程度，因此财政紧缩仍然是有风险的做法，风险厌恶型政客会避免采取这样的政策。

扩张性财政政策可能随着债务水平的不断抬升，效力越来越差。经典宏观经济理论认为，放松基本的财政预算平衡首先会刺激需求，然后会带动名义和实际利率上升，无论此时的货币名义供给是按泰勒（Taylor）法则还是其他规则，首先会影响短期利率，但是长期利率也会随之调整，因为赤字持续存在，利率水平会逐步调整。这样长期来讲，反而会有紧缩效应。

具体看，赤字和政府债务有四个途径影响长期实际利率：（1）财政扩张挤出私人投资，降低了稳态资本存量水平，这会带来更高的资本边际产出，因而更高的实际利率；（2）第二个影响渠道是通过违约率溢价，主权债务危机模型一般看存量债务规模对债务国的现金收入比，未来的债务平衡也要看未来的债务规模，考虑到债务可持续性，利率上升挤出效应会越来越大；（3）第三个渠道是财政政策可能通过通胀预期影响名义利率，开放经济体还可能通过货币贬值预期影响名义利率。有学者（Giavazzi and Pagano，1990）的研究表明，大量债务让政府很难紧缩货币以维系固定汇率，这种危机的风险反映在利率上就是高利差；（4）另外，对外公共债务恶化也会对名义利率产生影响。

### 3. 危机时期的财政乘数效应也不明显

政府支出作为稳定经济的重要手段兴起于20世纪30年代的大萧条，每当经济陷入衰退，呼吁政府应当成为重要的市场参与者就很容易博得广泛的认同，部分是因为大萧条对经济的严重破坏通过各种记载的广泛流传让人们记忆深刻，另一部分原因则是政客将此作为积累政治资源的最佳时机。发展至今，财政已不仅仅是稳定总需求的工具，从20世纪70年代的日本到2000年后的中国都把它作为总需求的重要组成部分，并作为追求经济增长的工具。但是，实际财政乘数究竟有多大，在衰退期是否更大？

关于美国财政乘数的大量研究（Barro and Redlick，2011；Auerbach and Gorodnichenko，2012，2013；Fazzari et al.，2015）认为，财政的乘数效应在衰退时期比正常时期要大；而另一些研究（Cogan et al.，2010；Christiano et al.，2011；Coenen et al.，2012）通过分析货币政策对财政乘数的影响，发现在零利率附近财政乘数效应比正常时期要大。

拉梅等人（Valerie A. Ramey and Sarah Zubairy，2017）① 用120年的美国季度数据，主要看以失业率为代表的经济疲弱时期和接近零利率下限时期的财政乘数的大小。文章发现低增长时期财政乘数大的结论并不成立，同样也没有证据表明高失业率时期的财政乘数更大。在不同宏观环境下，财政乘数差异显著，比如高失业率时期财政乘数效应大，可能是因为在低失业率的时候财政乘数太小的缘故，而不是因为高失业率的时候财政乘数有多大。文章采用了很长时期的美国数据，对不同宏观环境、不同样本期间以及税制的不同模型设定进行估计，得出的结论是稳健的。

对零利率下限时期的乘数效应的估计不十分明确，采用全样本时，零利率下限时期财政乘数更大证据不足，但如果排除二战时期限量供应，零利率下限时期的财政乘数可高达1.5。经济学界普遍的共识仍然是财政支出对美国经济走出二战后的经济萧条起到了很大的正面作用，这一点可能是正确的，但并不能说明财政乘数大，而是因为当时的政府支出规模相当惊人，财政乘数又为正，因此对拉动经济还是有效果的。

### 4. 对财政乘数的错误估计可能误导财政政策②

错误计算财政乘数可能会设定错误的财政目标，并错误估计遏制债务比率所需的调整（Eyraud and Weber，2012，2013），从而影响政府财政整固的可

① Ramey V A，Zubairy S. “Government Spending Multipliers in Good Times and in Bad：Evidence from US historical Data”. *Journal of Political Economy*，2018，126（2）：850－901.

② Batini，N，Eyraud，L，Forni，L and Weber，A，“Fiscal Multipliers：Size，Determinants，and Use in Macroeconomic Projections”，Technical Notes and Manuals，Fiscal Affairs Department，IMF（2014）.

信度。

有学者（Mineshima et al.，2014）指出，发展中国家和低收入国家财政乘数效应低于发达国家，主要原因有：（1）环境不确定性高，预防性储蓄较高；（2）低效的政府与公司支出管理和收入管理；（3）一些发展中国家和低收入国家由于供给限制长期存在正的产出缺口；（4）利差往往较大，存在更大的信誉和信任问题。还有学者（Estevao and Samake，2013；Ilzetzki et al.，2013）的研究表明，低收入国家的乘数效应要比发达国家小，并且当公共债务过高时乘数效应甚至为负（Ghosh and Rahman，2008）。发展中国家在使用财政政策时则应当更为小心，财政乘数越低意味着达到同样的效果可能要花费的资源更多。

财政政策有效性评估是一个十分复杂的问题，从上面的文献可以看出，如果不充分考虑财政政策发挥作用的机制、当下财政政策与未来政策的平衡、政府支出相对市场的效率损失、政府支出的挤出效应，可能会极大地高估财政政策的实际作用。甚至在危机救助阶段，也有证据显示，所谓的财政政策有效只是相对于政府完全无所作为有一定的边际改善，但它本身的乘数效应并不显著。

对于发展中国家，由于制度成本较高，财政支出效率损失更高，这时若将没有政府支出的经济发展情况作为财政支持经济发展成效的参照，就可能过度看重财政刺激的脉冲性效果，从而过度积累债务，为未来的债务危机埋下隐患。

## 三、货币政策财政化与利率超低化

财政政策和货币政策一直是政府管理经济的两个重要手段，无论财政政策和货币政策是否配合。在实践中，依据两者的关系，财政政策和货币政策不可避免地互相深刻影响，我们看到的财政政策可能是货币政策执行的结果，货币政策也可能是财政政策执行的结果。

在理论上，财政政策和货币政策的关系有两种主要形式。第一种就是财政政策通过调整来实现跨期平衡，而货币政策可以任意决定名义货币供给和名义利率，这种情况就是货币主导型，其中财政政策处于被动，而货币政策相对主动。第二种是财政当局决定支出和税收，不考虑跨期预算平衡，如果税收的现值不足以覆盖支出现值，货币当局必须做出调整，保证政府的跨期预算约束得到满足。这种情形属于财政主导型，或者叫货币被动型，因为货币当局必须通过发钞满足政府的预算，此时价格和通胀受到政府预算的影响，预算变化，就要求货币发行做相应的调整，从而改变当期或未来的货币供应。这种机制也称李嘉图模式（Sargent，1982）。

1. 美国的实践

美联储经过长时期争取独立性的努力，最终在1979年大通胀时期①掌握了主动权，在此之前可以说美国经济政策都是财政主导的，从图3可以看出财政主导时期并没有挽救美国制造业占GDP比重下滑的趋势，而图4则显示，伴随制造业占比的下降，美国潜在劳动力生产率提高变缓。

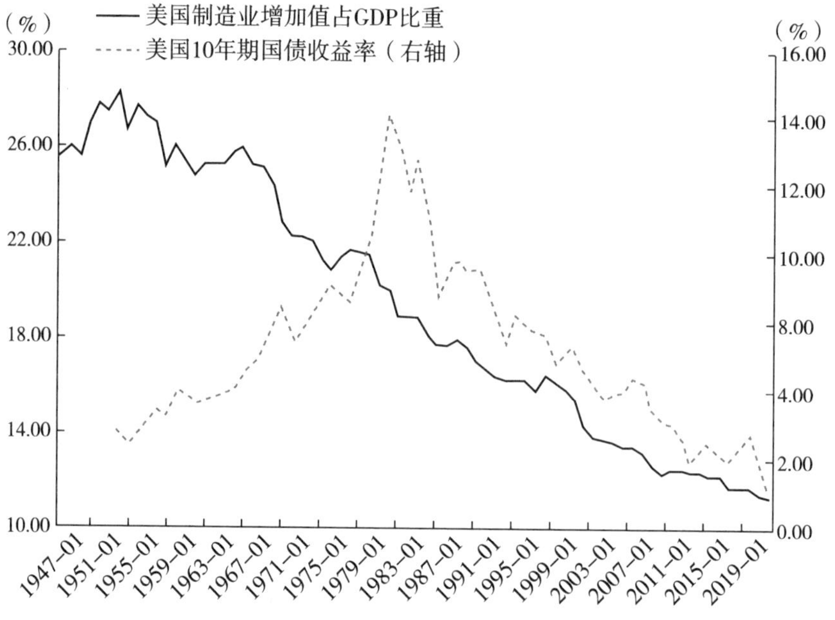


**图3　美国产业结构与国债收益率**

为了抑制大通胀，联邦基金利率从1979年初开始大幅提高，美国国债收益率也达到接近16%的历史高点。通胀得到很好的控制后，联邦基金目标利率才逐步下调，从本文开篇的图1也可以看出，在货币主导时期，美国的赤字率不断下降，财政一度实现了盈余。1980—2000年美国经历了由计算机到互

① 秦勇，《财政、货币、央行的独立性与救疫》，2020年7月，比较公众号。

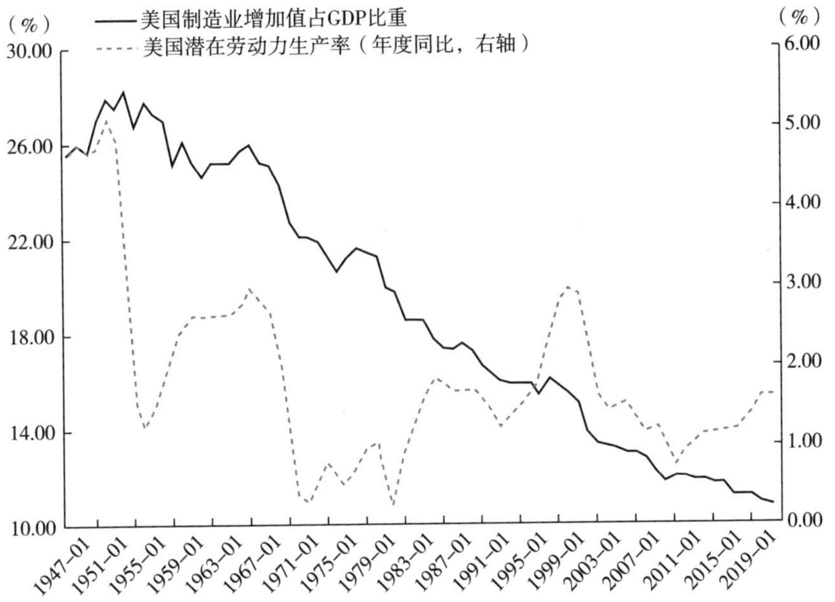


**图4　美国产业结构调整与全要素生产率变化**

资料来源：WIND。

联网的蓬勃发展期，此间潜在劳动生产率增速有所回升，但是制造业占比回落的趋势一直没有改变。

2000 年互联网泡沫破灭后，财政在危机救助中越来越激进，很难在危机的间隙中实现财政平衡，经济总体的杠杆率不断提升。由于几次危机都产生了全球性影响，这也导致西方主要经济体的债务水平不断创历史新高；另一方面经济增速低位运行，为了保证利息偿还能力，包括美国在内的各西方主要经济体都不断压低名义利率，想要通过债务货币化来缓解偿债压力。这一时期央行不仅动用价格工具，还通过量化宽松直接购买企业债券，实际上货币政策已经有了财政功能。

债务问题是 21 世纪的重大经济议题，从全球陷入债务泥潭的原因看，并非是西方国家放弃了财政平衡的概念，而是各国都不愿意借由危机进行深刻的结构性改革和调整。前述关于财政政策有效性评估的实证研究发现，即使从危机救助的角度看，财政政策的作用也可能被高估了。凯恩斯主义提倡通过财政进行经济救济，在债务问题还没有那么突出的时候，通过短期承担更多债务但同时牺牲长期结构调整的做法可能弊端还不是很显著，但在当前债务积压的情况下，继续用债务替代长期结构调整引起的效率损失可能会越来越凸显。因此，我们认为，未来货币主导和财政整固可能是解决债务问题政策的最终归宿。

2. 中国的实践

财政政策的周期调节需要有赤字融资能力，因此，我们讨论中国国债市场发展起来后财政和货币政策的关系。这一关系可以分成三个阶段：第一个阶段是2002—2008年，从国债市场发展起来到2008年金融危机救助开始；第二个阶段是2009—2015年，即全球金融危机爆发后到后金融危机时代（即金融危机的影响与政策影响逐步弱化）结束；第三个阶段是2016年至今，即后金融危机时代结束至今。

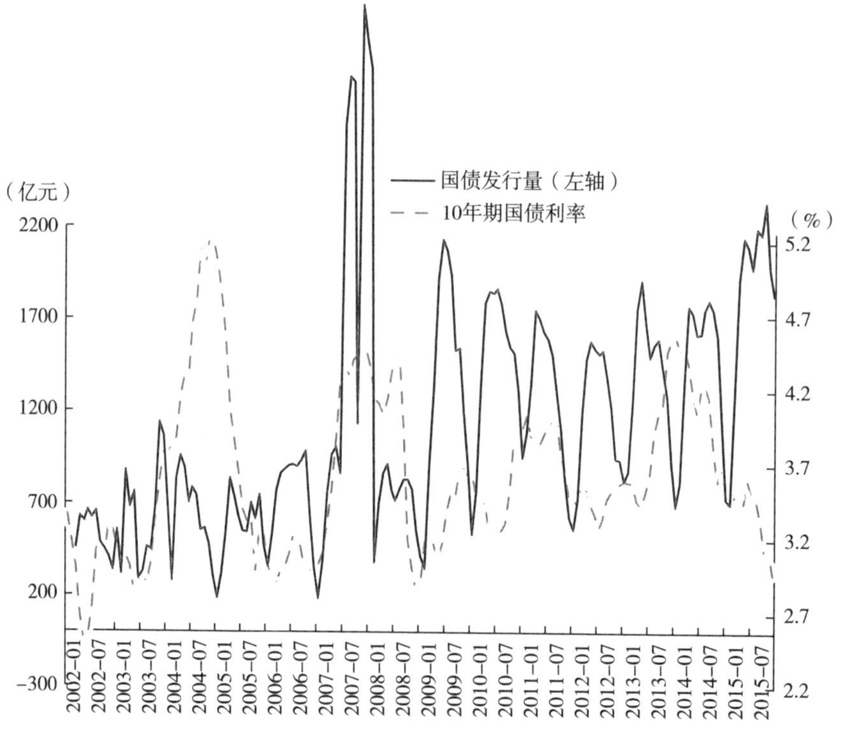


**图5 财政和货币关系的第一阶段和第二阶段**

资料来源：CEIC。

第一个阶段是货币相对主导的时期。由于加入WTO，中国各方面建设都

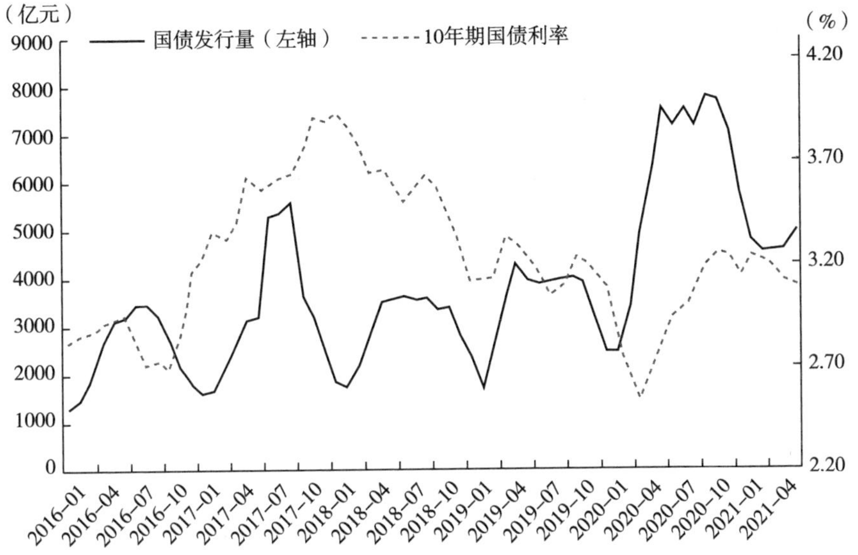


**图 6　财政和货币关系的第三阶段**

资料来源：CEIC。

在提速，财政和货币都相对宽松。这个时期，我们从赤字率的角度看，赤字率并不是以 3% 为限，财政有盈余的年份，说明财政是有所整固的，也有跨期平衡的效果，但这要归因于中国市场化初期释放的制度红利和 GDP 高增长。此时，现代化央行的制度与管理也刚刚随着国债市场的发展逐步发展起来，但是货币增长与无风险利率的形成关系不显著，因此我们可以说此时货币政策处于探索阶段。

第二个阶段是危机救助结束和整个后危机时代，也是货币相对主导阶段。第一阶段的财政赤字每年绝对量都在 2000 亿—3000 亿元，但是由于危机救助，财政赤字一举站上万亿级别，在这个阶段，每年的赤字量基本控制在万亿量级附近，加上中国经济增速缓慢回落，赤字率虽然走扩，但绝对金额保持在一个平台上。

这个阶段定义了危机救助对中国财政政策的典型冲击范式，即每一轮危机救助都会使杠杆率上一个大台阶，救助当年的杠杆率并没有明显恶化，主要受益于迅速加杠杆使经济增速保持在较高水平。但经济在强势回升后便迅速回落，这意味着财政支出对经济的正面提振只体现为脉冲式的影响。上文我们也分析过财政扩张可能对经济增长有负面影响，尤其从较长期视角看。对中国来

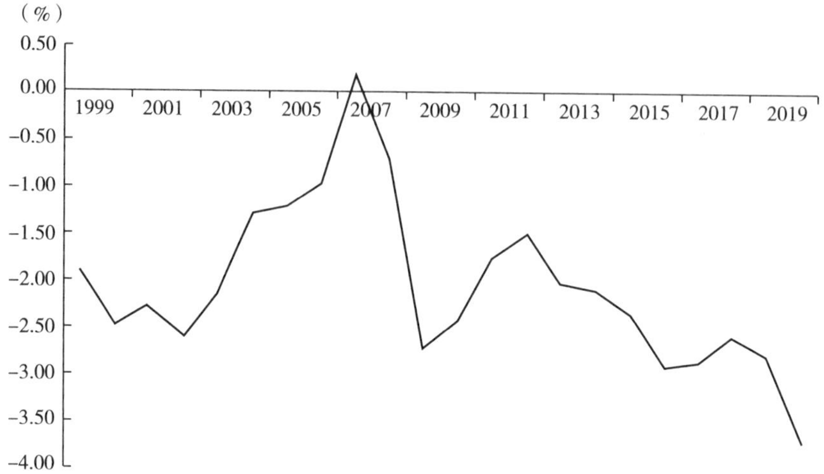


**图7　中国的实际赤字率**

资料来源：CEIC。

说，这种影响的可能渠道有：（1）政府支出挤出了私人投资；（2）过度倚重房地产行业，阶段性产能过剩和价格过快上涨后，需要较长的去化时间，由此带动的相关产业链在投资高峰过后也会长时间进入萧条；（3）经济快速过热后，市场利率上行，长期来说打击相关行业的投资收益预期，进而打击私人投资；（4）如果潜在增速下降，利率上升的挤出效应会越来越大，自然利率本身会回落，但由于积极财政推高利率，此时的紧缩效应反而更大。

这个阶段我们并没有明确的财政平衡概念，在追求经济增速的过程中，财政实际上被当作有力的工具。并且，这一阶段的加杠杆过程并不完全体现在政府预算赤字上，因为信用扩张渠道不同。后危机时代出现的影子银行和2015年开始的地方政府债这两种有代表性的信用扩张途径，一定程度上就是财政工具。中国政府一直坚持在保持经济增速的同时将赤字率控制在3%以内，这可能是中国政府部门的杠杆率能够长期保持在所有国家中较低水平的关键。这虽然在一定程度上有助于保持政府债务的评级，但是实体部门的违约风险同样包括在国家风险（country risk）中，控制了狭义上的政府部门杠杆率，不会改变非金融部门高杠杆率代表的债务风险水平整体偏高的状况。

在第二阶段，财政和货币实现了很好的配合，体现为发债量与利率呈现负相关，保证了政府负债的成本最优。由于货币政策相对主导，CPI基本区间窄幅波动，同时容忍了较长时间的PPI通缩。这个阶段的市场利率与PPI的关系更紧密，也体现了在经济结构上依旧倚重于传统的基建、房地产以及与之相关的重化工业。

第三个阶段是财政政策主导的阶段，主要体现为赤字率上升，但效率迅速恶化，而且此时的信用扩张主要通过地方政府发债，这也使 M2 这样的传统指标不足以充分代表货币供给，因此货币当局转而关注社会融资规模，不仅如此，社会融资规模的范畴也在不断变化和扩充：中国人民银行于 2018 年 9 月起，将“地方政府专项债券”纳入社会融资规模统计，又于 2019 年 12 月起将“国债”与“地方政府一般债券”纳入社会融资规模统计，可以看到政府债券在社会融资规模中的占比不断提高，已经成为重要的信用或者货币供给渠道（图 8）。

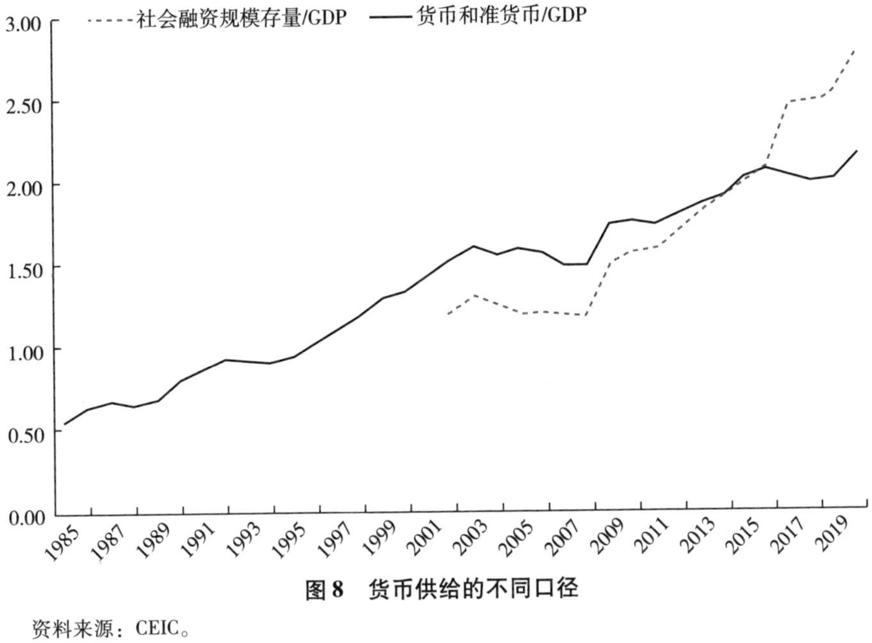


**图 8　货币供给的不同口径**

资料来源：CEIC。

这个阶段货币与财政之间已经不再有明显的配合，货币是财政主导下的结果，其间分别在 2016—2017 年和 2019—2020 年出现了两次社会融资规模的高增长，推高 PPI 接近 2008 年的高点，10 年期国债利率也相应走高，但是进入 2021 年后形势有一些转变。从图 10 可以看到，PPI 和 10 年期国债收益率之间从来没有出现过如此大的背离，另一方面，按照社科院的统计口径，2021 年上半年实体部门杠杆率回落 4.6 个百分点，前文曾提到，中国经历的三次降杠

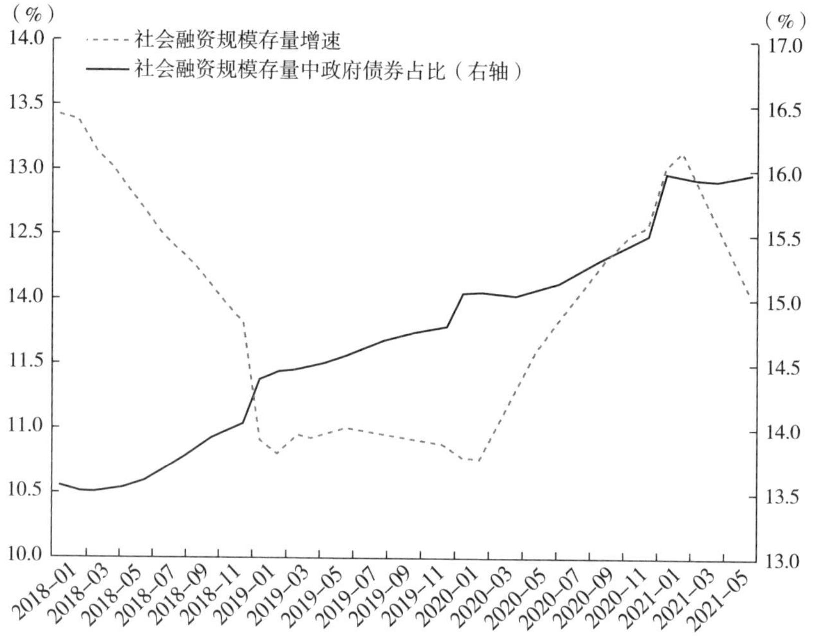


**图9　政府债务在社会融资中地位提高**

资料来源：CEIC。

杆，第一次是2011年，全年杠杆率仅回落了3个百分点，可以说2021年控杠杆的力度是前所未有的。

### 3. 货币政策财政化与利率超低化

根据上面的分析，我们认为接下来有可能开启第四个阶段——在货币与财政政策的关系中恢复以货币为主。如果以货币为主，财政政策的最大特征就是寻求跨期平衡，通过严肃财政纪律，严控包括地方政府债务在内的总和赤字率。长期看，中国应当放弃将财政作为追求经济增长手段的发展理念，恢复经济自身的周期，利用经济波动自然淘汰效率不高的生产单位，提高经济增长的质量与效率。以财政为手段追求经济增长实际上是对凯恩斯主义的极大误解，凯恩斯主义本质上是对市场失灵的一种救济，而不是说政府比市场更有效。斯蒂格利茨（Stiglitz，1987）也指出，在经济出现深度衰退时，政府支出比货币政策更有效，但凯恩斯主义的实践表明，政府并没有能力熨平经济周期。

中国在目前阶段有必要正视这个问题，原因有二：第一，过去的危机救治

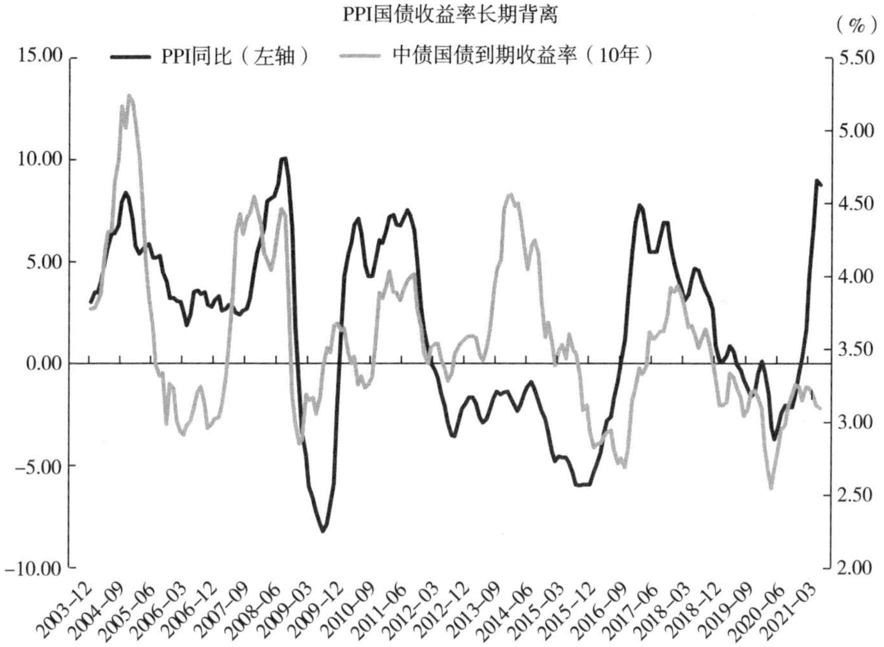


**图 10　政策盯住 PPI**

资料来源：CEIC。

范式积累了大量的结构性问题，如房地产问题、地方政府的财力平衡问题，再加上贫富分化制约内需的问题和加速到来的人口老龄化，从财政收入与支出两个方面施加越来越硬的约束；第二，2015 年之后 GDP 增速失去弹性，加上频繁的经济刺激政策，可能导致误判经济潜在增速，如果还以既定经济增速为目标，在当前的高杠杆时期，财政的可持续性将很快成为市场不得不正视的问题。

货币主导在不同的经济体中可能表现不同，下面我们比较英国和中国央行的资产负债表，可以看到英国央行在金融危机后，资产负债表结构发生了很大变化，从短期市场干预变成了二级市场购债的量化宽松，货币政策已经财政化。中国货币政策的财政化则体现在货币政策配合经济政策、产业政策、居民的资产配置、国家经济发展阶段①，另一方面也表现在货币政策的多目标体系中，中国央行的资产负债表中占比最大的是外国资产，其中主要是外汇资产，

① 秦勇，《货币政策的传导与不平等的社会效应》，《金融市场研究》，2020 年第 9 期。

这是中国出口导向和中美贸易摩擦后进口替代政策的结果，也是央行维护汇率稳定以及金融稳定的政策目标的必要条件。

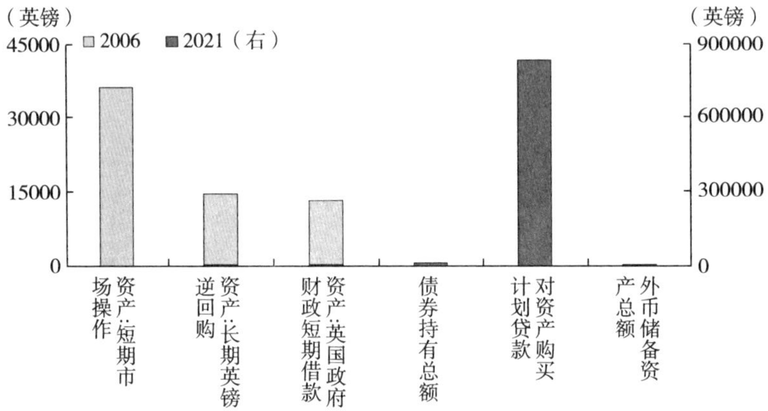


**图 11　英国央行资产结构**

资料来源：CEIC。

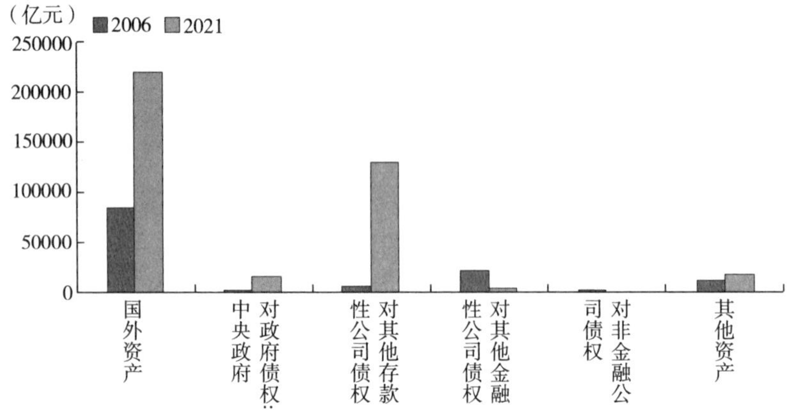


**图 12　中国央行资产结构**

资料来源：CEIC。

如果宏观经济政策以货币政策为主导，则未来需要加快金融体系改革，加快利率和汇率市场化形成体制，加快货币政策多目标体系向单目标或简单目标体系转变。自美联储主席保罗·沃尔克把通胀作为中央银行的重要目标，到1989年新西兰联储开始清晰地设定通胀目标后的很长时间内，通胀目标制是行之有效的。最具代表性的加拿大央行1991年开始把总体通胀目标设定为2%，波动范围为1%—3%，此后通胀基本保持在这一区间内，只有少数时间击穿这个区间。发展到现在，当通胀与就业水平之间变得不那么强相关之后，美联储实质上已经转向通胀与就业的双目标，由于美国的产业政策不是主流，财政和货币的扭曲作用相对有限，而中国货币政策往往会放大产业政策对经济的影响，因此更应该追求单一或者简单的目标体系。

20 世纪 90 年代西蒙斯（Sims，1994）提出了价格的财政决定理论，该理论把政府债务的实际价值等同于未来政府盈余的贴现值，于是，在一定条件下政府债务的名义值决定了当前的价格水平。该理论本来用于解释高通胀，但是它能很好地解释当前的状况：央行无法影响价格水平，故而无法实现其通胀目标，这可能是因为受制于政府名义债务，以及财政当局对未来实现政府盈余的承诺。这解释了西方国家超低利率与财政政策转向公平的现实和趋势。

面对此次新冠疫情的冲击，西方国家采取了向居民直接发放现金的措施。支付给个人的财政政策①是建立在 2000 年和 2008 年两轮危机的研究之上，因为如果利率长期处于低位，则意味着实体经济的总体回报不高；如果仍然实施以政府支出为主导的财政刺激政策，则意味着债务负担不断累积，与此同时也走不出低回报。

中国由于疫情控制较好，财政大力度托底经济后很快进入疫情后时代。疫情后采取了严格的降杠杆策略，表现出以货币政策为主的政策组合模式，考虑到中国目前的杠杆率水平持续处于高位，未来也很难根本逆转。为了防止更大的债务危机，应当树立财政平衡的观念，适时进行财政整固，这同时意味着货币政策的空间进一步打开，中国也可能将进入超低利率的时代。

## 四、中国财政整固的相关建议

### 1. 建立从中央到地方的财政纪律与跨期平衡规则

在过去几十年中，发达国家实现了从自由裁量的财政政策向基于规则的财政政策转变②，包括新西兰、澳大利亚、英国，最明显的是欧盟。从 20 世

---

① Sahm，Claudia. “Direct stimulus payment to individuals.” *Pecession Peday*：*Fiscul Policy to Stubilize the American* Economy（2019）：67 –92.

② Kopits，George. “Overview of fiscal policy rules in emerging markets.” *Rules-based Fiscal Policy in Emerging Markets.* Palgrave Macmillan，London，2004. 1 –11.

纪 90 年代开始，发展中经济体随后也开始确立财政纪律，并且主要是拉美国家，其中有的是在危机后引入财政纪律，有的是为了应对潜在的危机，减少脆弱性，以及减少公共债务，恢复财政的可持续性，增强宏观管理的可信度。

其背后的思潮是过去重视货币政策，尤其是选择合适的汇率机制，让位于建立稳健的财政政策和金融体系。对于发展中国家来说，财政纪律可以用来避免政策短视造成的动态不一致和政治周期扭曲，因此它在一定程度上让经济政策去政治化。

在发展中国家，与财政纪律相关的多数财政规则采取了对总体指标施加永久限制的方式，这些指标包括财政盈余和公共债务占 GDP 的比例等。为了增强财政纪律的可信度，发展中国家通常将财政纪律融合在基于规则的货币政策框架中，货币政策规则包括通胀目标制、货币局制度，或者美元化，这样的安排实际上淡化了财政政策在宏观经济政策中的主导性。

与财政纪律相关的预算平衡规则包括总体预算平衡、经常性预算平衡和总赤字上限，或者总盈余下限。经常性预算平衡规则就是“黄金法则”（巴西、墨西哥、印度和委内瑞拉），可以防止公共投资的挤出效应。预算平衡法则还常常伴有对政府总支出、基本开支、利息支出以及工资提案的限制，以防止导致财政失衡的一些因素快速增长。预算平衡法则下往往还有豁免条款，包括意外开支准备（稳定基金或者逆周期调节金）、规则的跨期界定以应对冲击和周期性波动。意外开支准备主要是为了释放一定资源应对周期性因素导致的赤字，同时在周期性因素形成盈余时有所储备。跨期的规则体系就是基于结构和周期调整后的预算，多年或者中周期的预算平衡不仅要考虑自动平衡因子，也会包括逆周期政策空间，一种形式是制定政府基本开支增速，并保持基本与 GDP 增速相当。除此以外，还有国家会建立债务 GDP 比率与债务收入比的目标或者分阶段降低的目标以及限值。

另外，发展中国家的政府权力分布不同，具体的财政规则覆盖到地方政府，其方式可以是自上而下的压降方式（巴西、哥伦比亚、墨西哥、波兰），或者自下而上的自我约束方式（阿根廷、印度）。

中国现在有中央预算赤字与政府性基金预算两本账，但是从地方政府转移支付的情况看，各地方政府的财力差异很大。2021 年 6 月财政部等四部门联合印发《关于将国有土地使用权出让收入、矿产资源专项收入、海域使用金、无居民海岛使用金四项政府非税收入划转税务部门征收有关问题的通知》，虽然目前只是征缴系统的变化，但是有财政进一步集中的趋势，财政集中对财政均等化有帮助，但不利于地方政府确立自己的财政纪律，也无法从根本上改变财政压力。

### 2. 建立更独立的地方财政纪律

地方政府面临过度开销、过度举债等一系列负面激励问题，这会加重中央政府财政过度的问题，并让中央政府严格财政纪律的努力失败。① 首先是“公共池塘”带来的道德风险。当所有地方政府面对的是大一统的国民经济和财政空间，一方面从共担赤字的角度，一个或多个地方政府突破财政纪律的成本会外溢；另一方面从共享利润的角度，地方政府在有财政盈余的时候不会积累下来，因为地方政府会担心未来面临削减自己的预算，这本身就会激励地方政府铺张浪费。

其次，中央政府对地方政府的救济先例会导致地方政府遵守财政约束的激励不足，因为地方政府不遵守财政纪律的成本可以转移给中央政府，而且如果地方政府负责提供基本的公共品和服务，那么即使有中央政府不救济地方政府的明确承诺，这一承诺的可信度也不高，且一旦这种承诺被打破，就会产生严重的政治和社会后果。

再次，地方政府治理能力的不同会对地方政府财政纪律产生不同影响。如果地方政府提供的公共品和服务与中央政府的明确规定有较大差距，而来自中央的转移支付也无法弥补这种差距，那么增加赤字的压力就会凸显，尤其是如果地方政府可以动用银行或其他形式的信贷资源（比如动用地方国有企业的资源）。中国刺激经济充分利用了政府、银行及特定产业三者的高效联动，但在财政压力加大需要财政整固时，它的弊端也十分明显。

上述问题极大地削弱了中央政府确保财政纪律的能力。可以借助市场纪律代替财政纪律。市场对地方政府的财政约束越大，就越不需要中央政府施以财政约束。但是，市场纪律替代财政纪律约束地方政府的财政过度扩张需要一定的条件：

---

① Ter-Minassian, Teresa. “Fiscal rules for subnational governments: Can they promote fiscal discipline?” *OECD Journal on Budgeting* 6.3 (2007): 1-11.

第一，市场能够及时并充分地获知地方政府的财政情况，但实际上地方政府往往财政不透明，并且还会弄虚作假，这让市场无法可信地评估地方政府的财政状况。

第二，地方政府能够及时灵活地对市场信号灵活做出反应。如果地方政府对市场信号不能及时做出反应，则可能导致借贷成本上升、赤字和债务攀升至更高的水平，最后地方政府就不得不切断市场融资。

第三，地方政府不能在获取市场资源方面享有特权。如果地方政府享有特权，比如有权力影响银行的资产配置，那么市场对地方政府的约束力会大大降低。地方政府借助其拥有的本地银行举债，会让市场纪律的有效性大打折扣。

第四，不能让市场形成中央政府救助地方政府的预期，否则地方政府面临的激励和约束都会失效，造成中央对地方的软约束。参考美国建立财政平衡的历史，联邦不救济地方是建立地方财政自主能力的关键。

第五，地方政府要有充足的财政来源。地方政府要有通过提高自己的收入为自己的额外支出融资的能力，这会增强地方政府的自立能力。

建立地方政府的财政规则更重要的是程序上的。程序规则旨在加强财政的透明度、可追责性以及财政管理。它要求地方政府必须承诺遵守一套可监督的财政政策措施，包括定期披露和发布财政报告以及相关策略变化。对政策执行效果差的政府来说，程序规则可能比数字规则更重要。成功实施程序规则需要有现代预算体系和财政透明度，并且有切实的财政纪律立法和执法。

# 新书架

New Books

Comparative

# 古代的不平等

## 对《万年不平等史：财富差异考古》的评论

热若尔·罗兰

### 1. 引言

近年来，随着托马斯·皮凯蒂的《21 世纪资本论》于 2014 年出版了英文译本，不平等逐渐成为经济学的一个重要议题。沃尔特·谢德尔（Walter Scheidel，2017）关于暴力和不平等历史的著作为这场辩论做出了重要贡献。除了谢德尔提出的新颖论点：纵观历史，只有战争、疾病、革命和国家崩溃才能减少不平等，像我这样作为经济学者的读者还惊讶地发现，考古学家已经找到方法衡量遥远过去的经济不平等。例如，衡量不平等的一个依据是坟墓或墓地中发现的物质财富的差异。谢德尔描述了三万年前更新世时期的松基尔（Sungir）遗址，这是一个专注狩猎采集的社会。一名成年男子与 3000 颗象牙珠子和其他吊坠以及象牙戒指埋在一起。一些孩子拥有数以万计的象牙珠子和大量珍贵物品，比如猛犸象牙制成的矛和各种艺术品（Walter Scheidel，2017，第 31 页）。墓地随葬品的分布被用来计算基尼系数。那么，关于古代的不平等及其原因和后果，我们可以从考古学中了解到什么？

《万年不平等史》（Kohler and Smith，2018）由亚利桑那大学出版社出版，其中有 11 章探讨了古代的财富不平等问题：前两章着重讨论概念和方法论问

---

* Gérard Roland，伯克利加州大学 E. Morris Cox 经济学讲席教授兼政治学教授。原文“Review of *Ten Thousand Years of Inequality*: *The Archaeology of Wealth Differences*”发表于 *Journal of Economic Literature*，2021，59（3），pp. 1023－1029。

题，接下来的九章分析案例研究。全书最后一章总结经验教训并概述其他研究的统计数据。

## 2. 一项雄心勃勃的工程

这本书光看书名就颇为引人注目。哪位社会科学家不想发现人类历史上不平等动态的关键因素？这一雄心壮志在该书的两位编著者身上体现得淋漓尽致。趣味横生的引言章节提出了许多基本问题。不平等的根源是什么？它如何持续？如何解释它在时间和空间上的变化？

一个主要的假设是，可能由于动植物的驯化，人类群体规模不断扩大，导致不平等加剧。群体规模扩大也许会通过各种机制加剧不平等。其中一种机制是成功解决群体间的冲突，增加财富和声望。古代社会的一个关键问题是不平等如何代代相传。人种学研究确定了三种财富类型：（1）象征财富（embodied wealth）（规模、技能、繁衍成功），（2）关系财富（社会关系）和（3）物质财富。只有后者可以很容易在几代人之间传递，但即便如此，也取决于物质财富的种类及其可存储性。群体规模越大，就越有可能更好地保护物质财富不受外部群体的侵扰，从而在群体规模和不平等之间建立联系。在社会内部，不平等可以通过各种机制产生：（a）强迫他人工作的能力，（b）从他人劳动中获取盈余的能力，（c）贮存特定宝贵资源的能力。有大量文献探讨了这些问题，不少作者强调，不平等的动态演变与下列因素相关：特定类型资源的地理丰富程度；技术（开发资源的能力、运输方式，以及抵御外部敌人和群体内部冲突的能力）；博弈的政治和法律规则，特别是关于财富转移的规则，以及这些规则的稳定性（例如参见 Flannery and Marcus，2014）。其中许多联系只是在理论上得到了部分探索，实证层面的探索则少之又少。

不管怎样，读完这本书后，你会意识到，引言章节中概述的雄心勃勃的研究项目大部分仍在进行之中。书中报告的研究（仍然）未能解释古代人类历史上不平等的成因和后果，并为我们提供启发。这本书更准确的书名应该是“考古学家衡量古代社会的不平等”。将书中的各项研究结合在一起的，是人们希望尽可能更好地使用考古数据来定量测算不平等。不平等定量测算的价值不言而喻。当前所有文章使用的主要衡量指标是基尼系数。基尼系数在考古学家中颇受欢迎，原因和经济学家一样：它将有关财富和收入分配的可用信息汇总为一个简单的数字，便于直观地进行解释。书中的大多数文章细致描述了所研究的墓葬遗址，并详尽说明了如何计算相关遗址的基尼系数，还根据所用方法的变量给出了备选数字。

### 3. 用考古数据衡量不平等面临的挑战

毋庸置疑，根据考古数据衡量不平等面临诸多挑战。当然，最主要的一点是，古代社会没有留下书面文件之类的东西，更不用说关于收入和财富分配的统计数据，我们可以从这些社会中恢复的数据十分匮乏。使用墓地遗址的数据衡量财富不平等，听起来虽然既有趣又聪明，但也存在严重的缺陷。除了墓地往往不能代表人口这一事实，最重要的问题是大多数人并没有随葬任何贵重物品或人工制品。这样得出的基尼系数通常远高于其他测算值，毕竟后者是基于房屋大小或出土的人工制品、珠宝饰品等贵重物件计算而得。因此，该书的大部分章节都使用了某种衡量住房空间分布的方法，而极少报告墓地的调查结果。唯一的例外是第2章，报告了来自哥伦比亚梅西塔斯（Mesitas）遗址的数据（根据墓地计算的基尼系数为0.95，根据房屋大小和人工制品计算的基尼系数约为0.2），以及第9章，报告了来自大约2000座美索不达米亚坟墓的大量数据。同样，在这种情况下，基于坟墓物品估计货币价值分布的基尼系数在0.8以内，基于大量房屋数据集的基尼系数在0.37—0.5的范围内。因此，它们显然不具备可比性。使用房屋大小计算基尼系数似乎优于使用墓地，因为观测结果中的零值会少很多，不过各章的作者也仔细讨论了使用房屋数据的各种陷阱，以及他们试图绕过这些陷阱的方法。房屋大小并不必然与财富有关。住房需求随生命周期和后代的数量而变化。储物空间更多与收入而非财富有关，庭院的大小也可能很重要，而不仅仅是房屋的面积。有些建筑可能并非居住房屋，而是宗教场所或公共建筑。书中的各个章节详细阐述了所有这些问题。这些问题没有统一的解决办法，只有对古代社会有特别的了解，才可能帮助克服其中的一些难题。

表1总结了这本书的主要研究结果。在计算基尼系数的13个遗址中，6个来自北美（不列颠哥伦比亚省、密西西比腹地、普韦布洛西南部和亚利桑那州南部）和中美洲及南美洲（瓦哈卡和哥伦比亚），一组遗址来自中国，一个来自印度，一个来自东非，三个来自中东，还有一个来自北欧。遗址主要出自美洲表明，涵盖的地点不是随机取样。正如这本书的主编们承认的，章节的选择与可用来计算基尼系数的数据有关，但更与参与这类测算的研究人员的兴

趣有关。从表1可以看出，使用美洲遗址数据的优点之一是这些数据是新近的，因此保存得更好，有助于测算。另外，这些数据通常与没有多少时间发展成复杂国家结构的文明有关；目前尚不清楚我们能从这些数据中了解到多少与发展出更复杂国家结构的文明相关的不平等动态。如果我们相信大多数人类社会经历了类似的发展阶段，正如许多研究人员认为的那样（例如参见 Flannery and Marcus，2014），这就不是问题。然而，不同的早期人类社会也可能发展出不同的制度，或者更一般地说，发展出不同的特征，进而影响它们后来的发展。如果是这样，那么考古遗址的跨国比较可能就意义有限。显然，考古学家将继续探讨这些问题，直到人们更好地了解不同社会比较历史发展的基础条件。

**表1　科勒和史密斯（2018）的汇总数据**

| 遗址位置－论文作者 | 时间 | 不平等衡量指标 | 基尼系数范围 |
|---|---|---|---|
| 中国（多处遗址，Peterson and Drennan） | 公元前4000—3500年 | 家用人工制品组合数据 | 0.05—0.2 |
| 哥伦比亚（梅西塔斯，Peterson and Drennan） | 公元1—800年 | 家用人工制品组合数据 | 0.18—0.22 |
| 印度西部（焦尔，Oka et al.） | 公元前300年—公元1800年 | 基于贵重物品的复合数据 | 0.6—0.87 |
| 东非（姆特瓦帕，Oka et al.） | 公元700—900年 | 基于贵重物品的复合数据 | 0.76—0.8 |
| 约旦（努迈拉，Oka et al.） | 公元前2850—2550年 | 基于人工制品组合数据的复合数据 | 0.19—0.32 |
| 不列颠哥伦比亚省（桥河遗址，Prentiss、Foor and Murphy） | 公元150—950年 | 住宅区、手工艺品、鹿和鲑鱼遗骸 | 0.16—0.29 |
| 美国西南部普韦布洛（梅萨维德和查科，Kohler and Ellyson） | 公元600—1300年 | 房屋大小分布 | 0.23—0.43 |
| 亚利桑那州南部（霍霍坎，Pailes） | 公元400—1450年 | 房屋大小分布 | 0.15—0.42 |
| 密西西比腹地（卡霍基亚，Betzenhauser） | 公元1050—1400年 | 房屋大小分布 | 0.21—0.67 |

（续表）

| 遗址位置-论文作者 | 时间 | 不平等衡量指标 | 基尼系数范围 |
| --- | --- | --- | --- |
| 美索不达米亚北部（多处遗址，Bogaard et al.） | 公元前10000—4000年 | 生活和存储区分布 | 0.10—0.40 |
| 德国西南部（多处遗址，Bogaard et al.） | 公元前6000—4000年 | 生活和存储区分布 | 0.37—0.67 |
| 古代美索不达米亚（大地理区域，Stone） | 公元前5000—1000年 | 房间大小分布 | 0.38—0.49 |
| 瓦哈卡（多处遗址，Feinman、Faulseit and Nicholas） | 公元200—800年 | 房屋大小分布 | 0.31—0.39 |

遗址选择的一个重要方面（考虑到空间比较需要注意的事项）是，这些遗址涵盖了狩猎采集社会（第4章）、园艺社会（horticulture society）（第2章、第5章、第6章、第7章、第8章）和农业社会（第8—10章）。米兰诺维奇等人（Milanovic、Lindert and Williamson，2011）提醒我们，农业社会比园艺社会更不平等，园艺社会则比狩猎采集社会更不平等。原因是，维持不平等需要社会中较为贫穷的人有足够的物资以繁衍后代。因此，需要有比这一最低标准更高的盈余，才能产生更大的不平等。农业社会能比园艺社会产生更多的盈余，而园艺社会又比狩猎采集社会能产生更多的盈余。比较书中这些不同社会的基尼数据，我们可以看到，农业社会的基尼系数总体上高于园艺社会和狩猎采集社会；但只有一篇文章研究狩猎采集社会（第4章），而讨论农业社会的章节（第8—10章）报告的基尼系数一般都在0.3以上，对园艺社会的基尼系数的测算则有些混乱。

从表1还可以看出，鉴于上述困难，最广泛使用的衡量指标（13个中有8个）与住房或居住场所的大小有关。另一个衡量指标基于不同遗址发现的人工制品、贵重器物，在某些情况下还有鹿和鲑鱼骨头的遗骸。其中一些指标可谓简单粗暴，但遗址之间的比较也更加困难。

其中一个最有趣、可能也最有潜力的方法是，对同一个遗址分析其随时间变化的不平等现象。许多（甚至是大多数）考古遗址都有多个时期的遗迹，而我们有碳-14年代测定法，这已经成为估算特定物体年代的常规技术。

在不列颠哥伦比亚省的北岭遗址（第4章），作者确定了三个时期：公元200—400年、公元400—700年和公元700—1000年。这些时期人口增长显著，尤其是在第二和第三个时期。有不同的方式可以衡量不平等：房址面积、鹿和鲑鱼遗骸以及各种人工制品。住房和食品残留的基尼系数随时间变化不大，只是后者的基尼系数高于前者。根据不同的衡量指标，一些微弱的证据表明，不平等随着以火裂纹岩石密度测量的人口规模而增加。这里还使用了合作的衡量指标，其中之一是存储区的大小（面积越大表明共享越多，因此合作也更多）。研究结果显示，随着总体人口规模的扩大，合作似乎有所减少，这说明对稀缺资源的竞争越来越激烈，并导致不平等加剧。我们需要对证据持保留态度，这不仅是因为测算问题，还因为样本量太小。

第 5 章探讨美国西南部的普韦布洛，其中提出证据阐明，较高的基尼系数（基于房屋大小）与更多的暴力行为之间存在相关性，这可以通过较高比例的遭受暴力创伤的人类遗骸来衡量。一种假设是，不平等加剧导致更多的暴力，但很难做出因果推断。不管怎样，更多的暴力通常伴随着不平等程度降低，这与谢德尔的研究结果一致。

第 6 章探讨亚利桑那州南部的霍霍坎（Hohokam）遗址，该地虽然有经济发展的痕迹，但基尼系数在公元 400—1450 年间几乎没有变化，这表明不平等与经济发展之间未必存在强烈的相关性。

第 9 章分析了美索不达米亚的不平等演变过程。这项研究一个特别有趣的方面是，由于泥砖墙壁的盐浓度较高，卫星数据被用来制作地下建筑模型的 QuickBird 图片。多亏了这些卫星数据，作者们得以建立 46 个不同遗址的大量房屋样本。此外，这些数据涵盖了从公元前 4000 年到公元前 500 年的漫长时期。有趣的是，基于住房数据的基尼系数在这段时间内似乎始终保持稳定。

## 4. 我们了解到什么？研究方向有哪些？

根据这本书的实证研究结果，我们能否就古代社会财富不平等的原因和后果得出任何结论？

最后一章试图从该书呈现的数据以及其他关于不平等的研究中提炼结论。人口规模的增长与不平等之间没有显著的相关性。这或许是一个数据问题①，但也可能反映了其他因素。譬如，我发现，大量数据资料显示，在三千多年的

① 在研究过去 200 年的不平等时，我们掌握的富人数据多于穷人数据，但在考古数据中，富人的数据非常稀缺，也更难找到，因为物质财富可能被盗墓者掠夺，也可能被隐藏起来，甚至随时间推移被重新分配。

时间里，美索不达米亚并没有形成真正的不平等趋势，这一点令人震惊。

我认为一个重要的问题是，制度的多样性可能导致经济发展与财富不平等之间有不同的相关性。最后一章暗示制度差异可能起着一定作用。显然，专制政权要比包容性强的政权更不平等，可惜我们对古代的制度知之甚少。从这个角度看，特里杰（Trigger，2003）提供了关于古埃及、美索不达米亚南部、中国商朝、墨西哥河谷、玛雅、印加和约鲁巴文明制度的定性数据，极具特色。我们对世界各地不同制度的决定因素所知更少。达尔·波、赫尔南德斯和马祖卡（Dal Bo、Hernandez and Mazzuca，2015）提出了一个有趣的理论，涉及各国如何应对经济繁荣招致的外敌攻击，以及较高的不安全感阻碍投资的现实。梅沙尔、莫阿夫和尼曼（Mayshar、Moav and Neeman，2017）则认为，在古代，生产条件更加透明，导致土地私有产权的缺失，农民被迫向政府缴纳规定数量的产出。我最近着手收集关于古代社会制度的数据（Roland，2018，2020），其中使用了涉及法律、政治制度乃至社会规范的历史和考古资料，再加上古代贸易条件的数据，覆盖了100多个国家。很多国家是有着广泛私有产权的市场经济体；另一些国家则类似中央计划经济体，没有产权并由政府配置资源。这些制度差异对于理解当今世界的文化差异，尤其是中国扮演的角色至关重要。我们有必要更好地了解这些制度差异的根源。初步研究结果倾向于表明，生产条件（土壤、自然资源）的异质性促使人们利用贸易所得发展市场经济，而生产条件的同质性则导致任务专业化和官僚资源配置。在这些制度差异的背景下研究不平等的作用将是一件有意义的事情。使用考古数据衡量古代的不平等，显然是经济学家和社会科学家的一大兴趣所在。无论如何，将不平等的量化指标置于古代社会的社会经济关系和总体经济发展的大背景中，将有助于实现这一目标。

（颜进宇　译）

## 参考文献

Dal Bó, Ernesto, Pablo Hernández, and Sebastián Mazzuca. 2015. “The Paradox of Civilization: Pre-institutional Sources of Security and Prosperity.” NBER Working Paper 21829.

lannery, Kent and Joyce Marcus. 2014. *The Creation of Inequality: How Our Prehistoric Ancestors Set the Stage for Monarchy, Slavery, and Empire*, Cambridge, MA: Harvard University Press.

Kohler, Timothy A. and Michael E. Smith. 2018. *Ten Thousand Years of Inequality: The Archaeology of Weatlth Differences.* Tucson: University of Arizona Press.

Mayshar, Joram, Omer Moav, and Zvika Neeman. 2017. "Geography, Transparency, and Institutions." *Ameri-can Political Science Review* 111 (3): 622 – 36.

Milanovic, Branko, Peter H. Lindert, and Jeffrey G. Williamson. 2011. "Pre-industrial Inequality." *Economic Journal* 121 (551): 255 – 72.

Piketty, Thomas. 2014. *Capital in the Twenty-First Century.* Cambridge, MA: Harvard University Press.

Roland, Gerard. 2018. "Comparative Economics in istorical Perspective: Presidential Address for the 2018 Association for Comparative Economic Studies Meetings." *Comparative Economic Studies* 60 (4): 475 – 501.

Roland, Gerard. 2020. "The Deep Historical Roots of Modern Culture: A Comparative Perspective." *Journal of Comparative Economics* 48 (3): 483 – 508.

Scheidel, Walter. 2017. *The Great Leveler. Violence and the History of Inequality from the Stone Age to the Twenty-First Century.* Princeton, NJ: Princeton Uni-versity Press.

Trigger, Bruce G. 2003. *Understanding Early Civiliza tions: A Comparative Study.* Cambridge, UK: Cambridge University Press.

**图书在版编目（CIP）数据**

比较．第116辑 / 吴敬琏主编．-- 北京：中信出版社，2021.10

ISBN 978-7-5217-3658-8

I. ①比… II. ①吴… III. ①比较经济学 IV. ① F064.2

中国版本图书馆 CIP 数据核字 (2021) 第 206377 号

## 比较·第116辑

主 编：吴敬琏
策 划 者：《比较》编辑室
出 版 者：中信出版集团股份有限公司
经 销 者：中信出版集团股份有限公司＋财新传媒有限公司
承 印 者：北京华联印刷有限公司
开 本：787mm×1092mm 1/16　　印 张：15　　字 数：240 千字
版 次：2021 年 10 月第 1 版　　印 次：2021 年 10 月第 1 次印刷
书 号：ISBN 978-7-5217-3658-8
定 价：48.00 元



http://www. caixin. com

E-mail: service@caixin.com